Inschriften

von

DARIUS

König von Babylon.

BABYLONISCHE TEXTE

INSCHRIFTEN

VON

DARIUS, KÖNIG VON BABYLON

(521—485 v. CHR.)

VON DEN THONTAFELN DES BRITISCHEN MUSEUMS
COPIRT UND AUTOGRAPHIRT

VON

J. N. STRASSMAIER S. J.

WIPF & STOCK • Eugene, Oregon

Wipf and Stock Publishers
199 W 8th Ave, Suite 3
Eugene, OR 97401

Babylonische Texte. 10-12
Inschriften von Darius, Konig von Babylon (521 - 485 v. CHR.)
By Strassmeier, J. N., S. J.
ISBN 13: 978-1-62032-802-6
Publication date 1/1/2013
Previously published by Pfeiffer, 1892

1. Dar. acc. 11. 20. (AH. 763. 83-1-18.)

Rev.

Rand

2. Dar. acc. 11. 26. (AH. 340. 83-1-18.)

7.

Rev.

12.

15.

20.

Rand

23.

3. Dar. acc. 11. 27. (AH. 27. 83-1-18.)

1.

5.

Rev.

10.

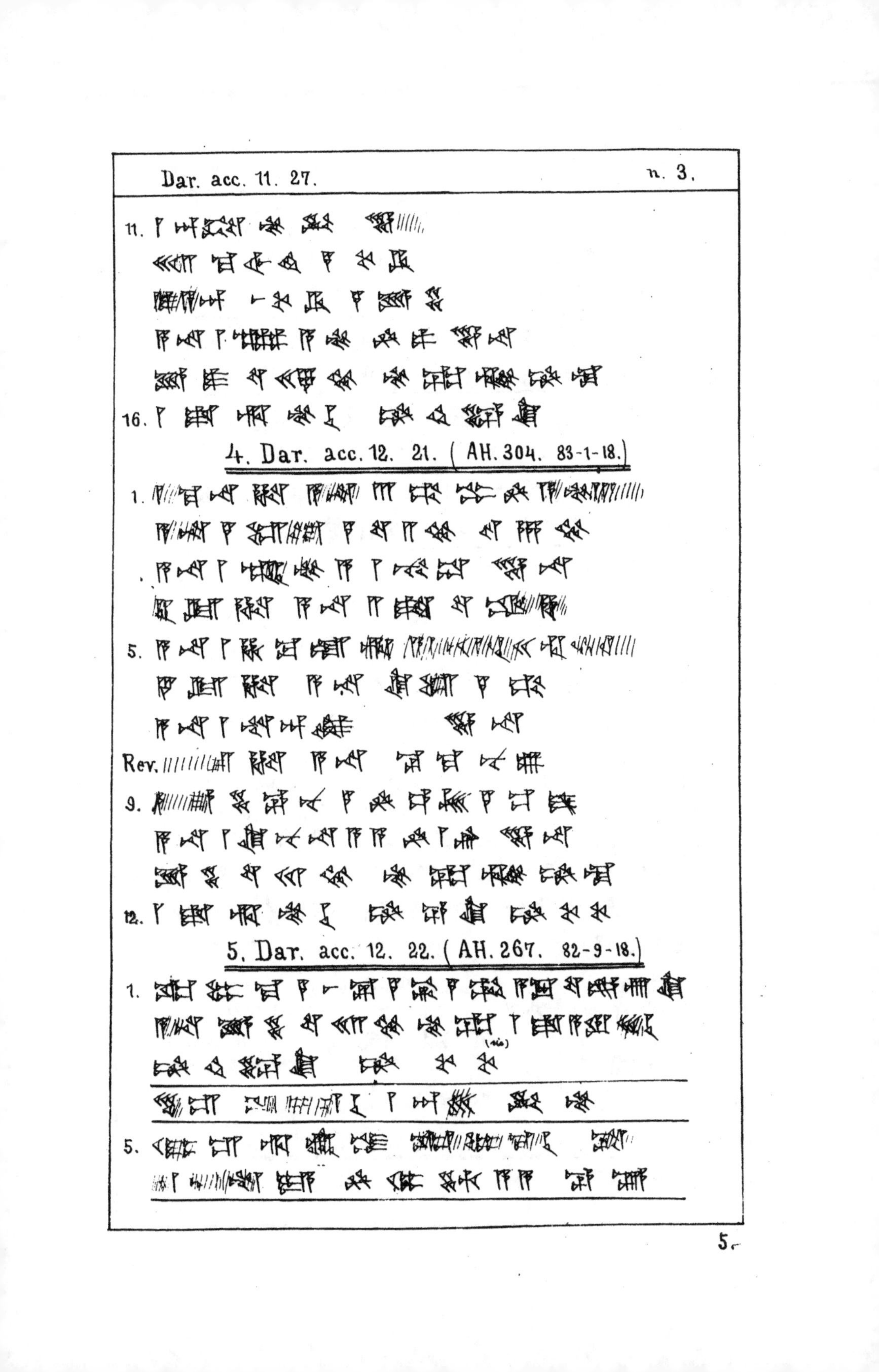

11.

16.

4. Dar. acc. 12. 21. (AH. 304. 83-1-18.)

1.

5.

Rev.

9.

12.

5. Dar. acc. 12. 22. (AH. 267. 82-9-18.)

1.

(sic)

5.

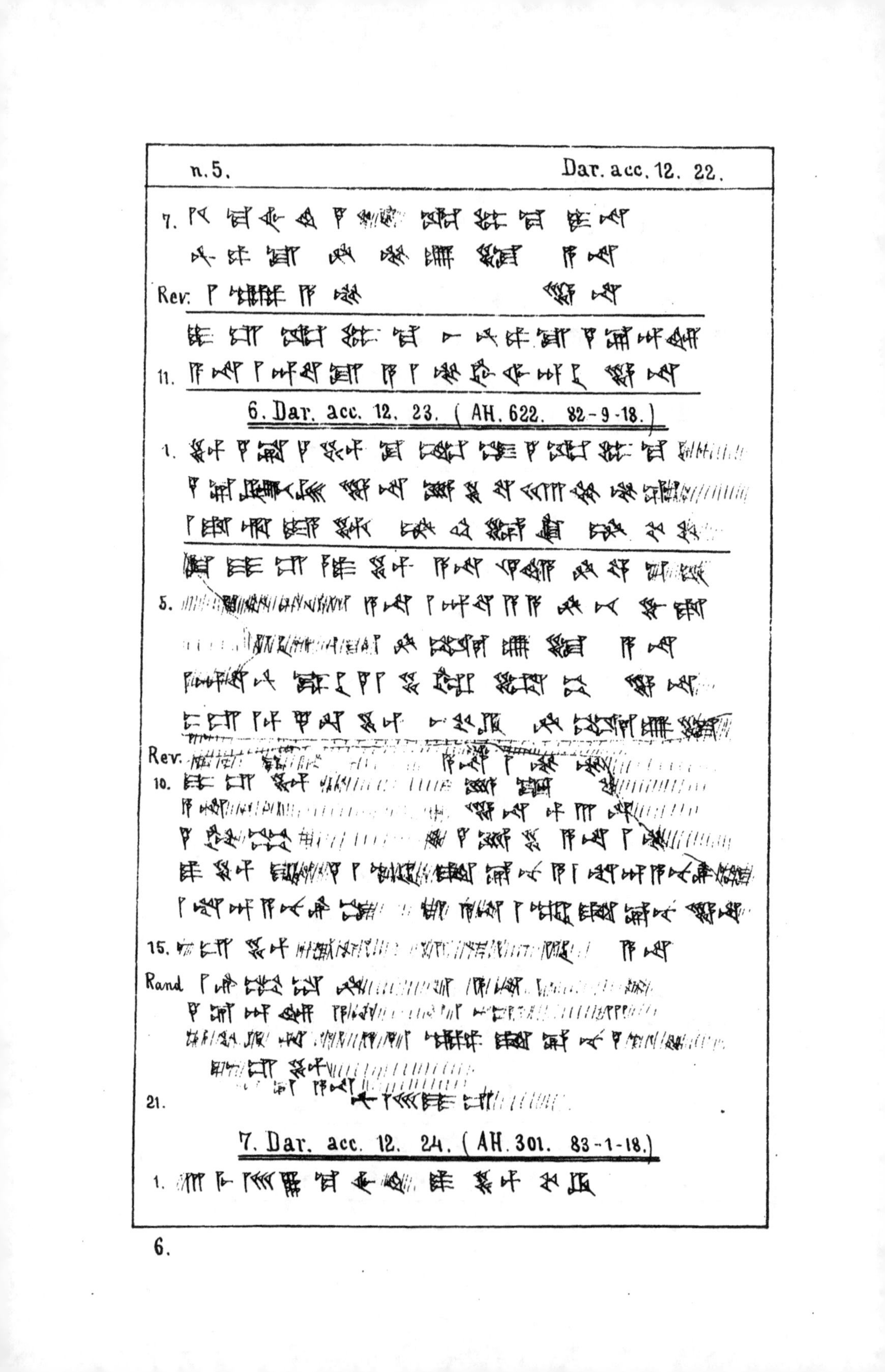

Rev.

6. Dar. acc. 12. 23. (AH. 622. 82-9-18.)

Rev.

Rand

7. Dar. acc. 12. 24. (AH. 301. 83-1-18.)

2.

6.

Rev.

11.

15.

Rand:

21.

8. Dar. acc. 12.b. 7. (AH. 718. 83-1-18.)

1.

5.

7.

Rev.

Rand

9. Dar. acc. 0. 17. (AH. 461. 82-9-18.)

Rand

15.
Rev.

20.

25.

Rand:

30.

10. Dar. acc. O. O. (AH. 866. 83-1-18.)

3.

6.

10.

Rand

Rev.

15.

16.

20.

25.

Rand

29.

11. Dar. 1. 1. 27. (AH. 785. 83-1-18.)

1.

5.

Rev.

9.

12.

12. Dar. 1. 2. 7. (S+. 1644. 76-11-17.)

1.

5.

Rand

Rev.

10.

Rand

17.

13. Dar. 1. 3. 14. (AH. 991. 83-1-18.)

1.

5.

Rand

Rev.

8.

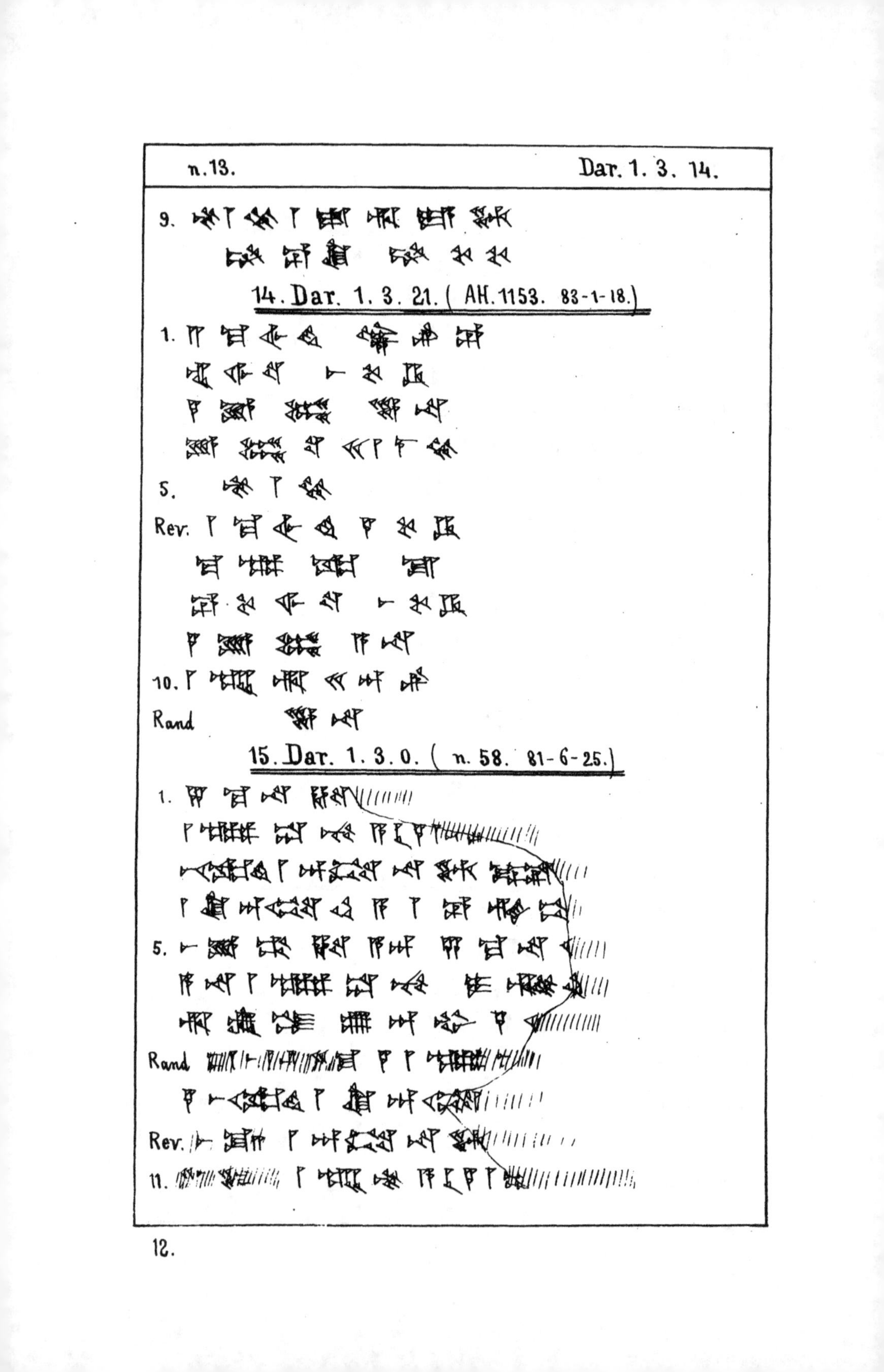

9.

14. Dar. 1. 3. 21. (AH. 1153. 83-1-18.)

1.

5.

Rev.

10.

Rand

15. Dar. 1. 3. 0. (n. 58. 81-6-25.)

1.

5.

Rand

Rev.

11.

12.

Rand

21.

16. Dar. 1. 5. 13. (AH. 369. 82-9-18.)

1.

Rev.

6.

9.

17. Dar. 1. 5. 17. (Offord n. 18.)

1.

5.

Rev.

10.

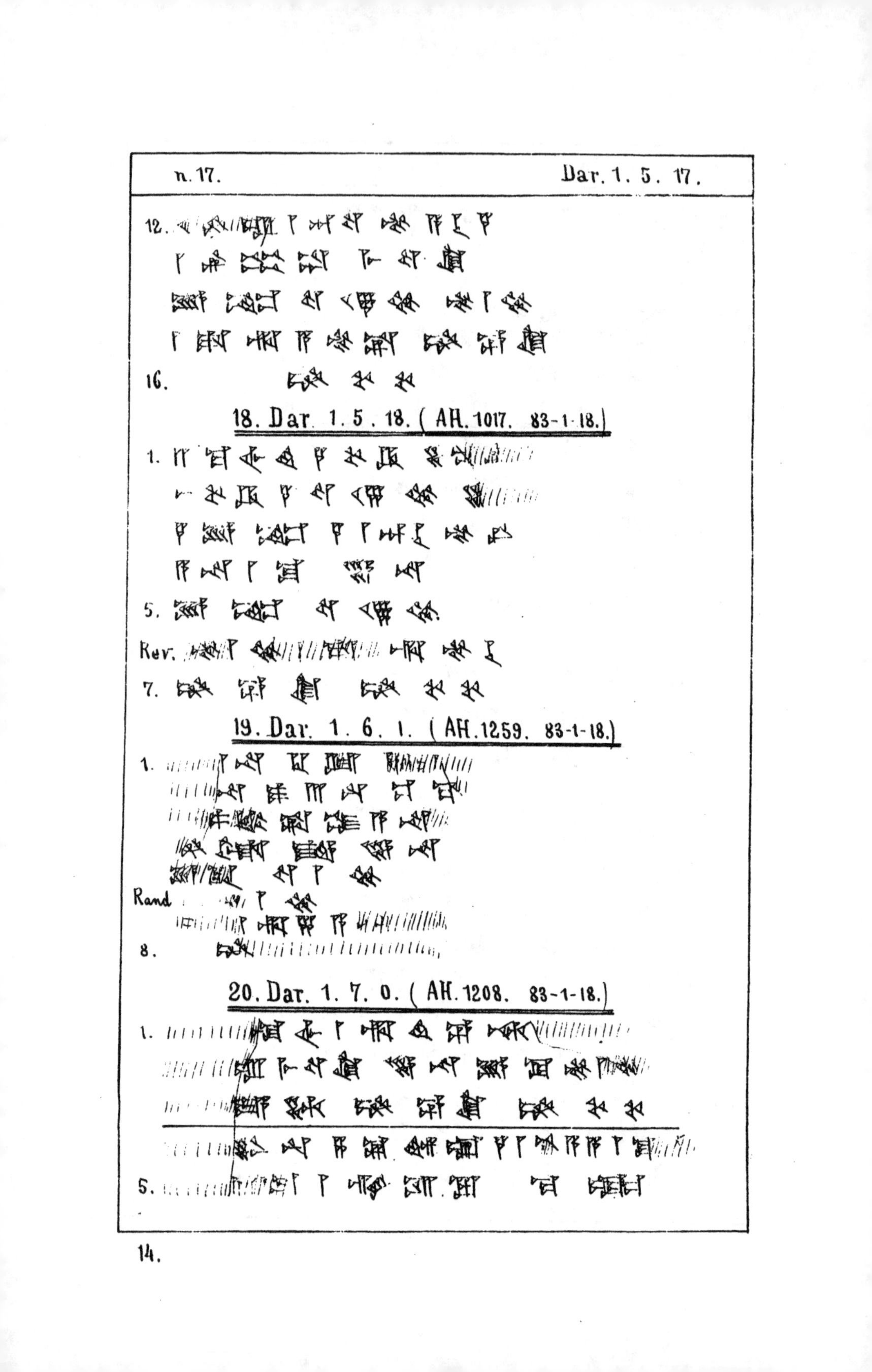

12.

16.

18. Dar. 1. 5. 18. (AH. 1017. 83-1-18.)

1.

5.

Rev.

7.

19. Dar. 1. 6. 1. (AH. 1259. 83-1-18.)

1.

Rand

8.

20. Dar. 1. 7. 0. (AH. 1208. 83-1-18.)

1.

5.

6.

Rev.

13.

21. Dar. 1. 9. 0. (AH. 321. 82-9-18.)

1.

5.

Rand

Rev.

12.

17.

Rand

22. Dar. 1. 10. 5. (AH. 317. 82-9-18.)

1.

4.

Rev.

10.

16.

23. Dar. 1. 10. 24. (St. 520. 76-11-17.)

1.

5.

Rand

10.

Rev.

14.

24. Dar. 1. 11. 26. (AH. 335. 82-9-18.)

Rand

Rev.

25. Dar. 1. 12. 2. (n. 159. 84-2-11.)

6.

Rand

10.

Rev.

15.

19.

Rand

Seitenrand:

22.

26. Dar. 1. 12. 8. (n. 4. 79-4-30.)

1.

5.

9.

Dar. 1. 12. 8. n. 26.

Rev.

27. Dar. 1. 12. 18. (AH. 223. 83-1-18.)

Rev.

28. Dar. 1. 12. 20. (AH. 483. 83-1-18.)

Rev.

29. Dar. 1. 12. 22. (AH. 404. 83-1-18.)

Rev.

30. Dar. 2. 2. 7. (Sp. 1611. 76-11-17.)

Rev.

31. Dar. 2. 2. 7. (St. 488. 76-11-17.)

Rev.

32. Dar. 2. 2. 21. (AH. 28. 83-1-18.)

Rev.

(sic)

33. Dar. 2. 3. 23. (AH. 543. 82-9-18.)

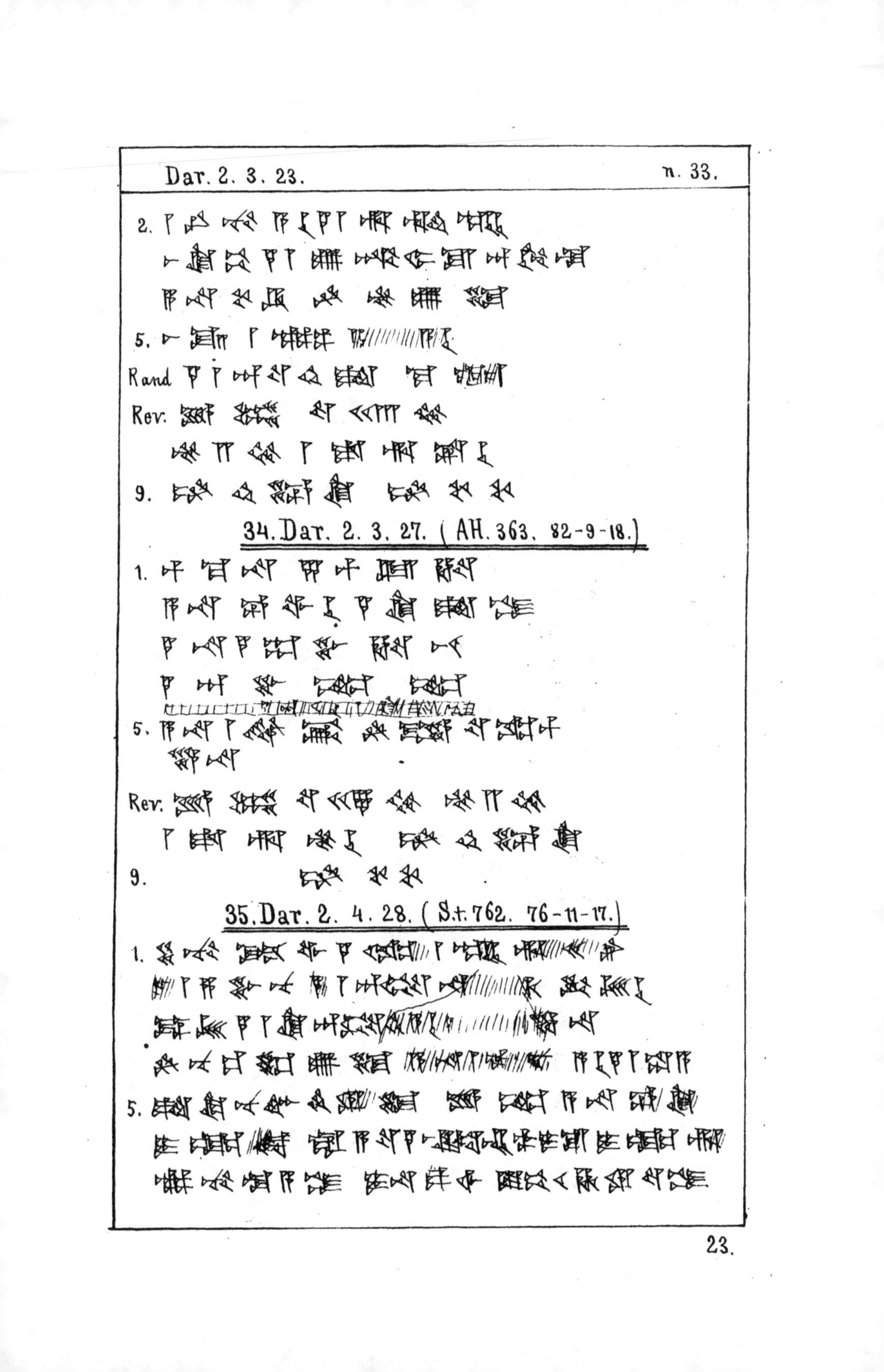

Dar. 2. 3. 23. n. 33.

2.

5.

Rand

Rev:

9.

34. Dar. 2. 3. 27. (AH. 363. 82-9-18.)

1.

5.

Rev:

9.

35. Dar. 2. 4. 28. (S.+. 762. 76-11-17.)

1.

5.

n. 35. Dar. 2. 4. 28.

8.

Rand

11.

Rev.

15.

18.

36. Dar. 2. 5. 17. (AH. 675. 83-1-18.)

1.

5.

Rev.

10.

14.

37. Dar. 2. 5. 21. (n. 103. 84-2-11.)

Rand

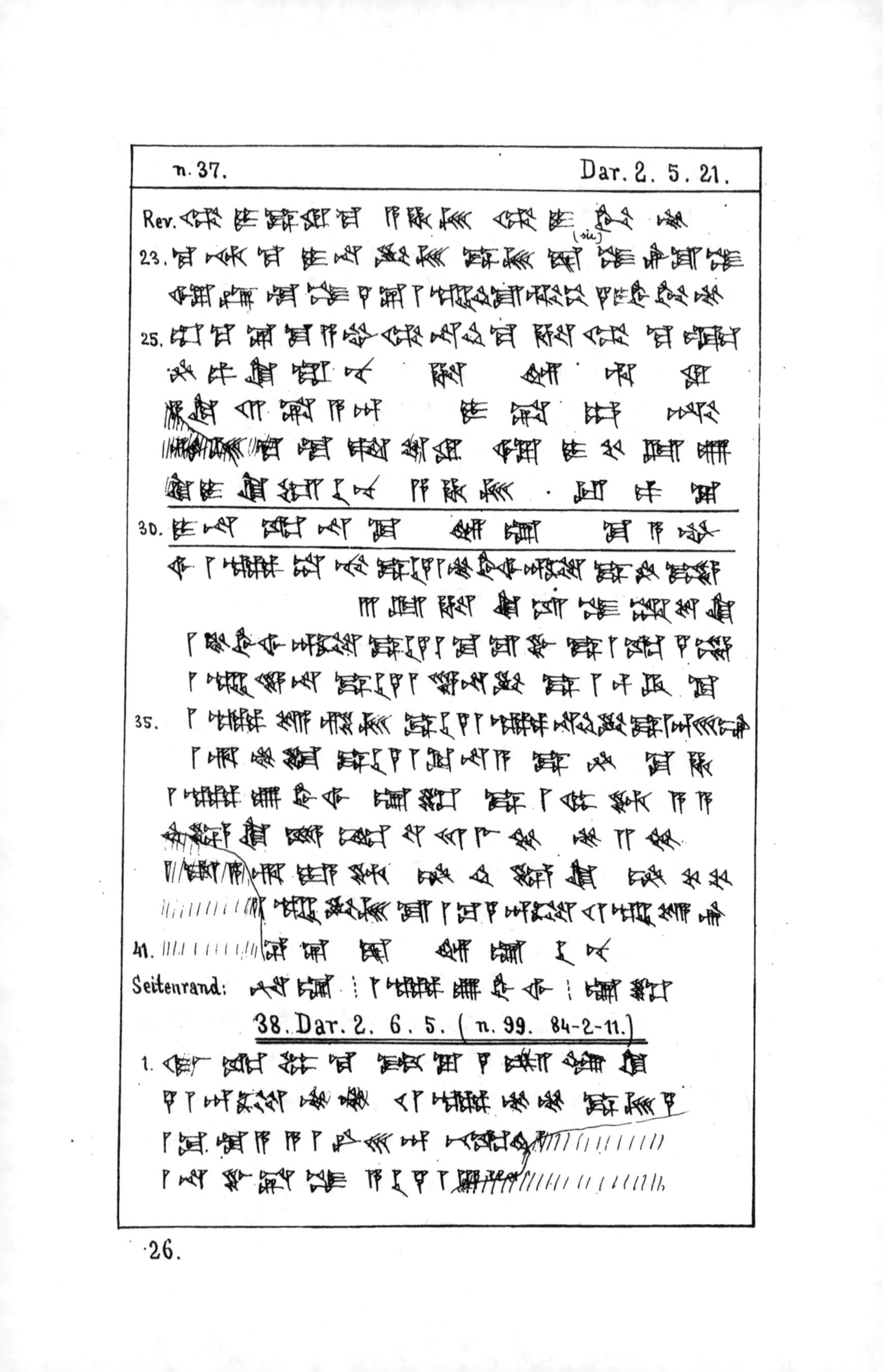

Rev. (sic)

23.

25.

30.

35.

41.

Seitenrand:

38. Dar. 2. 6. 5. (n. 99. 84-2-11.)

1.

Dar. 2. 6. 5. n. 38.

5.

Rand

Rev.

11. (sic)

15.

17.

39. Dar. 2. 6. 8. (?R. 0. 51-1-1 ?)

1.

5.

Rev.

10.

15.

40. Dar. 2. 6. 17. (AH. 865. 83-1-18.)

Rev.

41. Dar. 2. 6. 25. (AH. 81. 82-9-18.)

Rand

Rev.

42. Dar. 2. 6. 0. (AH. 189. 83-1-18.)

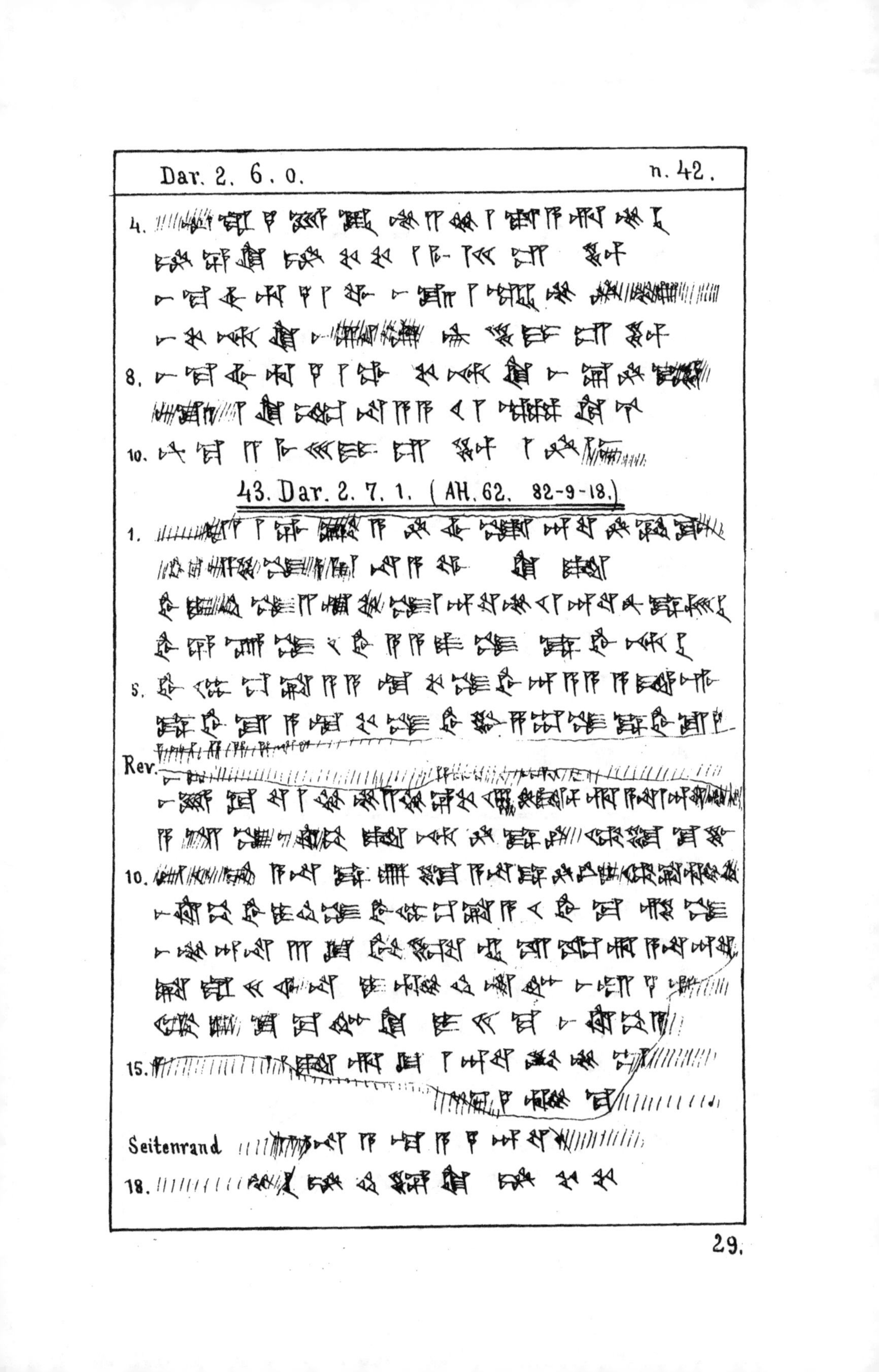

4.

8.

10.

43. Dar. 2. 7. 1. (AH. 62. 82-9-18.)

1.

5.

Rev.

10.

15.

Seitenrand

18.

44. Dar. 2. 7. 3. (Sp. 408. 76-11-17.)

Rev.

45. Dar. 2. 7. 17. (Sp. 1066. 76-11-17.)

Rev.

11.

Rand

16.

46. Dar. 2. 7. 25. (AH. 993. 83-1-18.)

1.

4.

Rev.

10.

47. Dar. 2. 8. 11. (AH. 862. 83-1-18.)

1.

5.

Rand

Rev.

11.

12.

16.

Rand

20.

48. Dar. 2. 8. 29. (S+. 961. 76-11-17.)

1.

5.

(sic! min)

Rand

10.

Rev.

17.

49. Dar. 2. 8. 0. (AH. 582. 83-1-18.)

1.

2.

Rand

Rev.

10.

(sic)

13.

50. Dar. 2. 9. 14. (AH. 148. 83-1-18.)

1.

6.

Rand

10.

Rev.

15.

Rand

18.

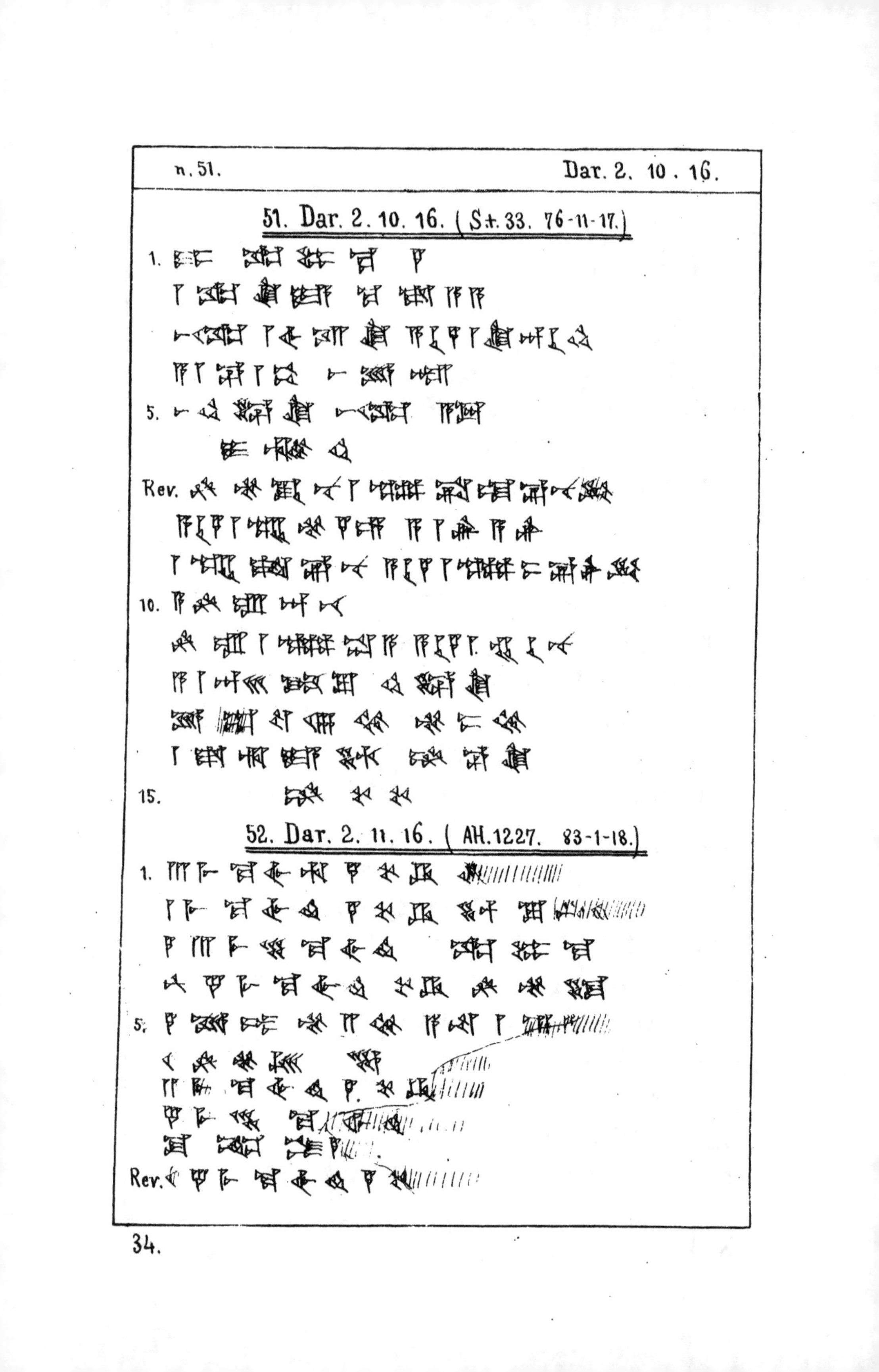

51. Dar. 2. 10. 16. (S+. 33. 76-11-17.)

Rev.

52. Dar. 2. 11. 16. (AH. 1227. 83-1-18.)

Rev.

11.

15.

20.

Rand

24.

53. Dar. 2. 12. 9. (St. 471. 76-11-17.)

1.

5.

10.

Rand

Rev.

14.

21.

54. Dar. 2. 12. 13. (AH. 1134. 83-1-18.)

1.

5.

Rev.

10.

14.

Rand

55. Dar. 2. 12. 21. (AH. 940. 83-1-18.)

1.

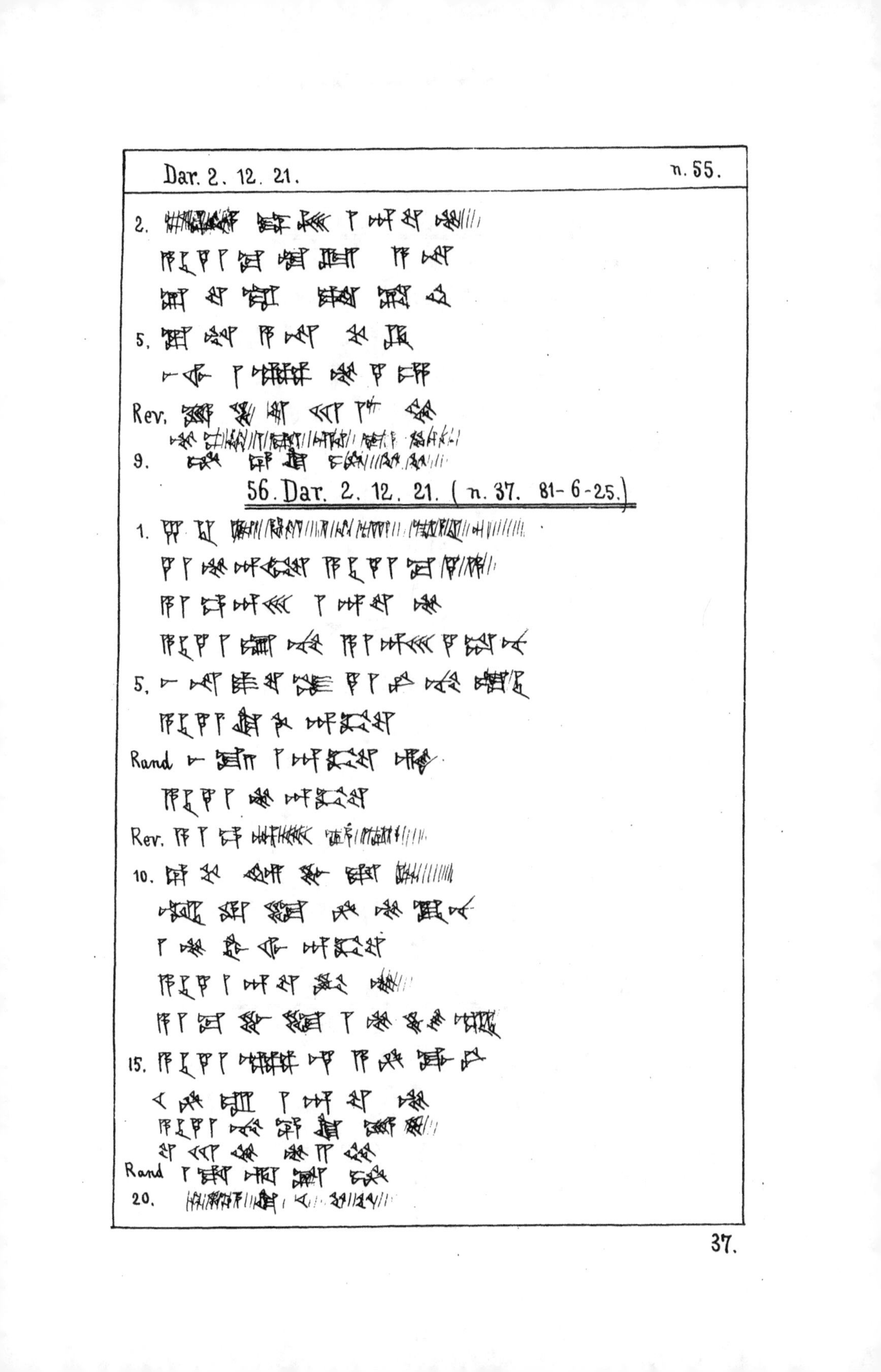

Dar. 2. 12. 21. n. 55.

Rev.

56. Dar. 2. 12. 21. (n. 37. 81-6-25.)

Rand

Rev.

Rand

57. Dar. 2. 0. 0. (S+.1250. 76-11-17.)

Rand

Rev.

58. Dar. 2. 0. 0. (AH.297. 82-9-18.)

59. Dar. 2. 0. 0. (AH. 615. 83-1-18.)

60. Dar. 3. 1. 9. (n. 5. 76-5-15.)

Rev.

61. Dar. 3. 1. 12. (St. 625. 76-11-17.)

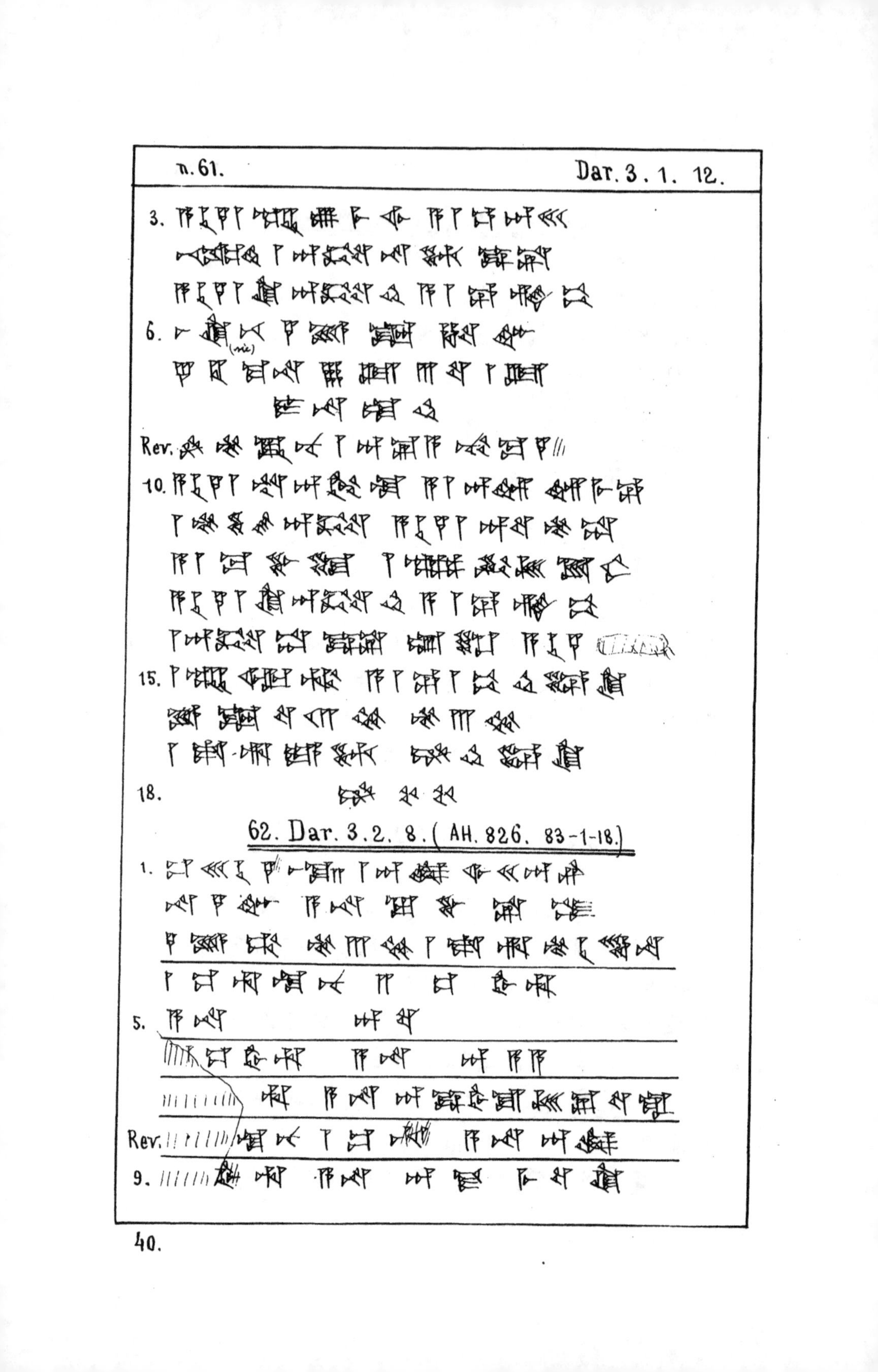

n. 61. Dar. 3. 1. 12.

3.

6. (sic)

Rev.

10.

15.

18.

62. Dar. 3. 2. 8. (AH. 826. 83-1-18.)

1.

5.

Rev.

9.

10.

15.

63. Dar. 3.2.8. (AH. 179. 82-9-18.)

1.

Rand

Rev.

13.

64. Dar. 3.2.9. (n. 8. 77-11-15.)

1.

5.

10.

Rand

n. 64. Dar. 3. 2. 9.

Rev.

14.

18.

21.

65. Dar. 3. 2. 10. (AH. 358, 82-9-18.)

1.

5.

Rev.

(sic) (sic)

10.

(sic)

14.

66. Dar. 3. 2. 13. (St. ? ?)

1.

Rev.

67. Dar. 3. 2. 18. (n. 104. 84-2-11. Dupl. n. 109. 84-2-11.)

[d.

[d.

Rev.

[d. car.

[d. caret

68. Dar. 3. 2. 21. (n. 105. 84-2-11.)

(sic)

Rev.

69. Dar. 3. 2. 23. (n. 106. 84-2-11.)

Rev.

70. Dar. 3. 5. 2. (St. 1055. 76-11-17.)

Rand

Rev.

(sic!)

19.

Rand

23.

71. Dar. 3. 5. 2. (AH. 1104. 83-1-18.)

1.

5.

Rand

11.

Rev.

15.

72. Dar. 3. 5. 7. (AH. 841. 83-1-18.)

5.

Rev.

73. Dar. 3. 5. 16. (n. 108. 84-2-11.)

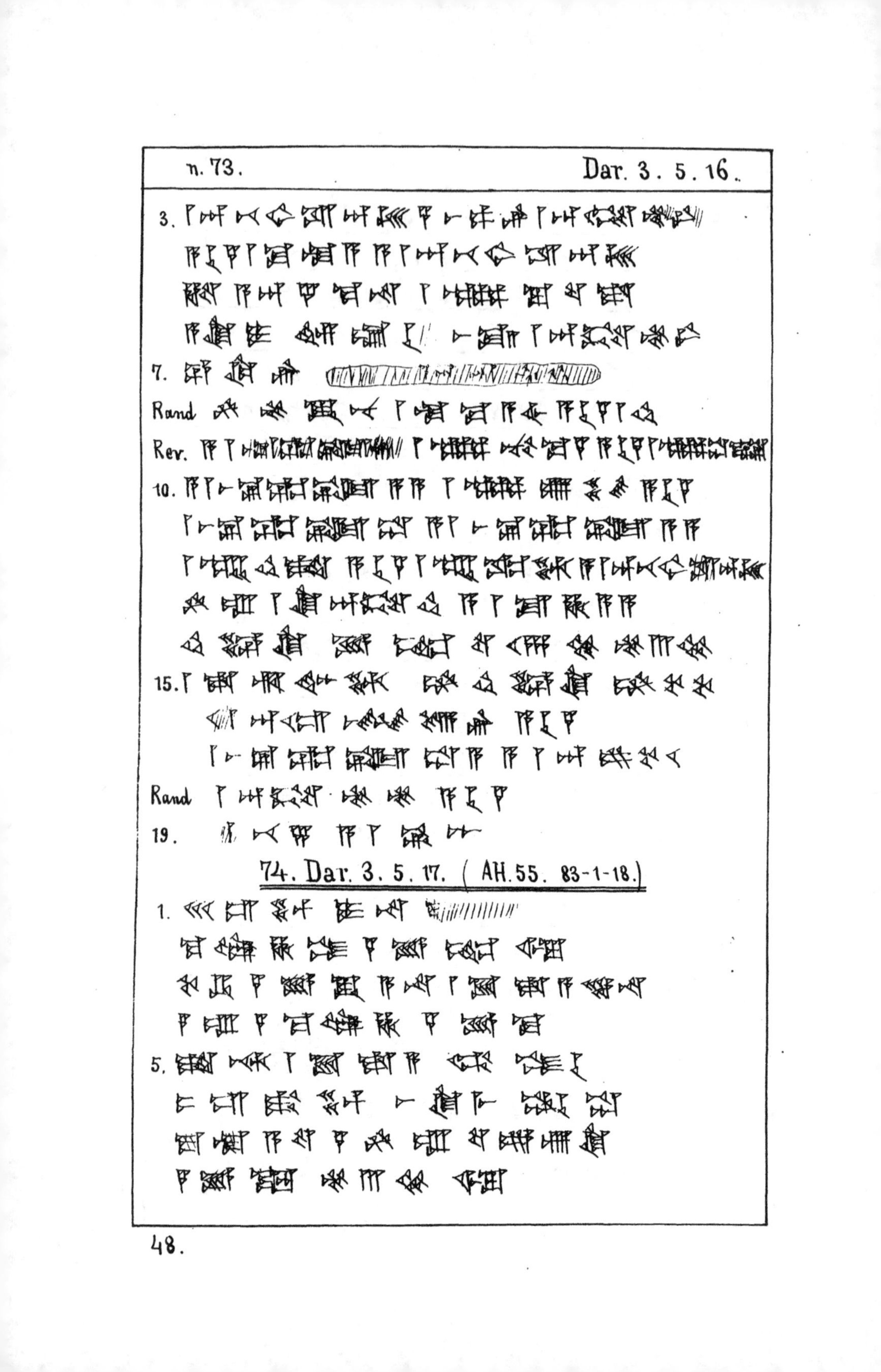

n. 73. Dar. 3. 5. 16.

3.

7.

Rand

Rev.

10.

15.

Rand

19.

74. Dar. 3. 5. 17. (AH. 55. 83-1-18.)

1.

5.

Dar. 3. 5. 17. n. 74.

Rev.

16.

75. Dar. 3. 6. 2. (S+. 1303. 76-11-17.)

Rev.

76. Dar. 3. 6. 5. (St. 959. 76-11-17.)

Rev.

23.

77. Dar. 3. 6. 8. (? 51-1-1. 0. 0. 0.)

1.

5.

Rand

Rev.

11.

18.

Rand

78. Dar. 3. 6. 11. (0. 0. 0. R. 51-1-1 ?)

Rand — Obv. ganz verbrannt.

Rev.

5.

10.

14.

79. Dar. 3. 6. 26. (Sp. 265. 76-11-17.)

Rand

Rev.

80. Dar. 3. 6. b. 1. (Sp. 87. 76-11-17.)

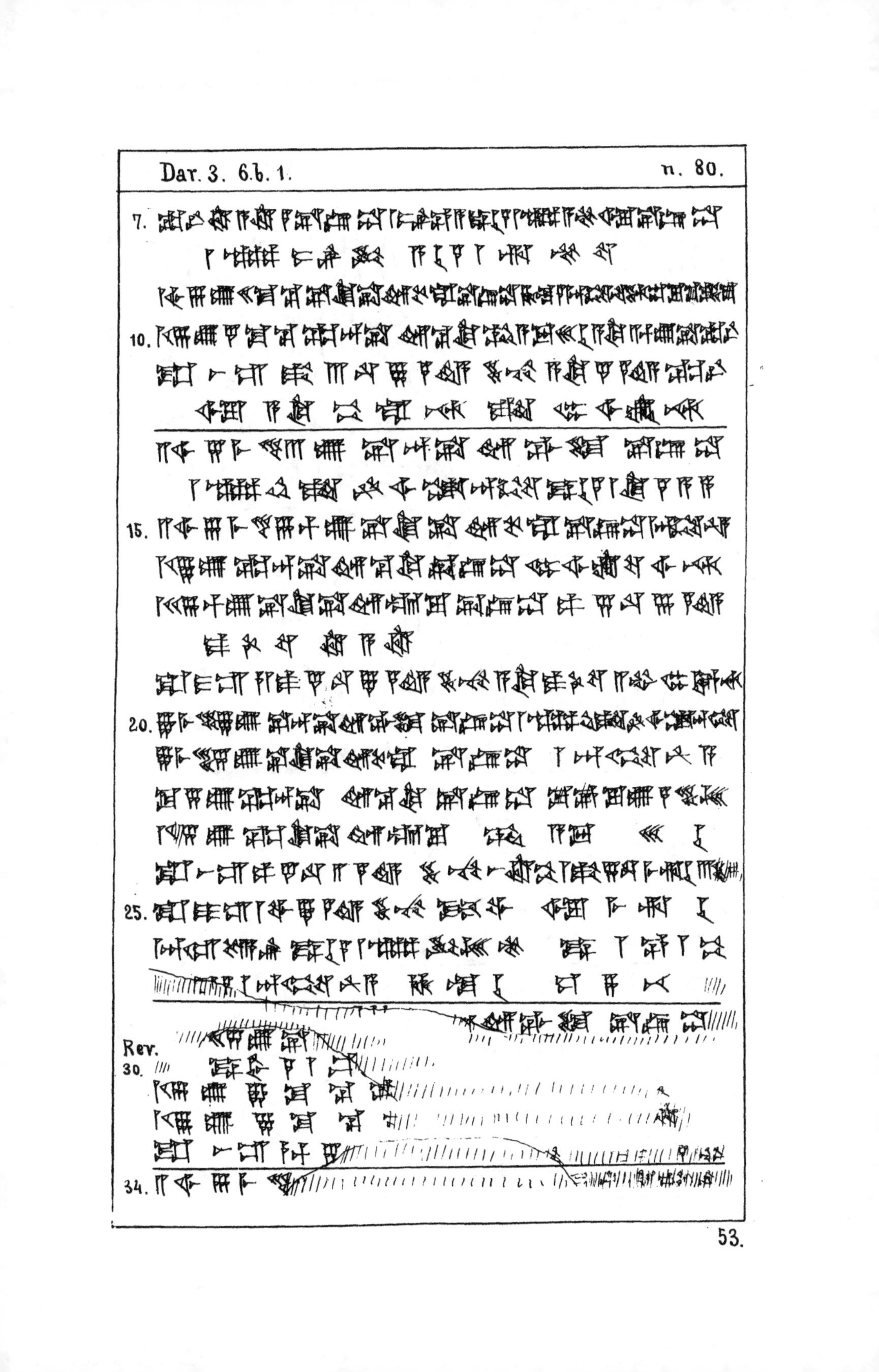

Rev.

81. Dar. 3. 6.b. 28. (AH. 420. 82-9-18.)

Rev.

82. Dar. 3. 7. 16. (n. 107. 84-2-11.)

Rev.

83. Dar. 3. 7. 21. (AH. 633. 83-1-18.)

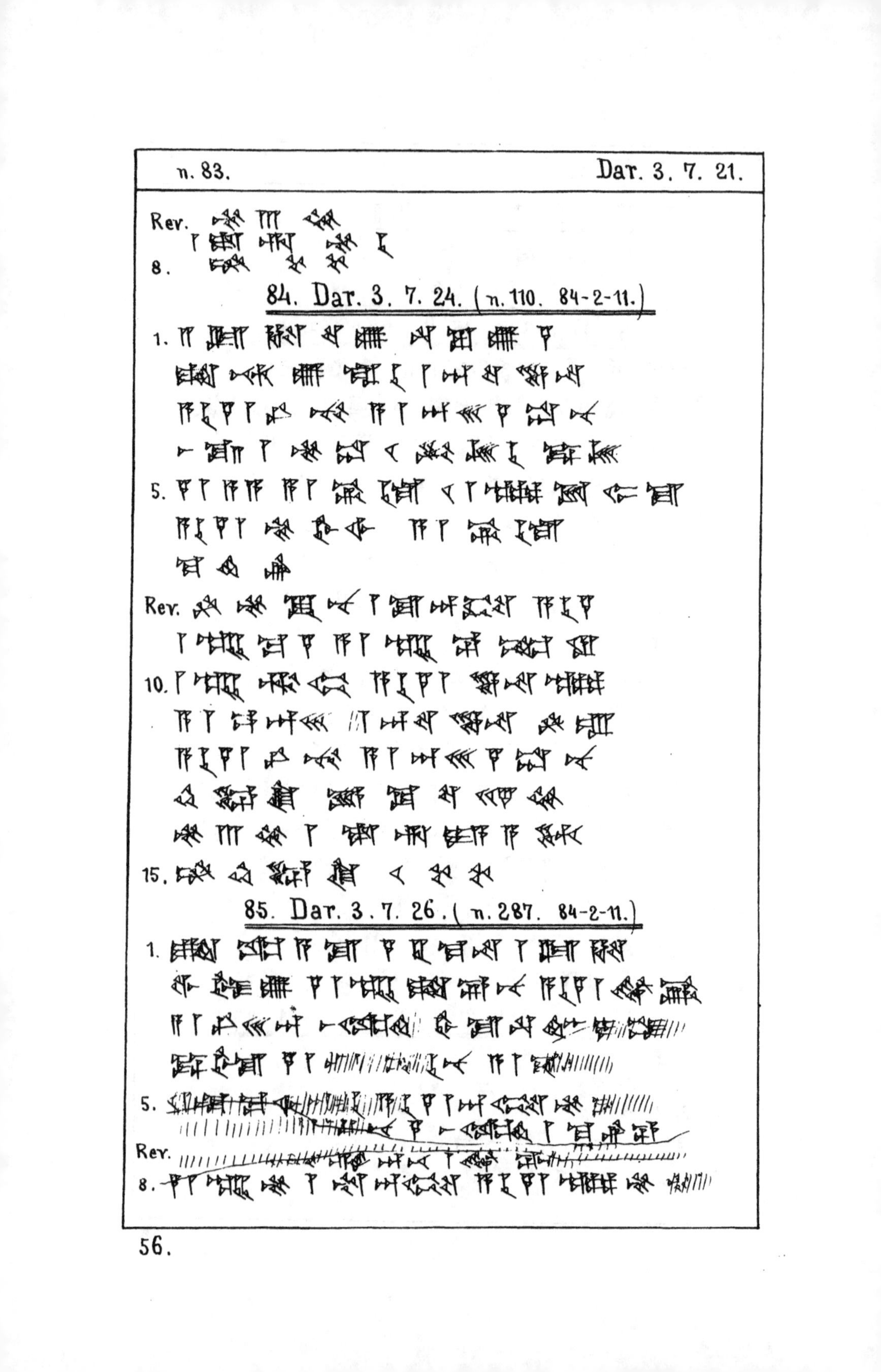

n. 83. Dar. 3. 7. 21.

Rev.

84. Dar. 3. 7. 24. (n. 110. 84-2-11.)

Rev.

85. Dar. 3. 7. 26. (n. 287. 84-2-11.)

Rev.

9.

13.

86. Dar. 3. 8. 5. (AH. 971. 83-1-18.)

1.

6. (sic)

Rev.

87. Dar. 3. 8. 15. (AH. 498. 83-1-18.)

1.

5.

Rev.

10.

88. Dar. 3. 8. 17. (AH. 1037. 83-1-18.)

1.

4.

89. Dar. 3. 9. 24. (AH. 886. 83-1-18.)

90. Dar. 3. 9. 27. (AH. 392. 82-9-18.)

Rev.

91. Dar. 3. 10. 2. (AH. 605. 82-9-18.)

Dar. 3. 10. 2. n. 91.

Rev.

92. Dar. 3. 10. 0. (AH. 666. 82-9-18.)

Rev.

n. 92. Dar. 3. 10. 0.

93. Dar. 3. 11. 18. (St. 497. 76-11-17.)

Rev.

Rand

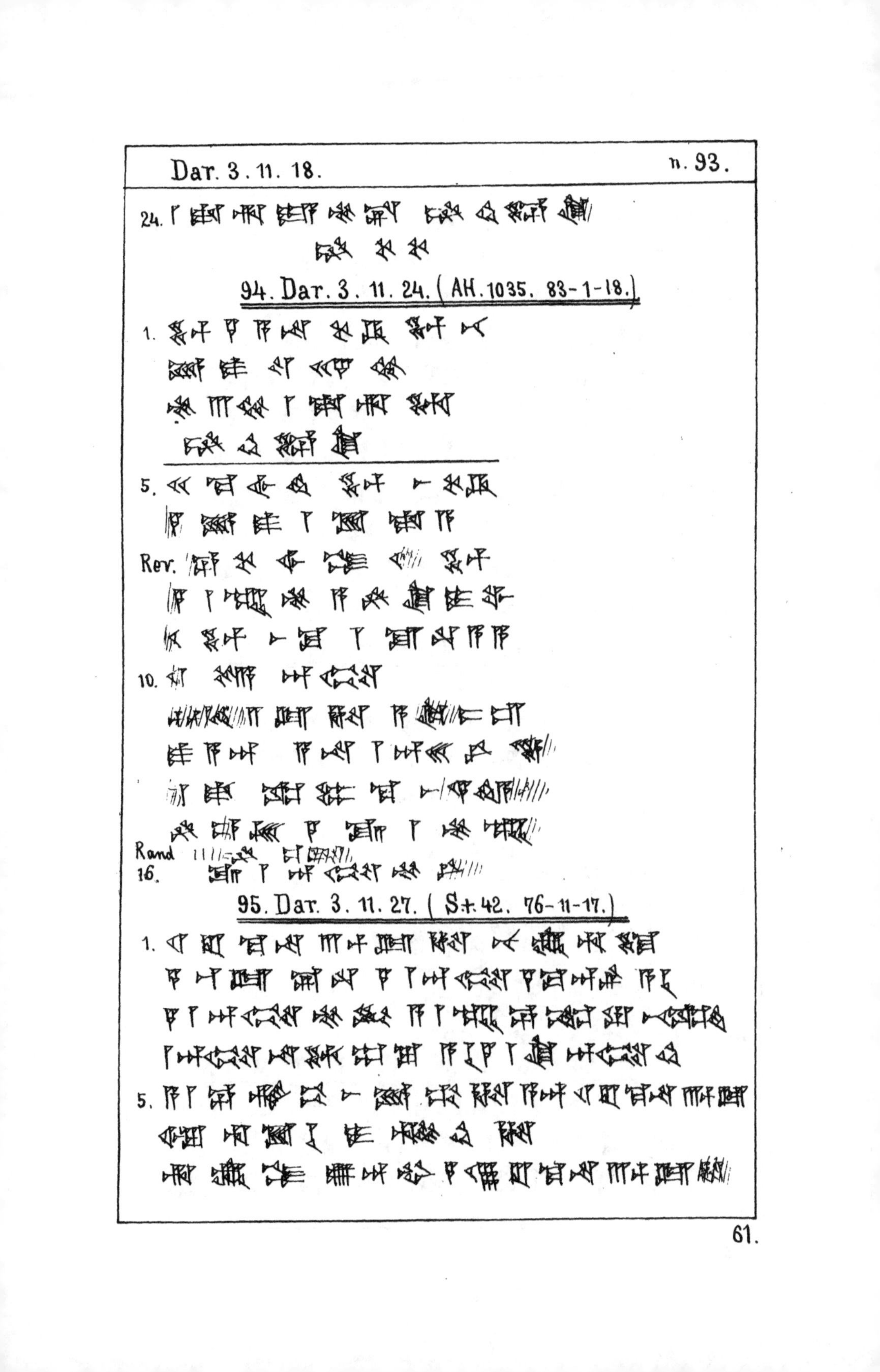

94. Dar. 3. 11. 24. (AH. 1035. 83-1-18.)

Rev.

Rand

95. Dar. 3. 11. 27. (Sp. 42. 76-11-17.)

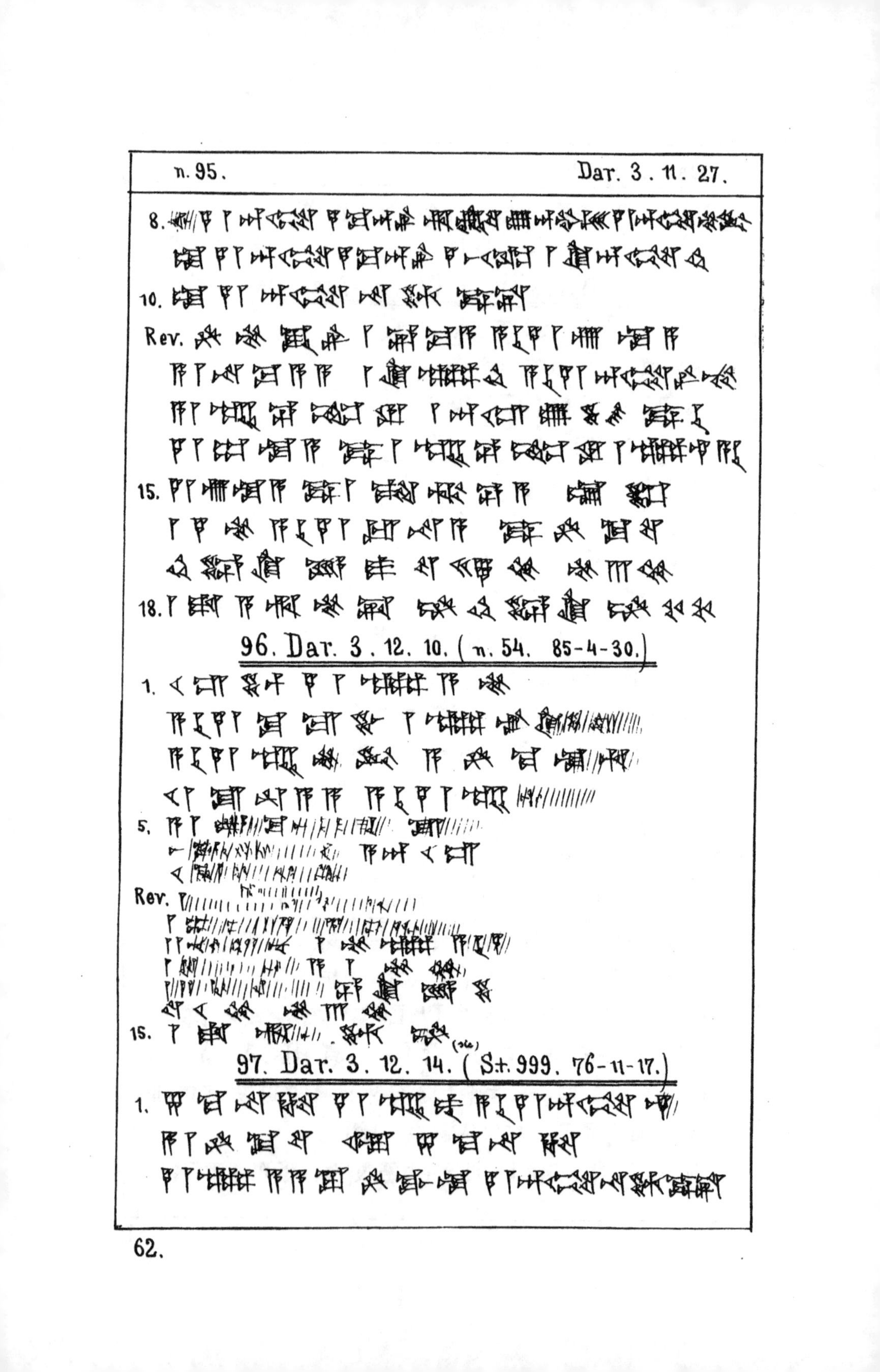

Rev.

96. Dar. 3. 12. 10. (n. 54. 85-4-30.)

Rev.

(sic)

97. Dar. 3. 12. 14. (S+. 999. 76-11-17.)

4.

Rev.

15.

Rand

98. Dar. 3. 0. 2. (AH. 641. 82-9-18.)

1.

5.

Rand

Rev.

12.

99. Dar. 3. 0. 5. (AH. 653. 82-9-18.)

1.

4.

8.

Rev.

13.

100. Dar. 3. 0. 28. (n. 13. 73-3-19.)

1.

5.

Rev.

8.

Rand

12.

101. Dar. 3. 0. 0. (AH. 1088. 83-1-18.)

1.

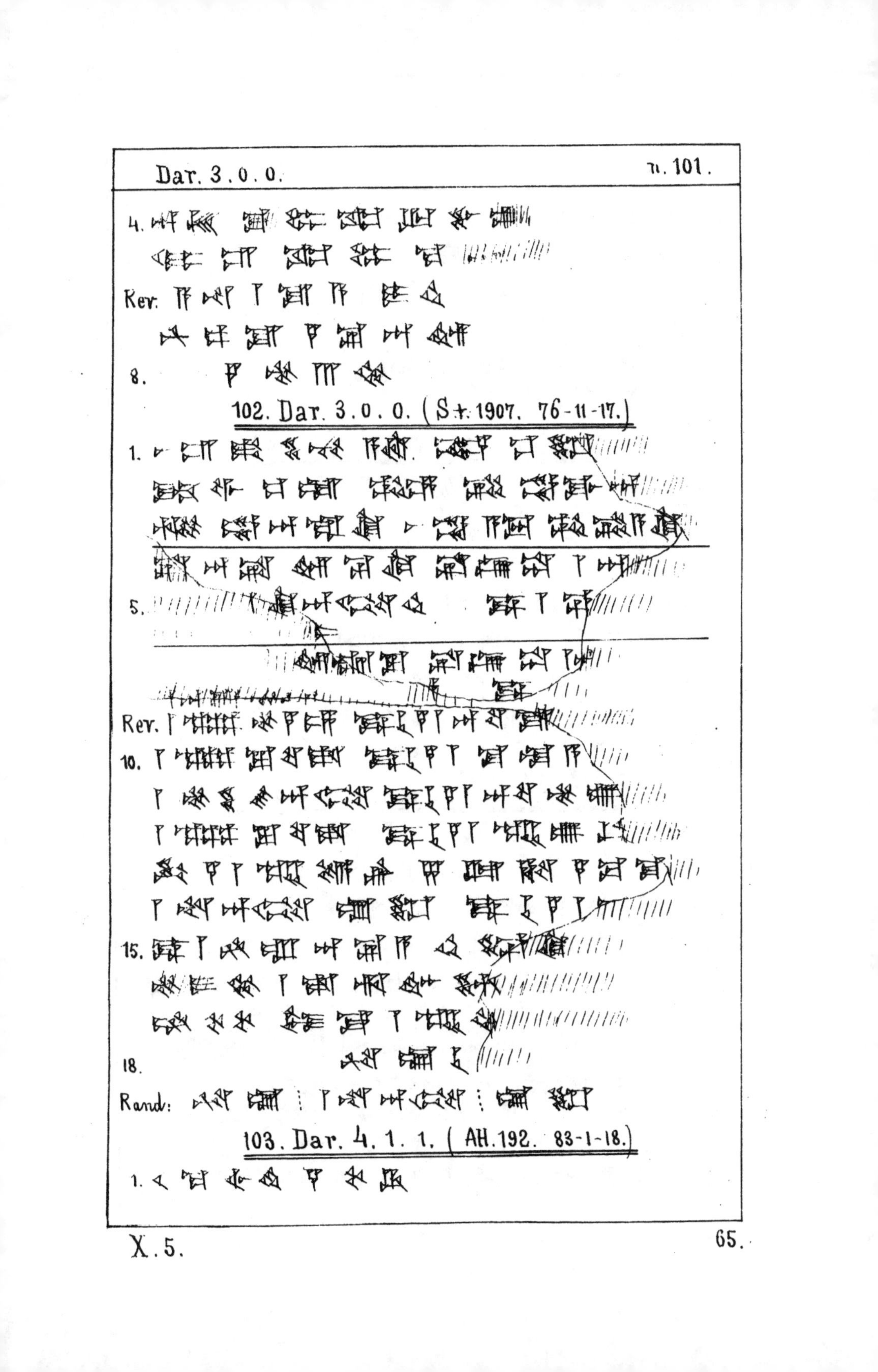

4.

Rev.

8.

102. Dar. 3.0.0. (S+. 1907. 76-11-17.)

1.

5.

Rev.

10.

15.

18.

Rand:

103. Dar. 4.1.1. (AH. 192. 83-1-18.)

1.

Rev.

104. Dar. 4. 1. 3. (AH. 353. 83-1-18.)

Rev.

105. Dar. 4. 1. 5. (n. 218. 81-6-25.)

Rev.

14.

16.

106. Dar. 4.1.10. (AH. 727. 82-9-18.)

1.

5.

Rev.

10.

Rand 18.

107. Dar. 4.1.12. (AH. 250. 83-1-18.)

1.

5.

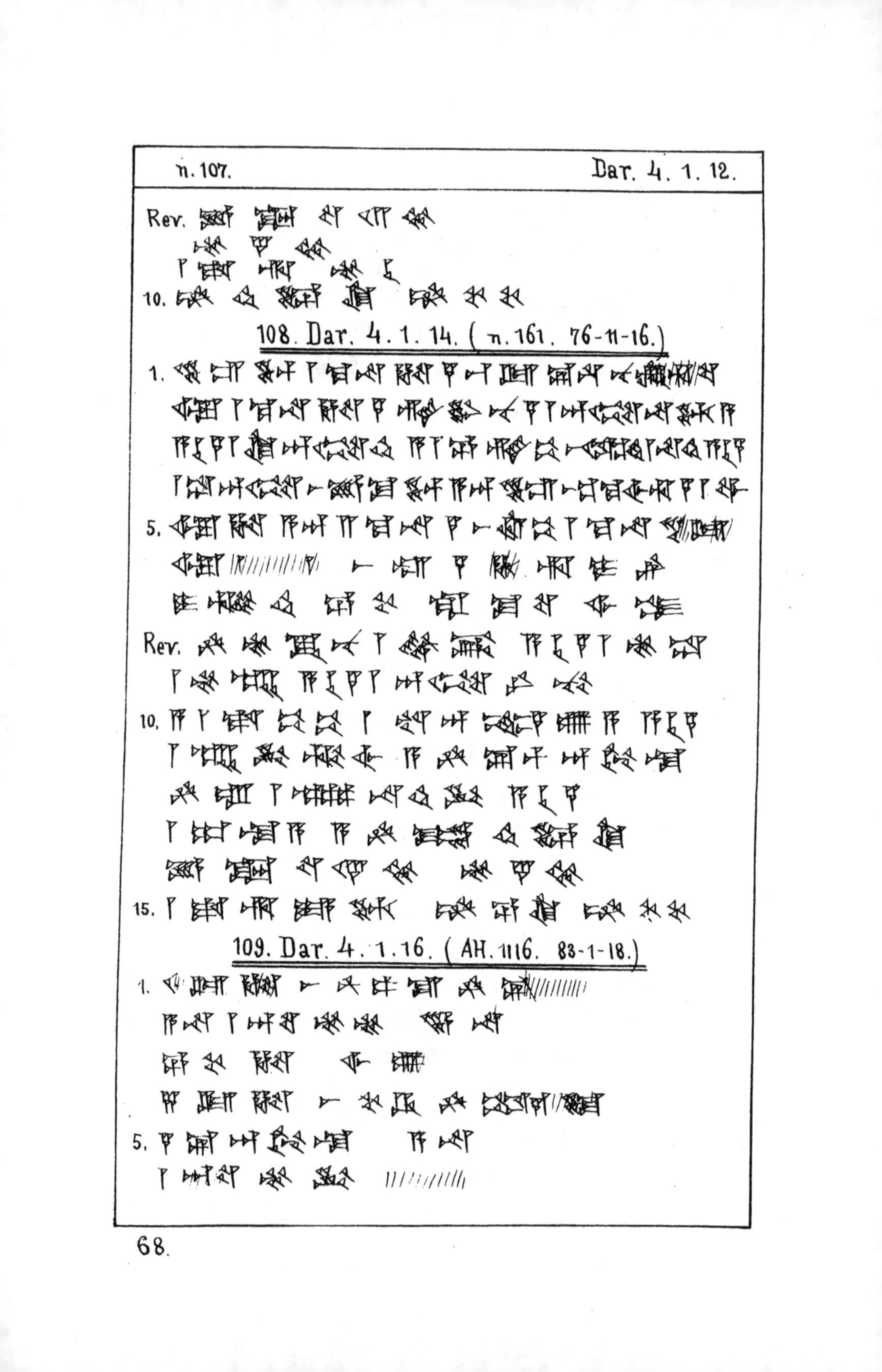

Rev.

108. Dar. 4. 1. 14. (n. 161. 76-11-16.)

Rev.

109. Dar. 4. 1. 16. (AH. 1116. 83-1-18.)

7.

Rev.

10.

14.

110. Dar. 4. 1. 18. (AH. 1279. 83-1-18.)

1.

5.

Rev.

11.

15.

18.

111. Dar. 4. 1. 20. (AH. 1268. 83-1-18.)

1.

3.

6.

Rev.

12.

17.

112. Dar. 4. 1. 0. (AH. 240. 82-9-18.)

1.

5.

Rev.

12.

113. Dar. 4. 2. 5. (AH. 453. 82-9-18.)

Rev.

n. 113. Dar. 4. 2. 5.

23.

Rand

114. Dar. 4. 2. 15. (n. 160. 76-11-16.)

1.

Rev.

Rand

115. Dar. 4. 4. 4. (AH. 923. 83-1-18.)

1.

4

Rev.

Dar. 4. 4. 4. n. 115.

6.

116. Dar. 4. 4. 23. (n. 113. 84-2-11.)

1.

5.

Rev.

10.

16.

117. Dar. 4. 4. 25. (n. 112. 84-2-11.)

1.

(sic)

5.

Rev.

n. 117. Dar. 4. 4. 25.

118. Dar. 4. 4. 0. (AH. 373. 82-9-18.)

119. Dar. 4. 5. 5. (St. 477. 76-11-17.)

5.

Rev.

10.

14.

120. Dar. 4. 5. 13. (n. 101. 84-2-11.)

1.

5.

Rand

9.

Rev.

15.

16.

Rand

18.

121. Dar. 4. 5. 20. (AH. 1046. 83-1-18.)

1.

5.

Rev.

9.

122. Dar. 4. 6. 5. (Rm IV. 98.)

1.

5.

10.

Rev.

15.

16.

Rand

19.

123. Dar. 4. 6. 7. (St. 224. 76-11-16.)

1.

5.

9.

Rand

Rev.

15.

17.

124. Dar. 4. 6. 10. (St. 89. 76-11-17.)

1.

n. 124. Dar. 4. 6. 10.

5.

Rand

11.

Rev.

15.

21.

125. Dar. 4. 6. 12. (AH. 942. 83-1-18.)

1.

5.

Rand

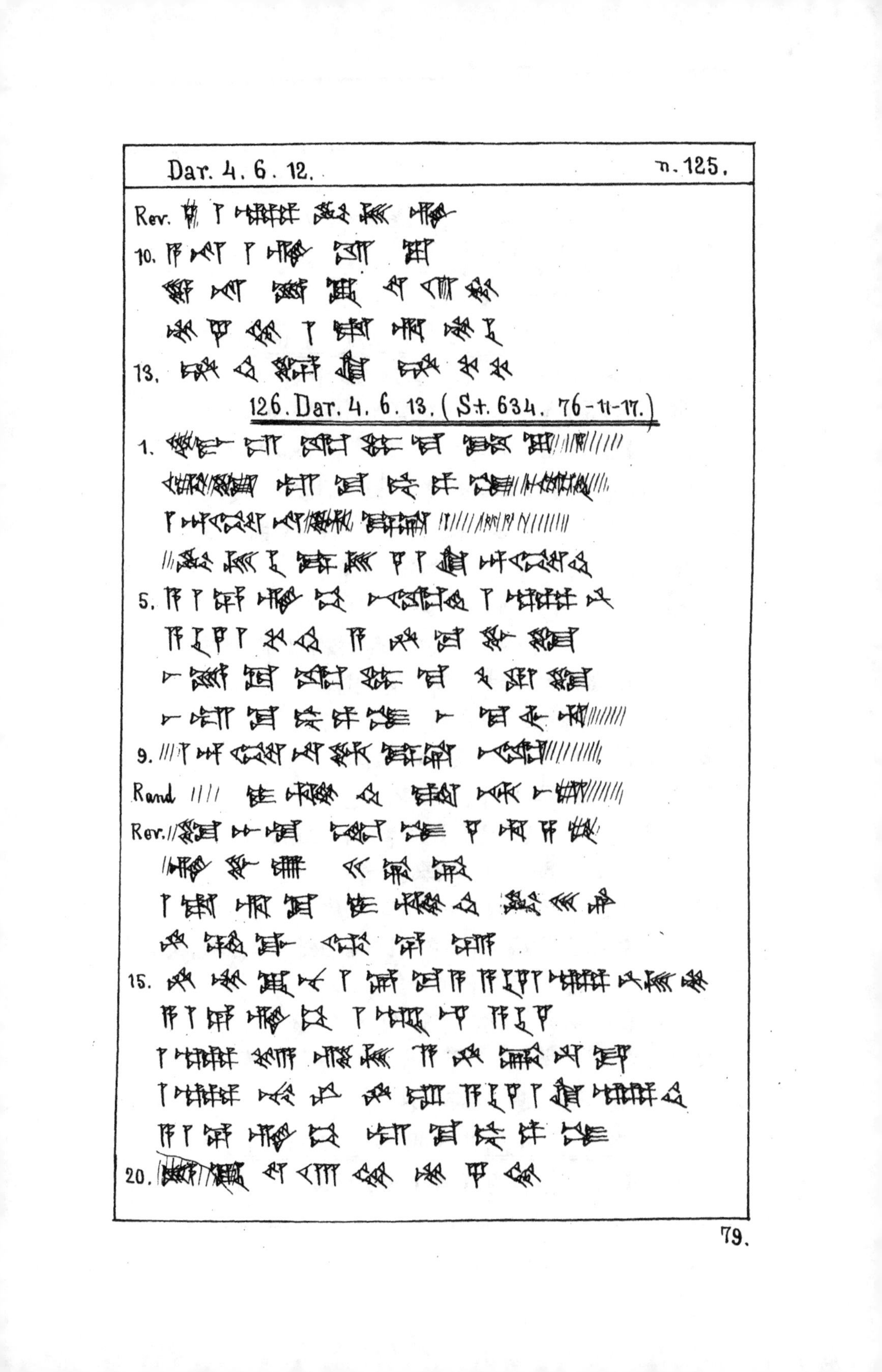

Rev.

10.

13.

126. Dar. 4. 6. 13. (St. 634. 76-11-17.)

1.

5.

9.

Rand

Rev.

15.

20.

Rand

127. Dar. 4. 6. 26. (St. 1029. 76-11-17.)

Rev.

128. Dar. 4. 6. 27. (AH. 1086. 83-1-18.)

Dar. 4. 6. 27. n. 128.

2.

5.

Rev.

10.

16.

129. Dar. 4. 7. 20. (St. 540. 76-11-17.)

1.

5.

10.

Rand

Rev.

130. Dar. 4. 7. 24. (AH. 257. 83-1-18.)

Rev.

131. Dar. 4. 7. 25. (S.+. 881. 76-11-17.)

Rev.

8.

10.

(sic)

16.

132. Dar. 4. 7. 25. (St. 196. 76-11-16.)

1.

5.

Rev.

10.

14.

133. Dar. 4. 7. 0. (n. 111. 84-2-11.)

1.

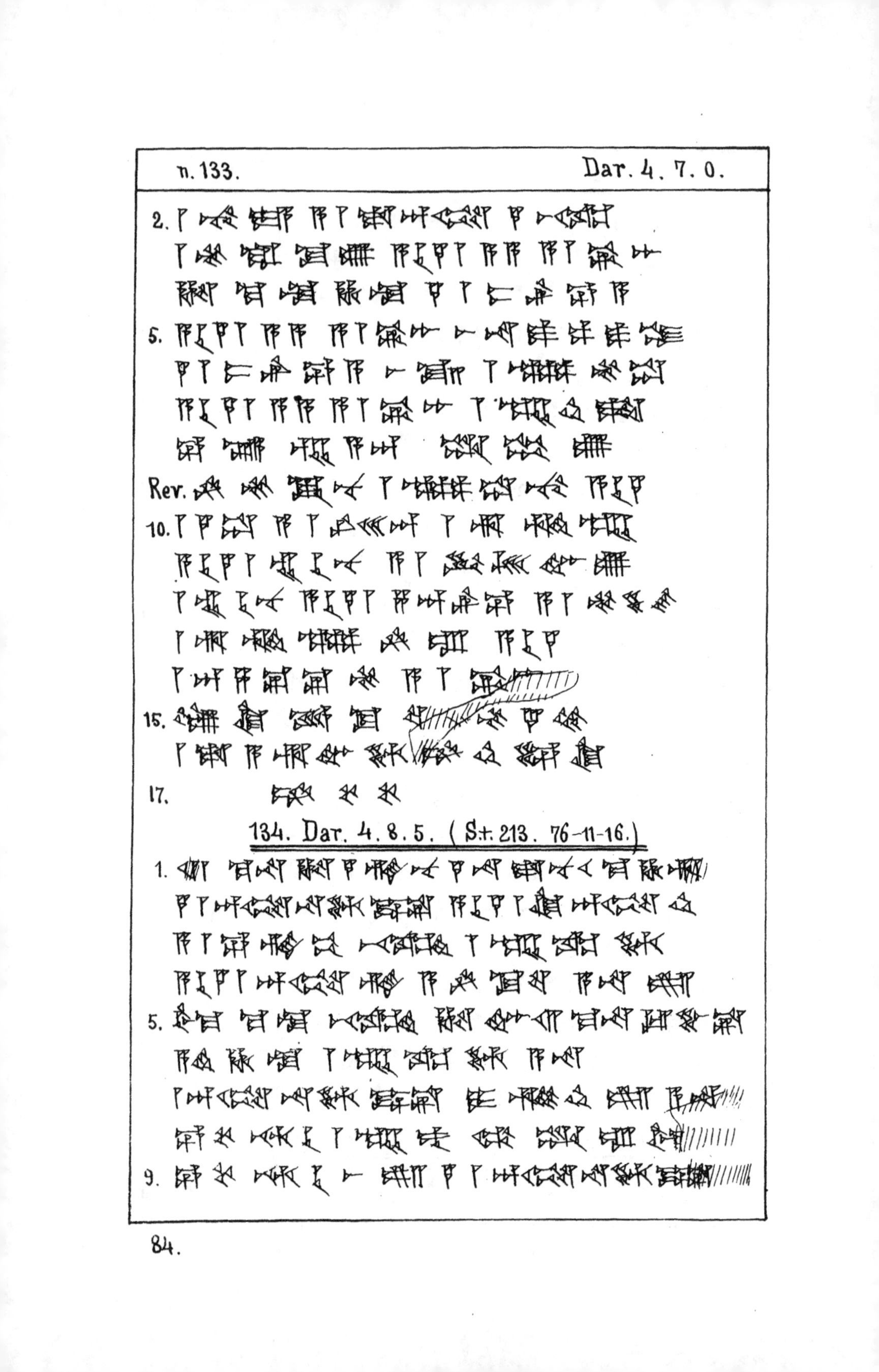

n. 133. Dar. 4. 7. 0.

Rev.

134. Dar. 4. 8. 5. (St. 213. 76-11-16.)

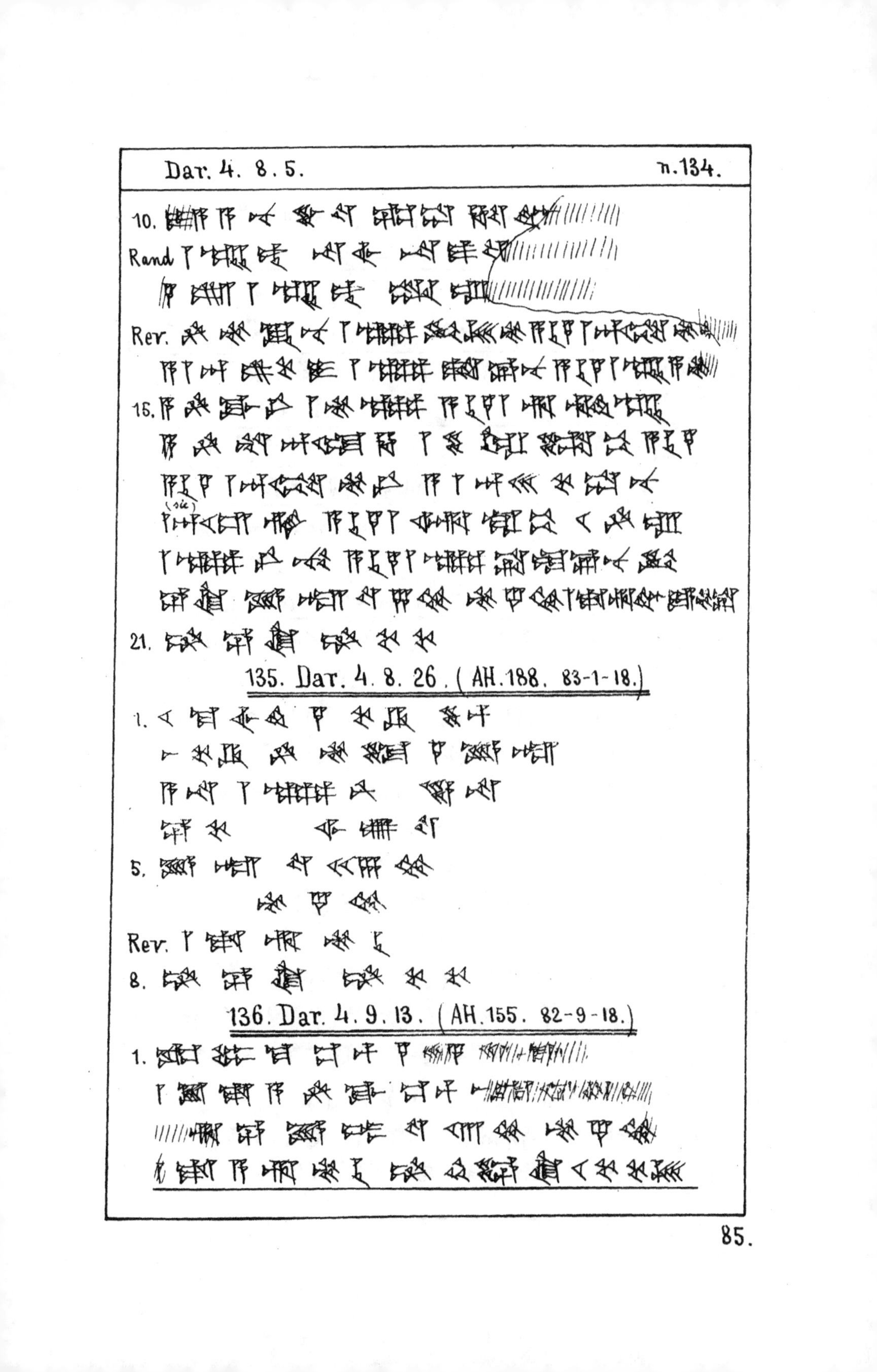

10.

Rand

Rev.

15.

(sic)

21.

135. Dar. 4. 8. 26. (AH. 188. 83-1-18.)

1.

5.

Rev.

8.

136. Dar. 4. 9. 13. (AH. 155. 82-9-18.)

1.

5.

9.

14.

137. Dar. 4. 9. 25. (St. 439. 76-11-17.)

1.

5.

Rand

9.

Rev.

15.

16.

18.

138. Dar. 4. 10. 9. (St. 1043. 76-11-17.)

1.

5.

Rand

9.

Rev.

15.

(sic)

Rand

18.

139. Dar. 4. 10. 10. (AH. 618. 82-9-18.)

1.

Rev.

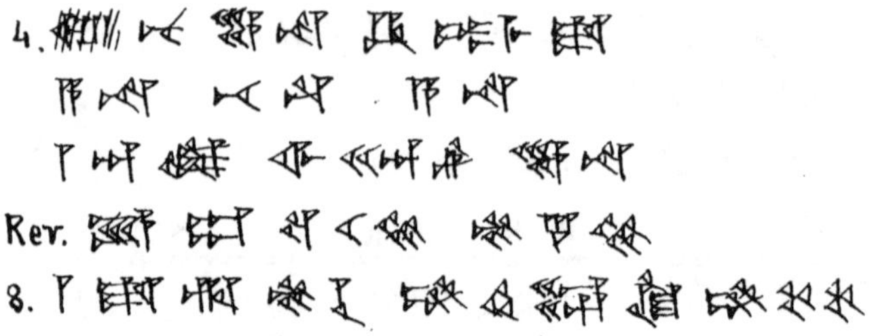

140. Dar. 4. 10. 22. (n. 25. 76-10-16.)

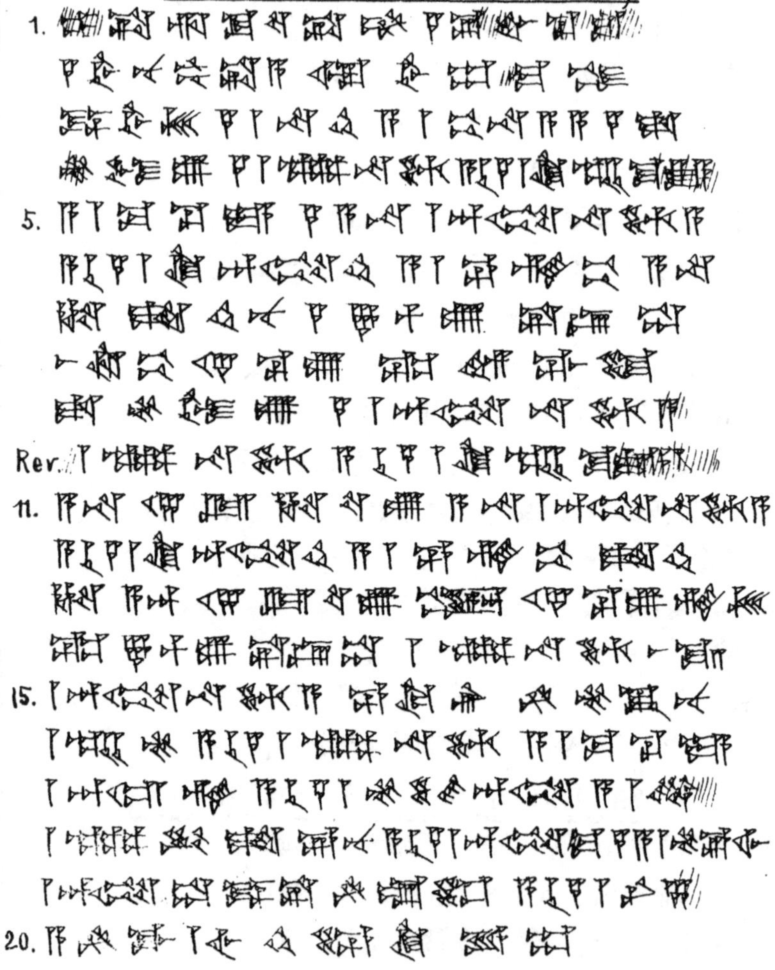

Rev.

21. [cuneiform]

Rand: [cuneiform]

141. Dar. 4. 11. 22. (AH. 910. 83-1-18.)

1. [cuneiform]

[cuneiform]

[cuneiform]

[cuneiform]

5. [cuneiform]

[cuneiform]

[cuneiform]

Rev: [cuneiform]

9. [cuneiform]

[cuneiform]

[cuneiform]

12. [cuneiform]

142. Dar. 4. 11. 22. (Sp. 554. 76-11-17.)

1. [cuneiform]

[cuneiform]

[cuneiform]

[cuneiform]

5. [cuneiform]

[cuneiform]

[cuneiform]

[cuneiform]

9. [cuneiform]

Rand [cuneiform]

11.

Rev.

15.

20.

143. Dar. 4. 11. 25. (AH. 812. 83-1-18.)

1.

Rev.

6.

144. Dar. 4. 11. 25. (n. 6. 77-11-14.)

1.

5.

(sic)

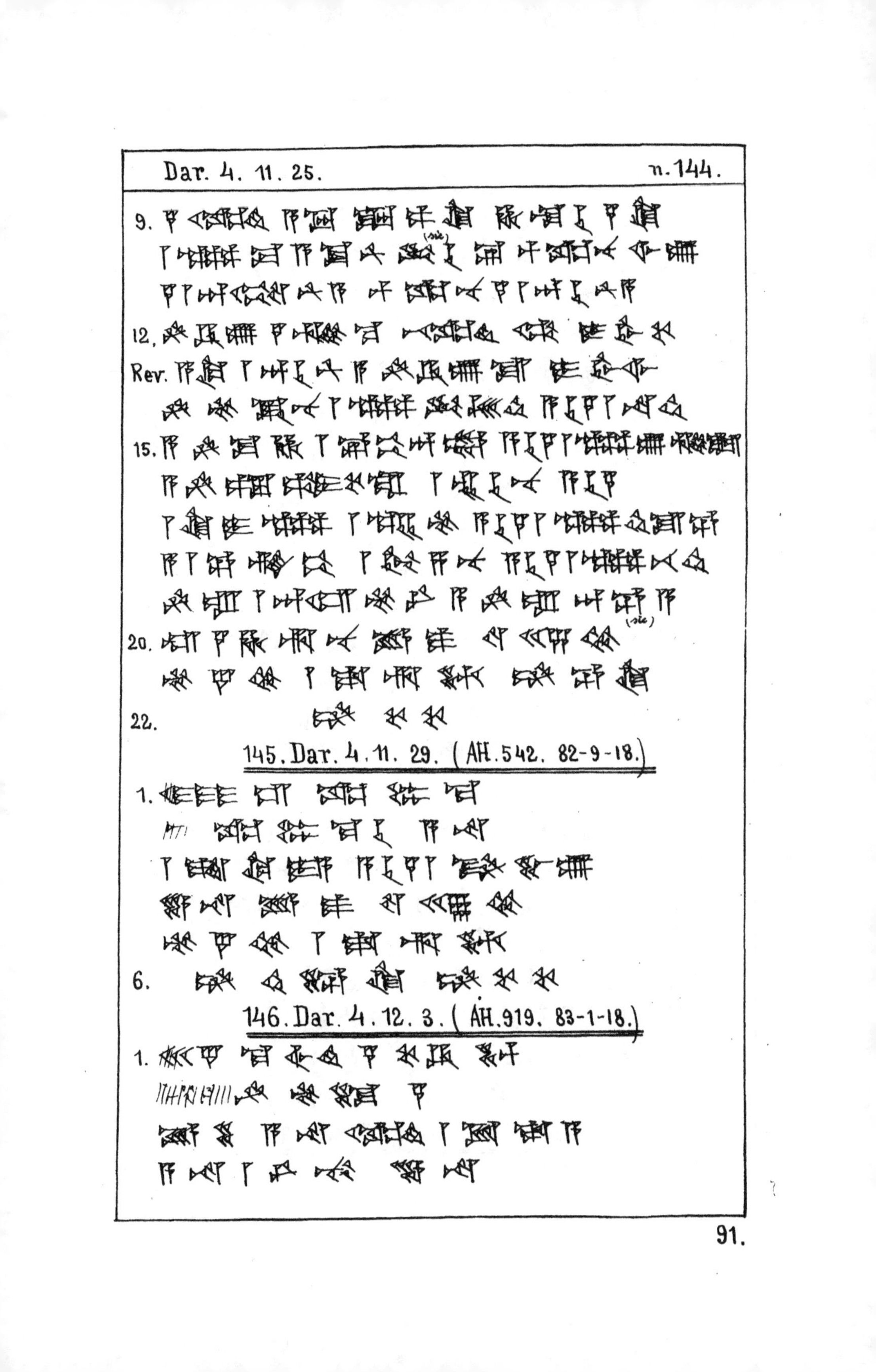

9.

(sic)

12,

Rev.

15.

(sic)

20.

22.

145. Dar. 4. 11. 29. (AH. 542. 82-9-18.)

1.

6.

146. Dar. 4. 12. 3. (AH. 919. 83-1-18.)

1.

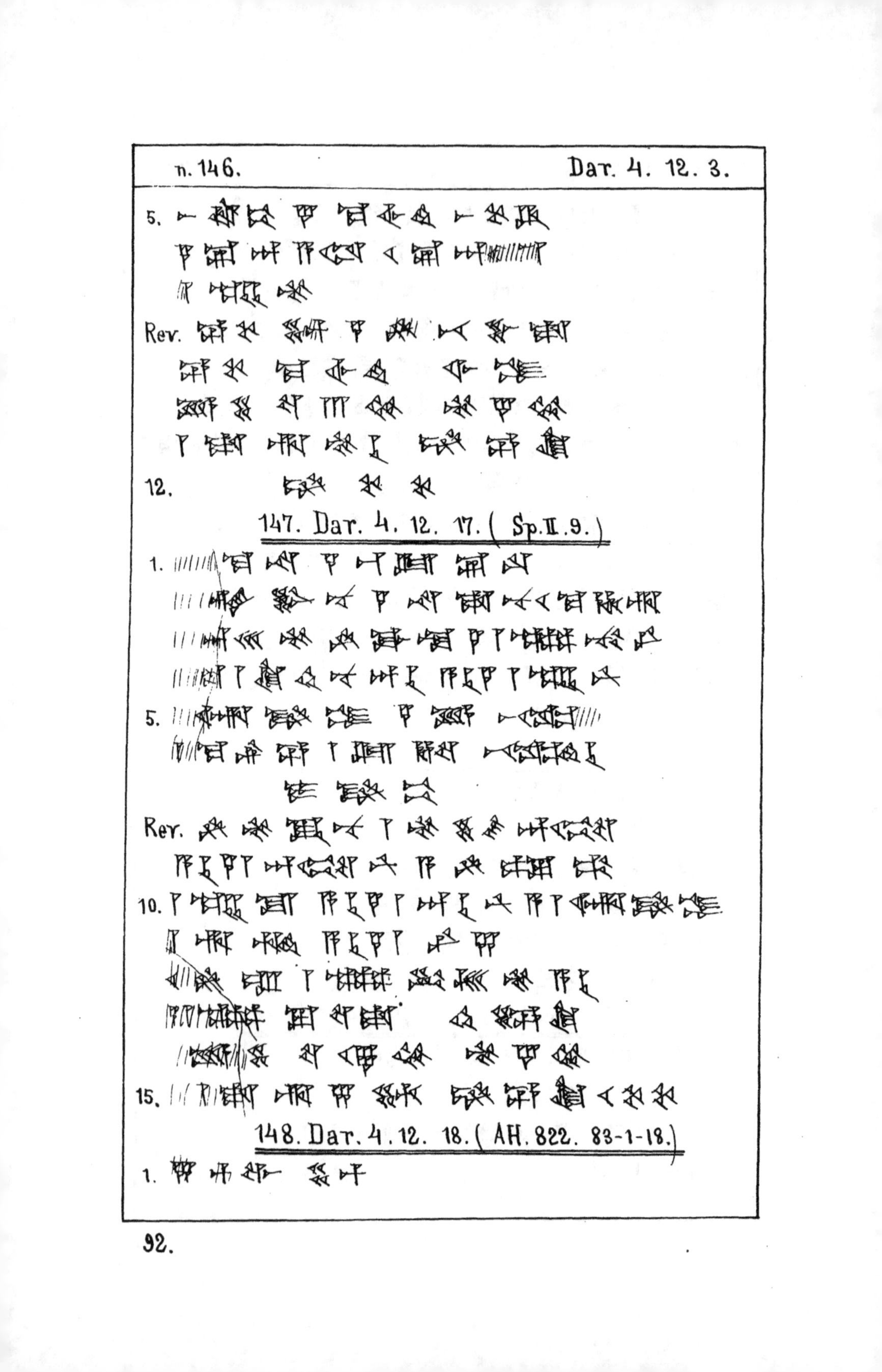

Rev.

147. Dar. 4. 12. 17. (Sp. II. 9.)

Rev.

148. Dar. 4. 12. 18. (AH. 822. 83-1-18.)

2.

Rev.

7.

149. Dar. 4. 12. 22. (AH. 103. 82-9-18.)

1.

5.

Rand

10.

Rev.

15.

17.

150. Dar. 4. 12. 27. (AH. 1166. 83-1-18.)

1.

4.

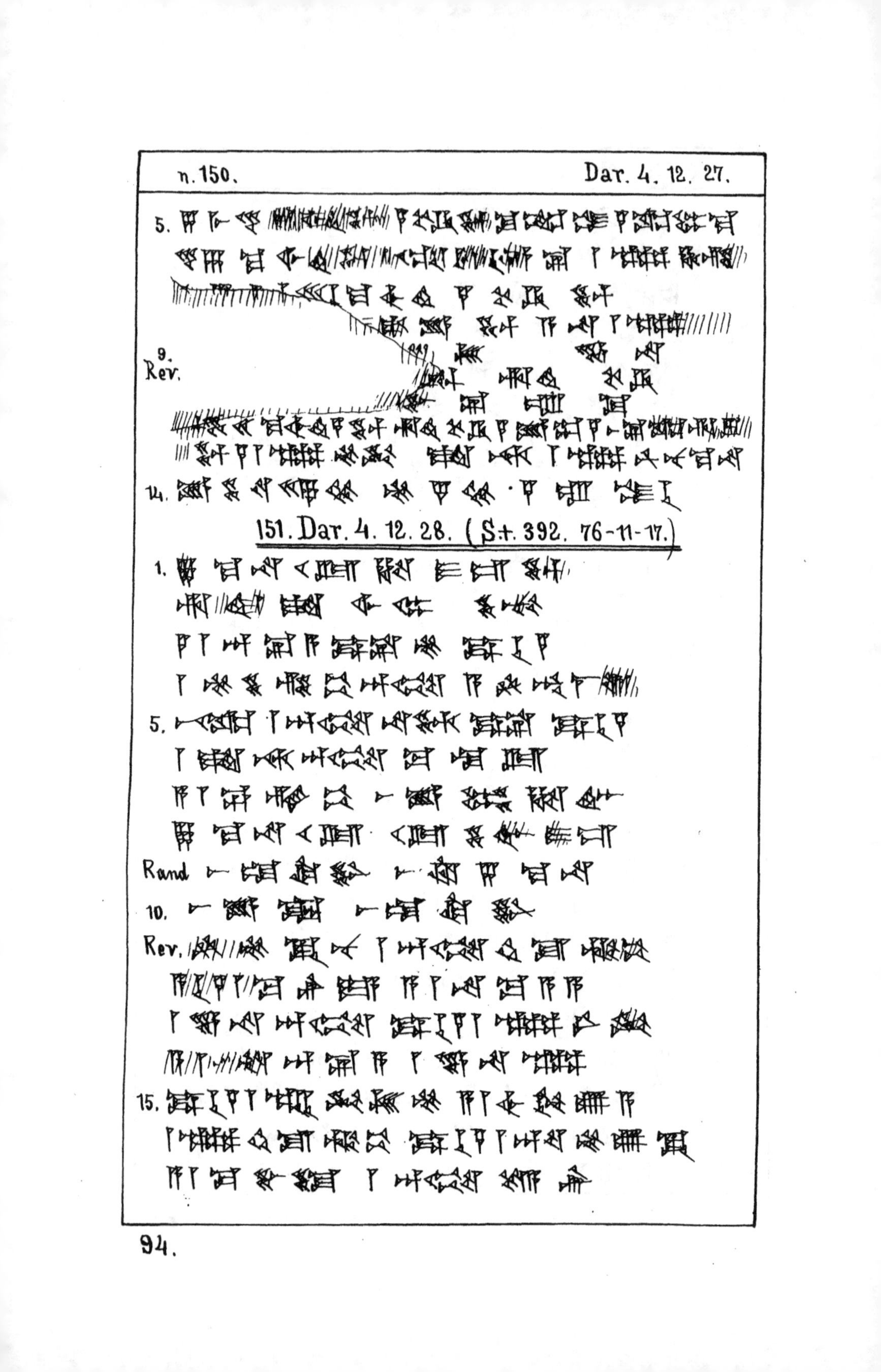

151. Dar. 4. 12. 28. (St. 392. 76-11-17.)

152. Dar. 4. 12. 29. (n. 5. 77-11-15.)

Rev.

23.

28.

Rand; Siegel:

35.

153. Dar. 5. 1. 12. (n. 2. 79-7-30.)

1.

5.

Rev.

10.

14.

16.

154. Dar. 5. 1. 15. (n. 2. 77-4-17.)

1.

5.

(sic)

10.

Rev.

(sic)

15.

(sic)

17.

155. Dar. 5. 1. 22. (Sp. 525. 76-11-17.)

1.

n. 155. Dar. 5. 1. 22.

Rand

Rev.

Rand

156. Dar. 5. 1. 24. (n. 178. 76-11-16.)

Rand

Dar. 5. 1. 24. n. 156.

Rev.

11.

15.

Rand

18.

157. Dar. 5. 1. 0. (S+. 1245. 76-11-17.)

1.

5.

Rand

11.

Rev.

15.

19.

158. Dar. 5. 3. 7. (S+. 514. 76-11-17.)

Rand

Rev.

159. Dar. 5. 3. 8. (S+. 1258. 76-11-17.)

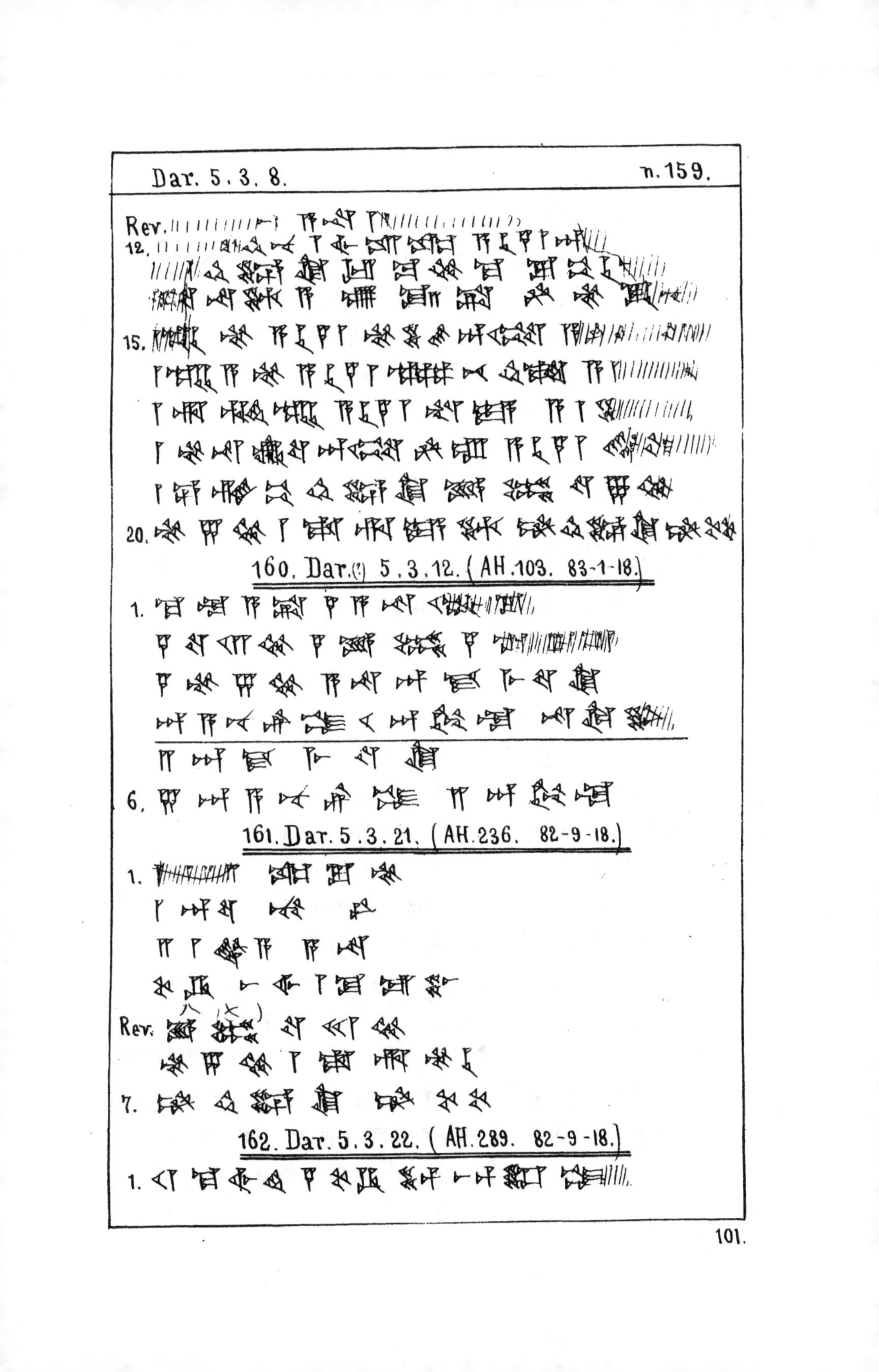

Rev.

160. Dar. (?) 5. 3. 12. (AH. 103. 83-1-18.)

161. Dar. 5. 3. 21. (AH. 236. 82-9-18.)

Rev.

162. Dar. 5. 3. 22. (AH. 289. 82-9-18.)

n. 162. Dar. 5. 3. 22.

Rev.

Rand

163. Dar. 5. 4. 15. (n. 102. 84-2-11.)

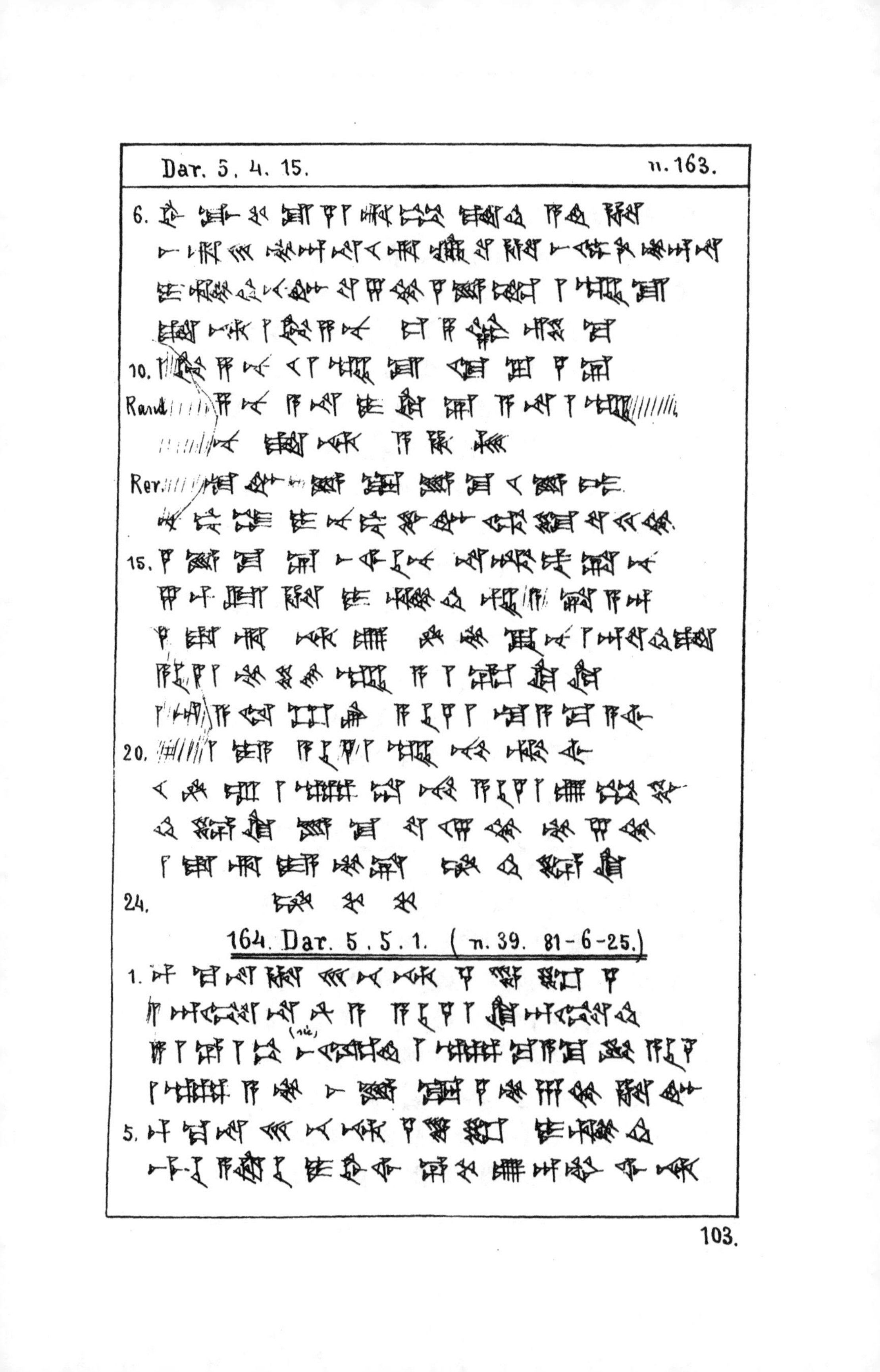

6.

10.

Rand

Rev.

15.

20.

24.

164. Dar. 5. 5. 1. (n. 39. 81-6-25.)

1.

5.

n. 164. Dar. 5. 5. 1.

7.

Rand

11.

Rev.

15.

20.

22.

165. Dar. 5. 5. 25. (St. 1044. 76-11-17.)

1.

5.

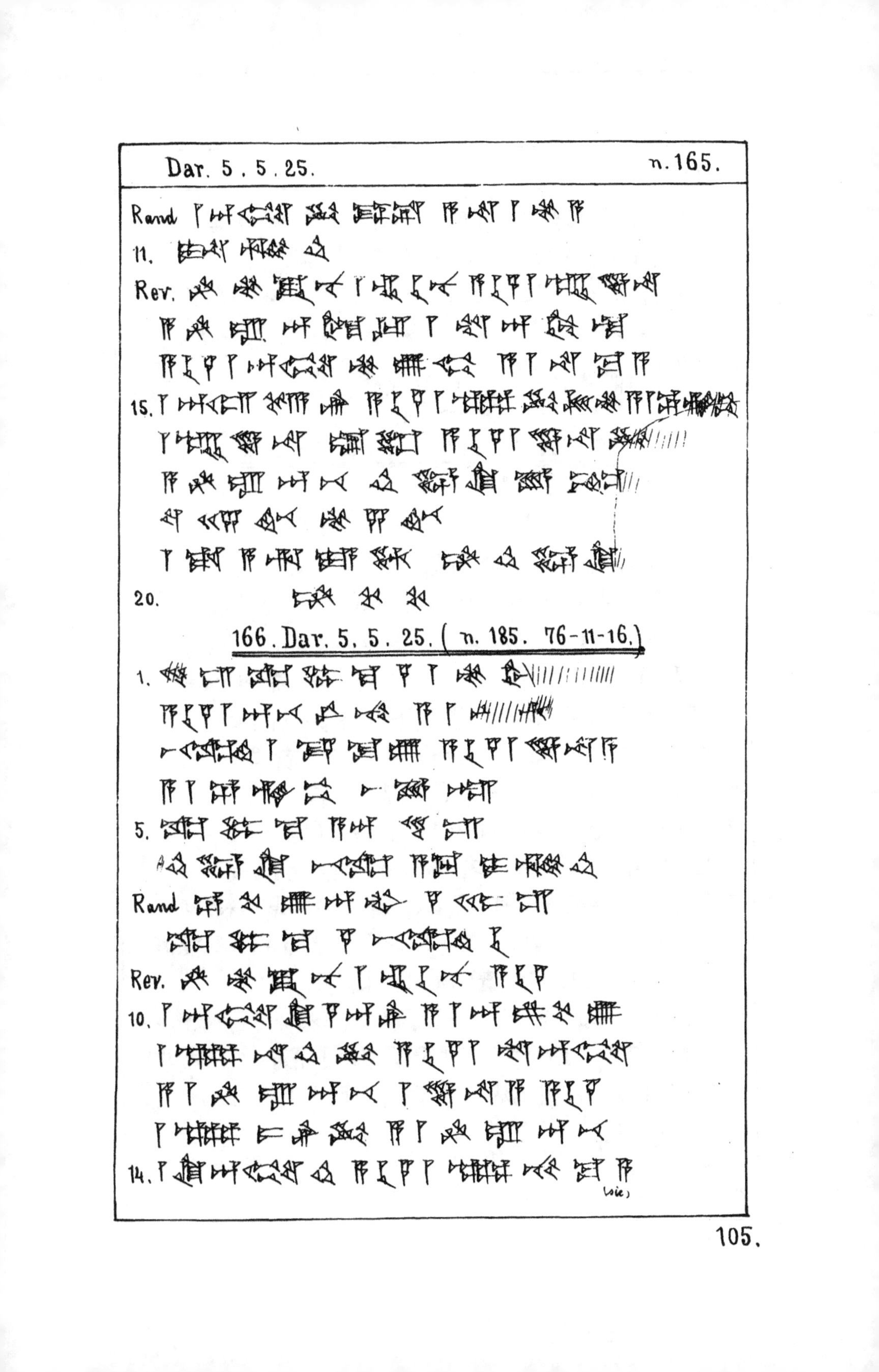

Rand

11.

Rev.

15.

20.

166. Dar. 5. 5. 25. (n. 185. 76-11-16.)

1.

5.

Rand

Rev.

10.

14.

(sic)

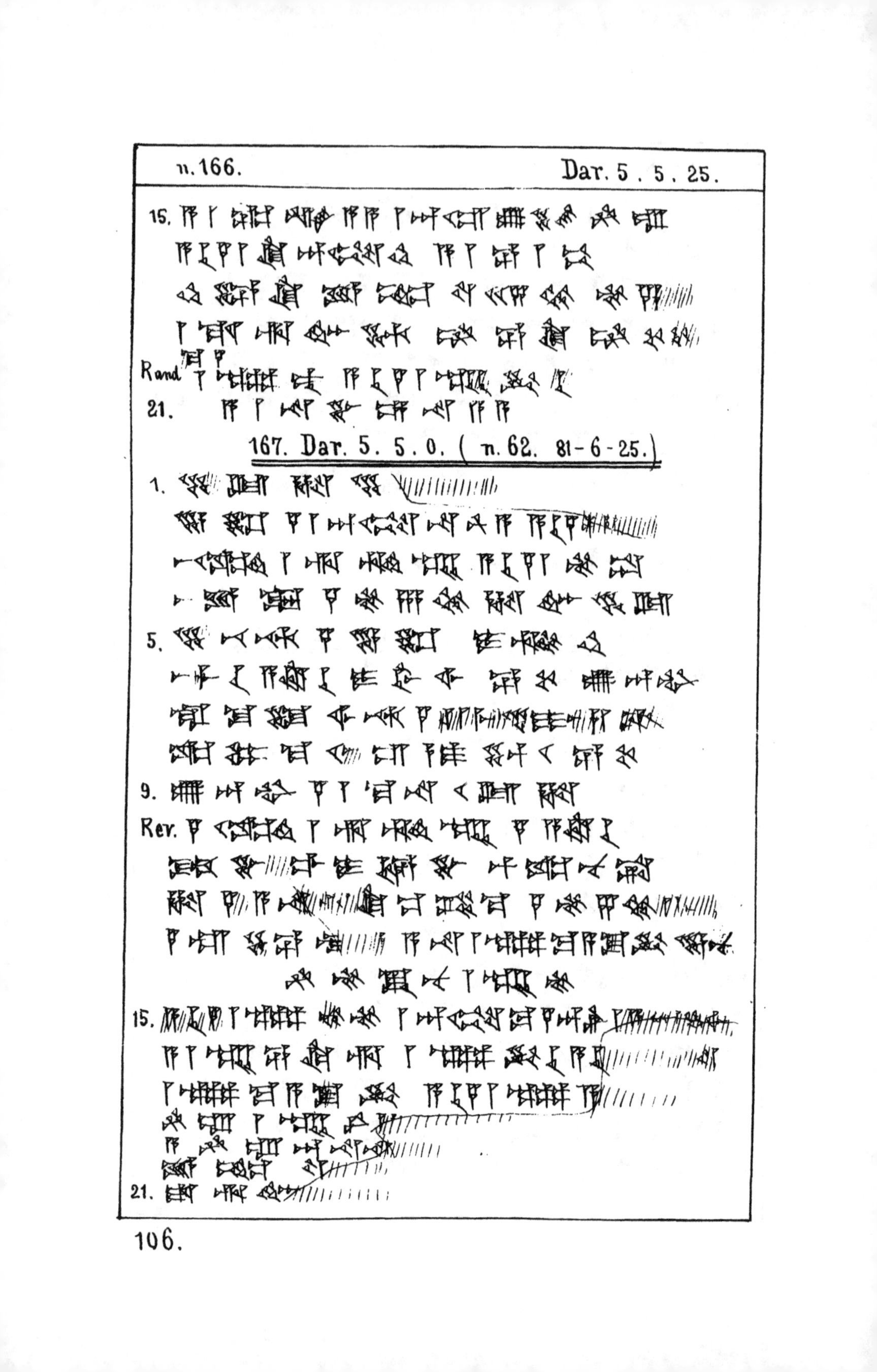

n. 166. Dar. 5. 5. 25.

15.

Rand

21.

167. Dar. 5. 5. 0. (n. 62. 81-6-25.)

1.

5.

9.

Rev.

15.

21.

168. Dar. 5. 6. 3. (St. 1246. 76-11-17.)

Rev.

169. Dar. 5. 6. 11. (n. 114. 84-2-11.)

(sic)

(sic)

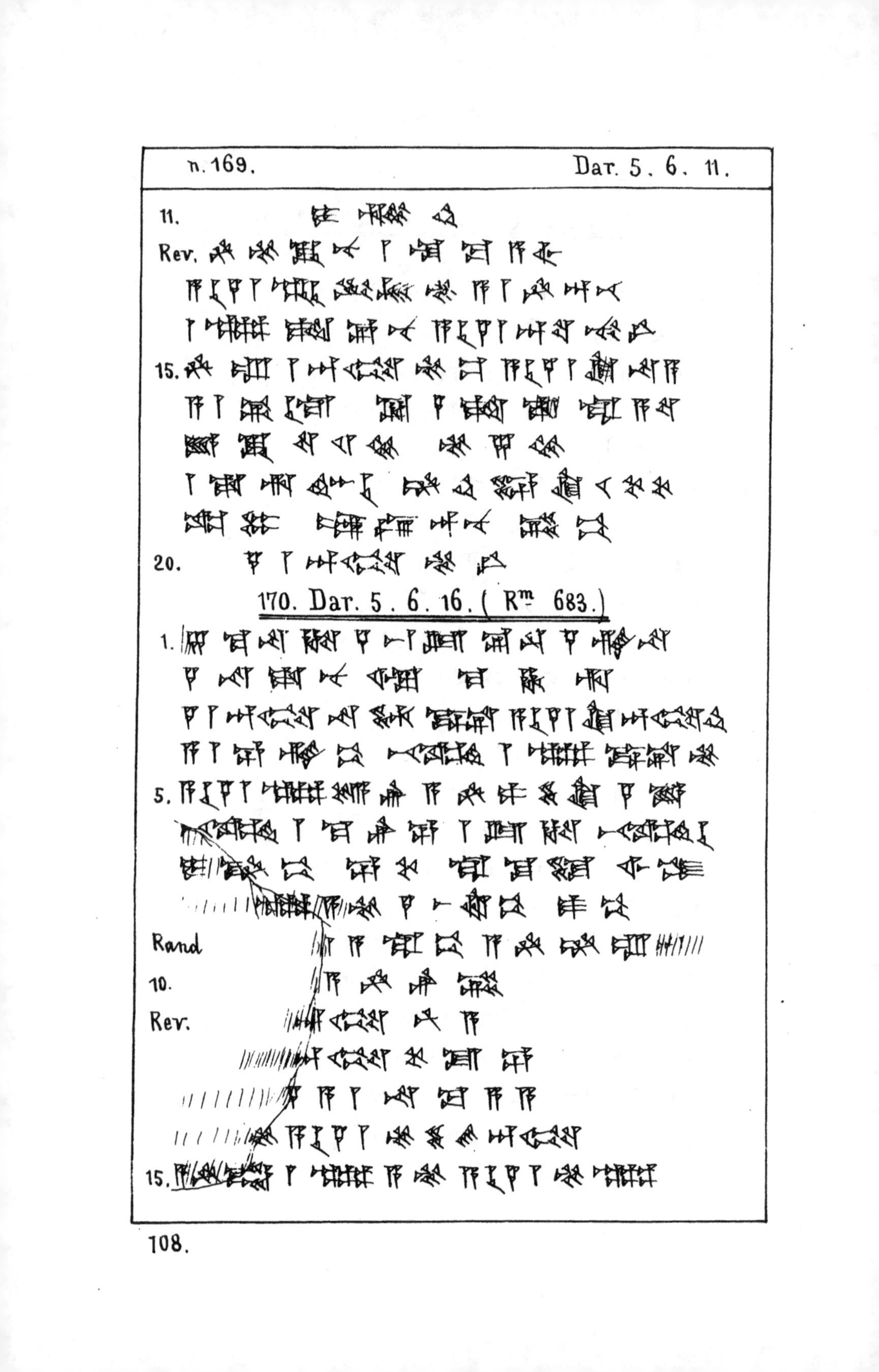

Rev.

170. Dar. 5. 6. 16. (R^{m} 683.)

Rand

Rev.

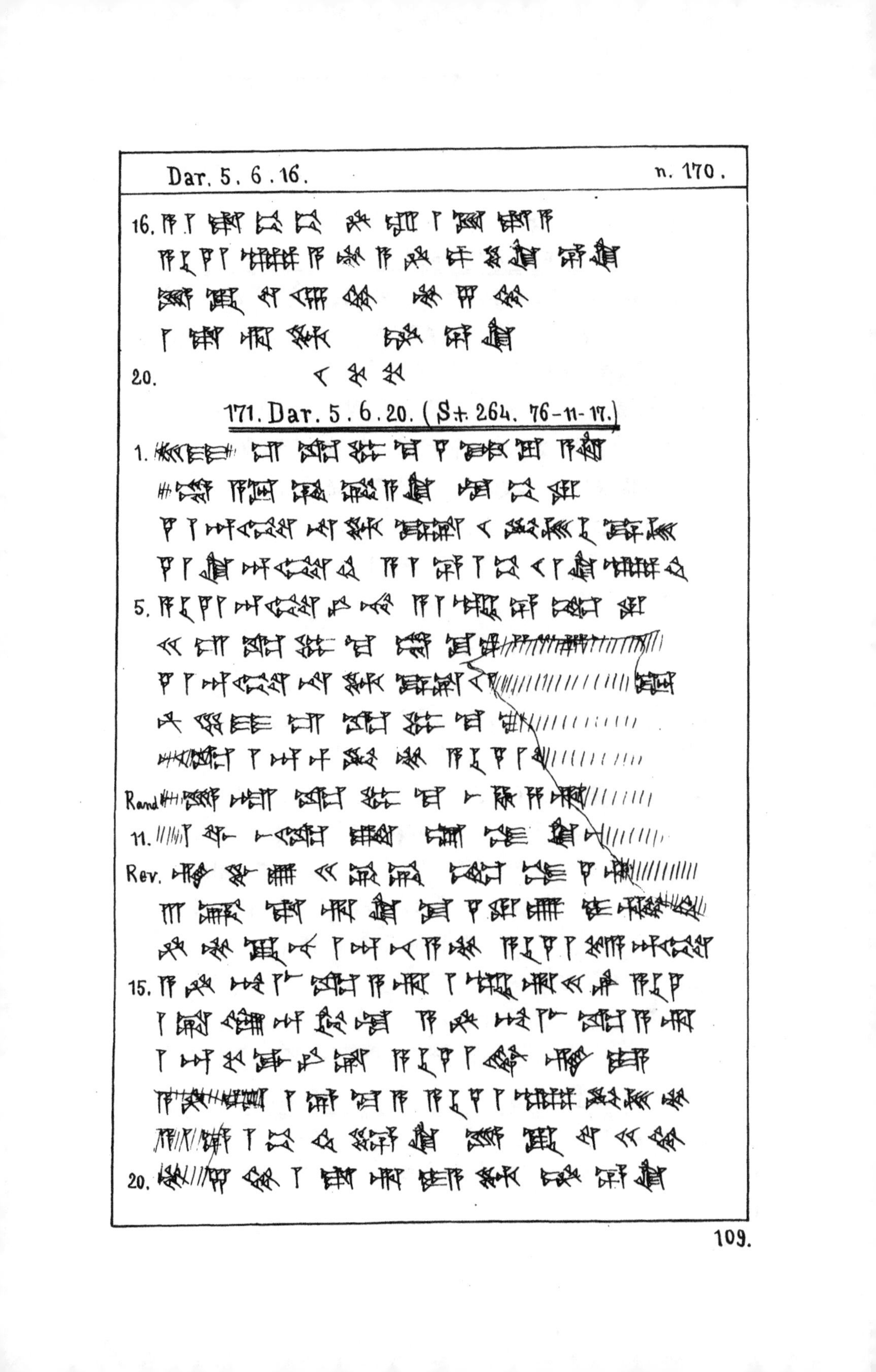

16.

20.

171. Dar. 5. 6. 20. (Sp. 264. 76-11-17.)

1.

5.

Rand

11.

Rev.

15.

20.

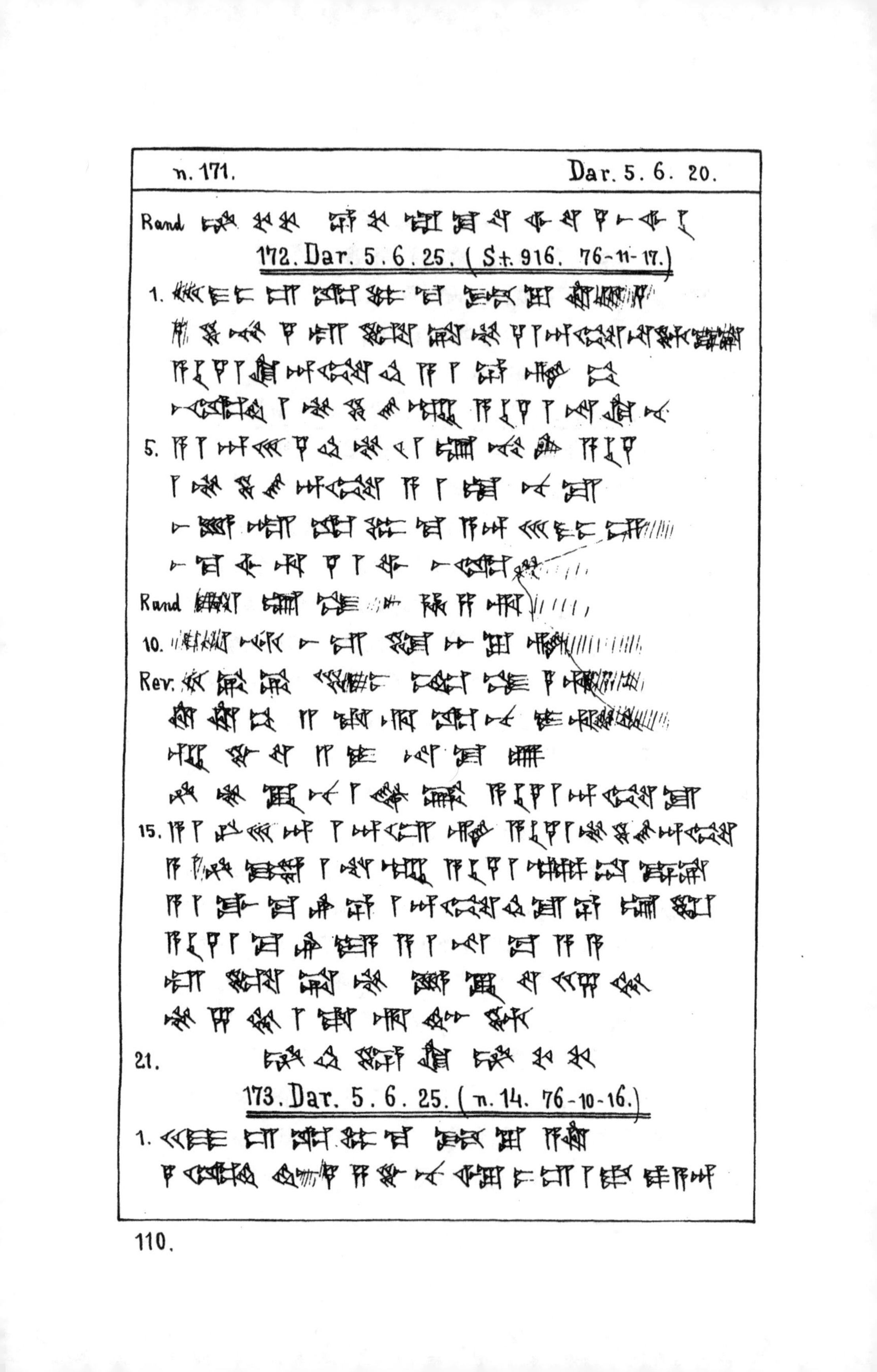

Rand

172. Dar. 5. 6. 25. (St. 916. 76-11-17.)

Rand

Rev.

173. Dar. 5. 6. 25. (n. 14. 76-10-16.)

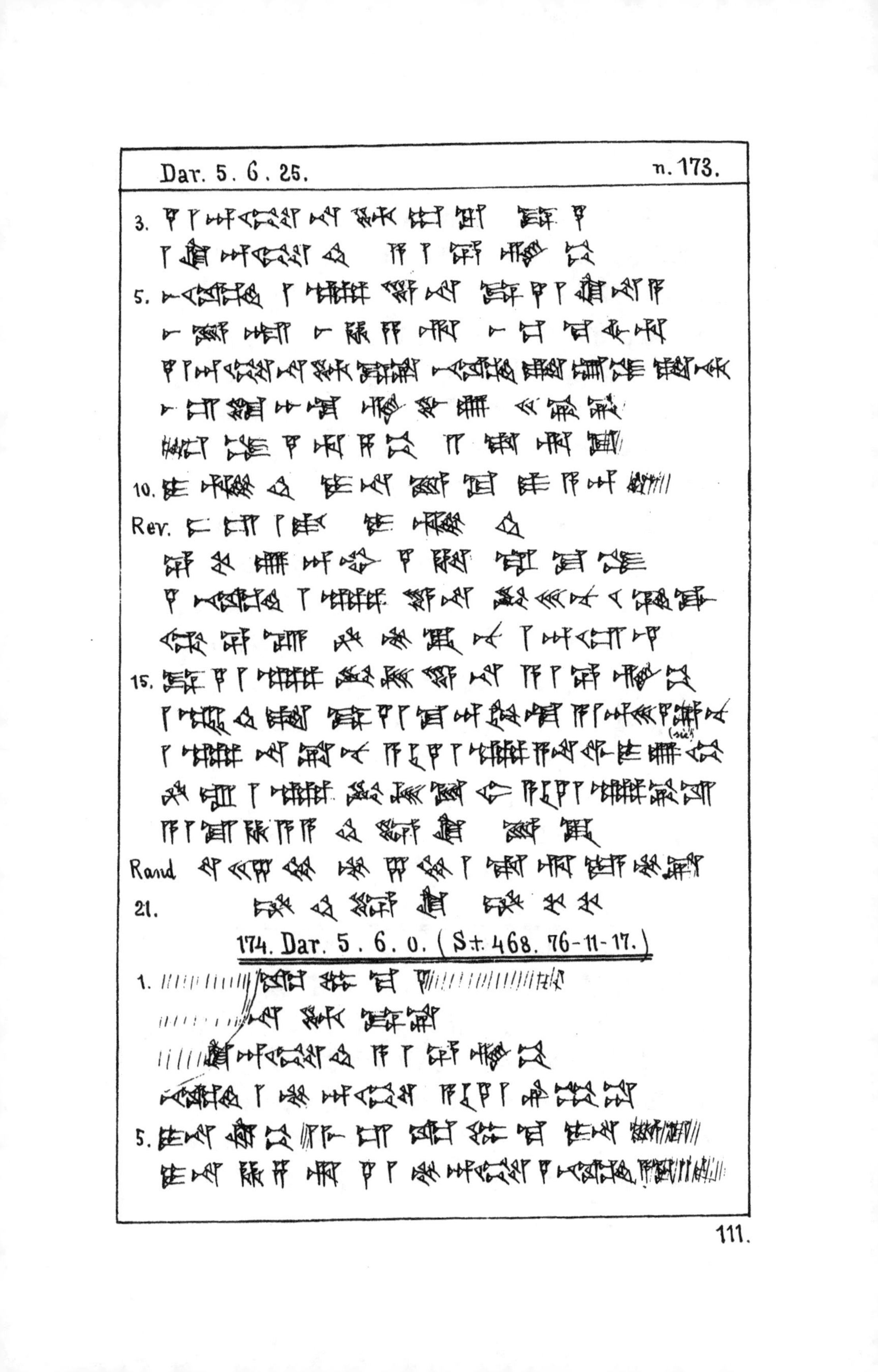

3.

Rev.

Rand

21.

174. Dar. 5. 6. 0. (S+. 468. 76-11-17.)

1.

7.

Rand

10.

Rev.

15.

19.

Rand

24.

175. Dar. 5. 7. 12. (Sp. 765. 76-11-17.)

1.

5.

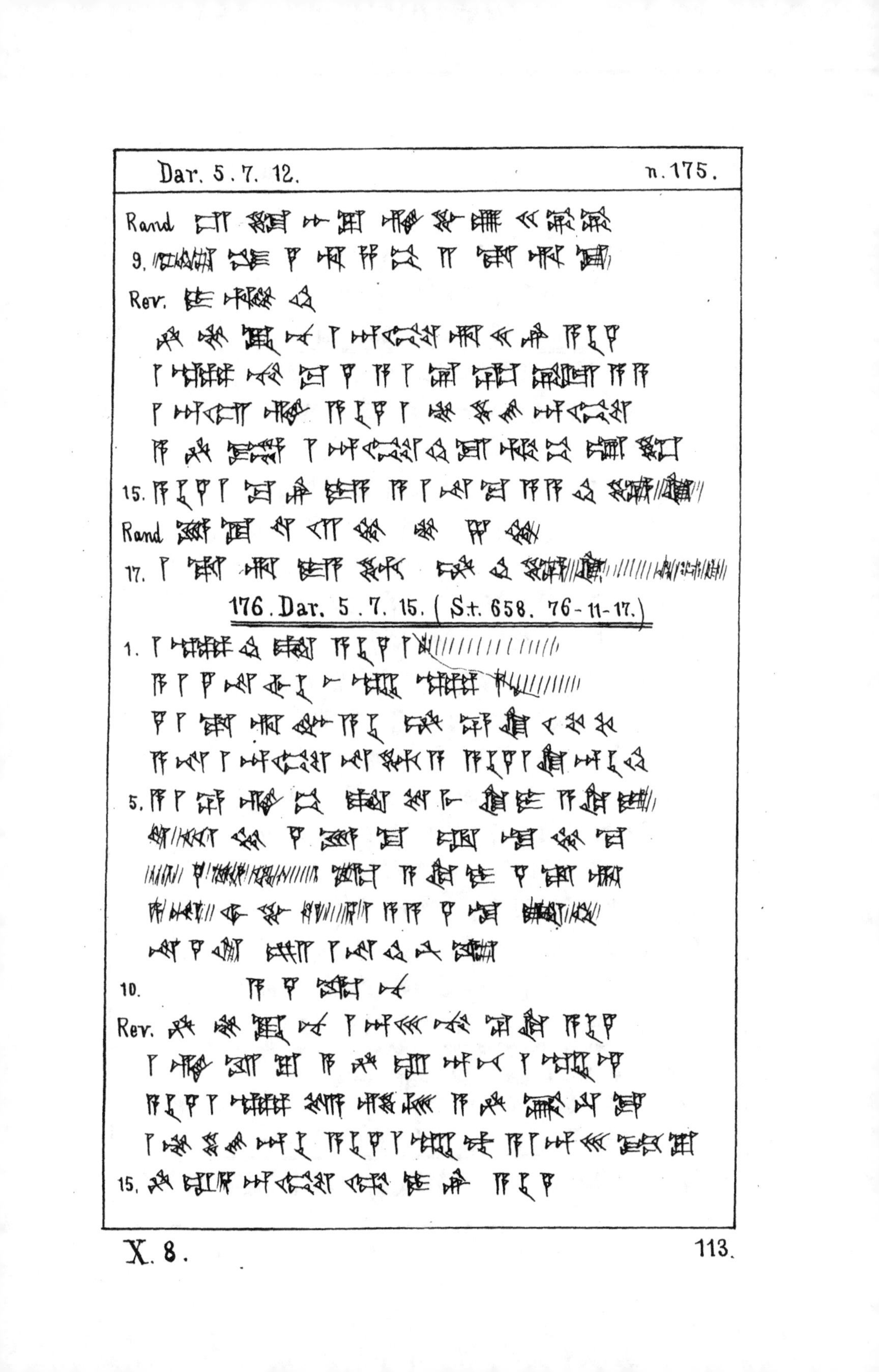

Rand

9.

Rev.

15.

Rand

17.

176. Dar. 5. 7. 15. (St. 658. 76-11-17.)

1.

5.

10.

Rev.

15.

16.

18.

177. Dar. 5. 7. 16. (n. 285. 81-6-25.)

1.

5.

Rand

Rev.

10.

15.

Rand

21.

178. Dar. 5. 7. 25. (S+. 503. 76-11-17.)

1.

2.

Rev.

6. (sic)

10.

13.

179. Dar. 5. 8. 3. (AH. 284. 83-1-18.)

1.

(sic)

5.

Rand

9.

Rev.

12.

180. Dar. 5. 8. 5. (AH. 322. 83-1-18.)

Rand

Rev.

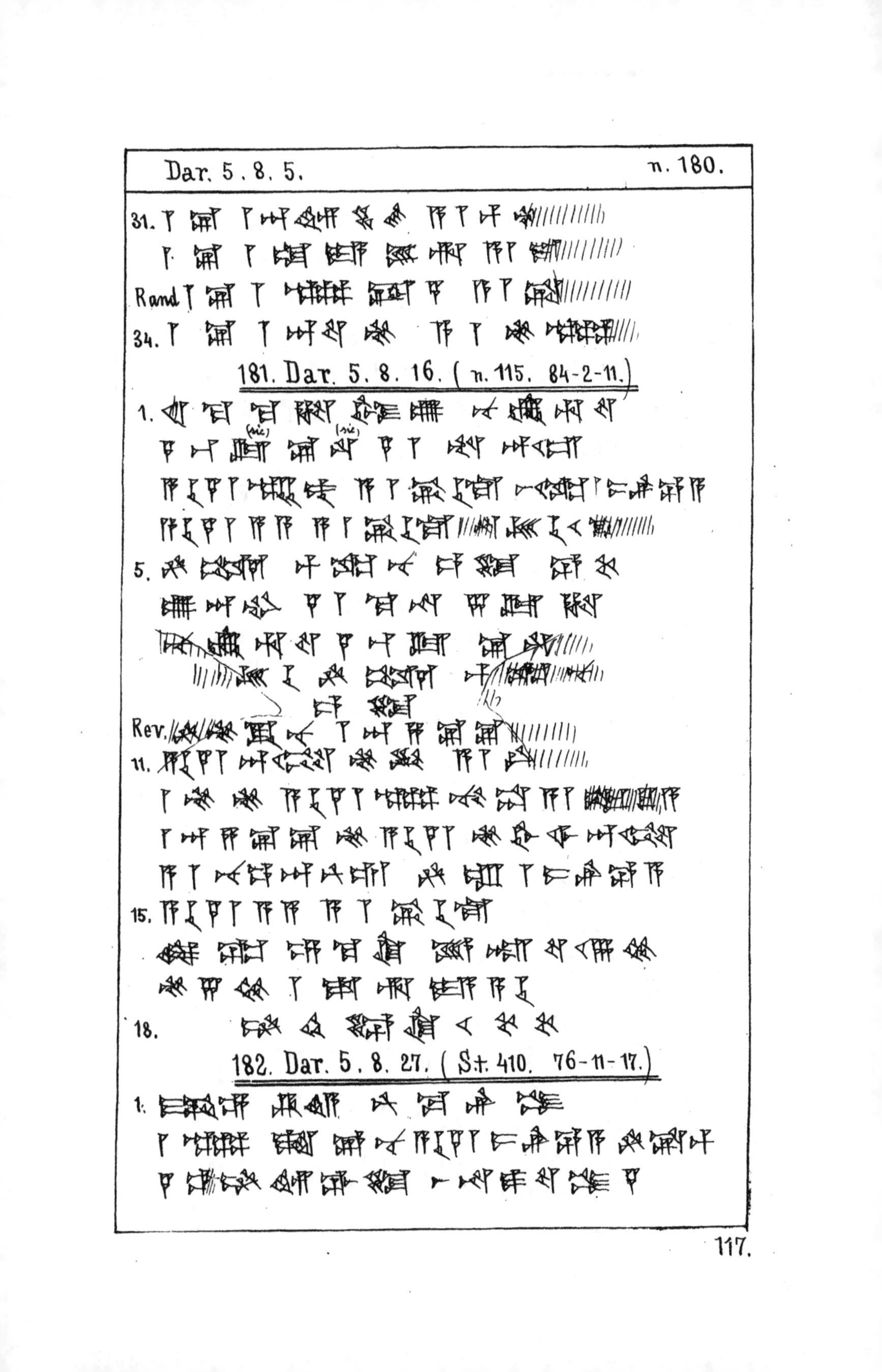

Rand

181. Dar. 5. 8. 16. (n. 115. 84-2-11.)

(sic) (sic)

Rev.

182. Dar. 5. 8. 27. (St. 410. 76-11-17.)

n. 182. Dar. 5. 8. 27.

4.

Rev.

10.

14.

183. Dar. 5. 9. 8. (AH. 592. 83-1-18.)

1.

5.

Rand

Rev.

(sic)

10.

184. Dar. 5. 9. 9. (Sp. 1576. 76-11-17.)

1.

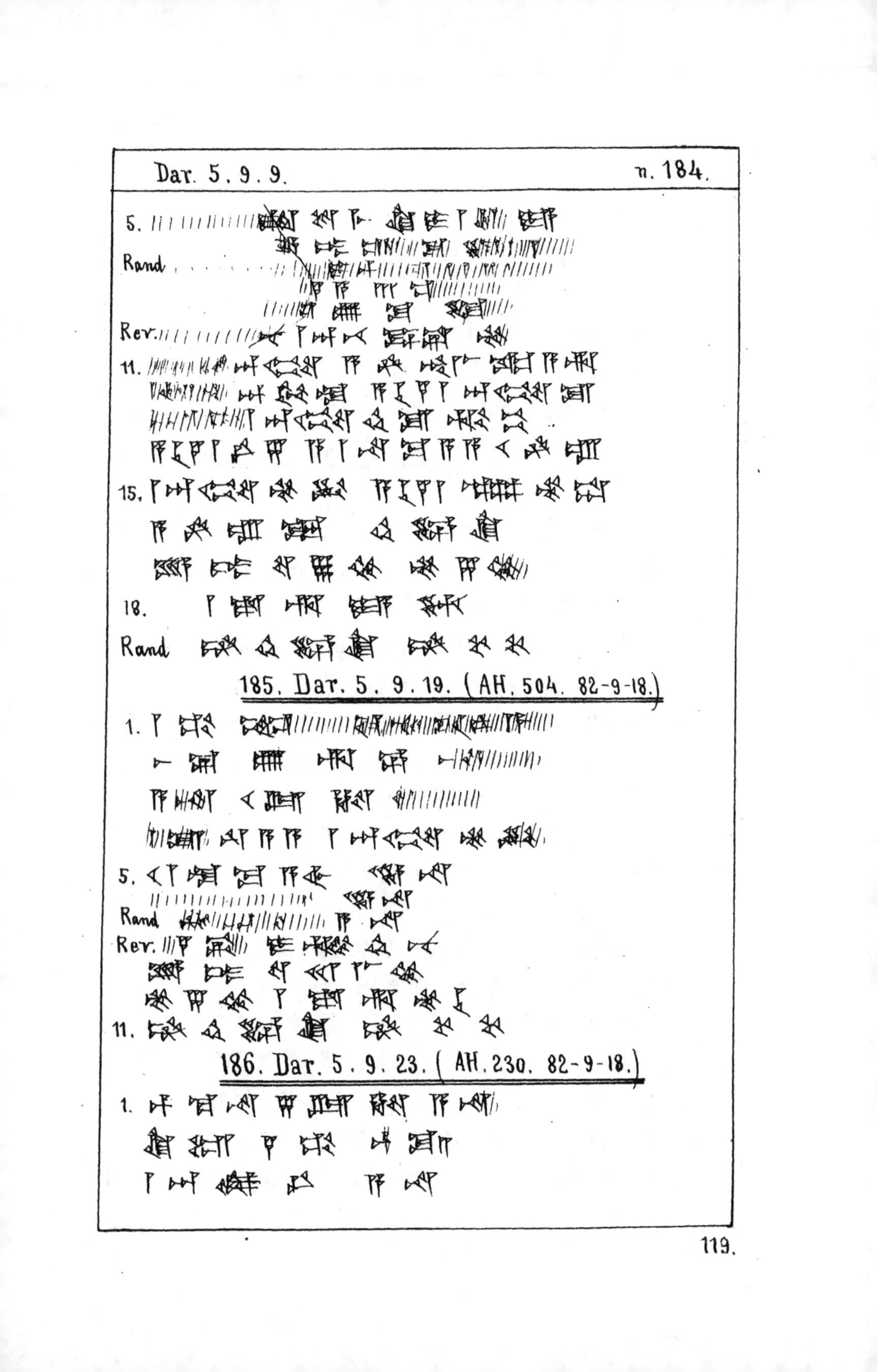

5.

Rand

Rev.

11.

15.

18.

Rand

185. Dar. 5. 9. 19. (AH. 504. 82-9-18.)

1.

5.

Rand

Rev.

11.

186. Dar. 5. 9. 23. (AH. 230. 82-9-18.)

1.

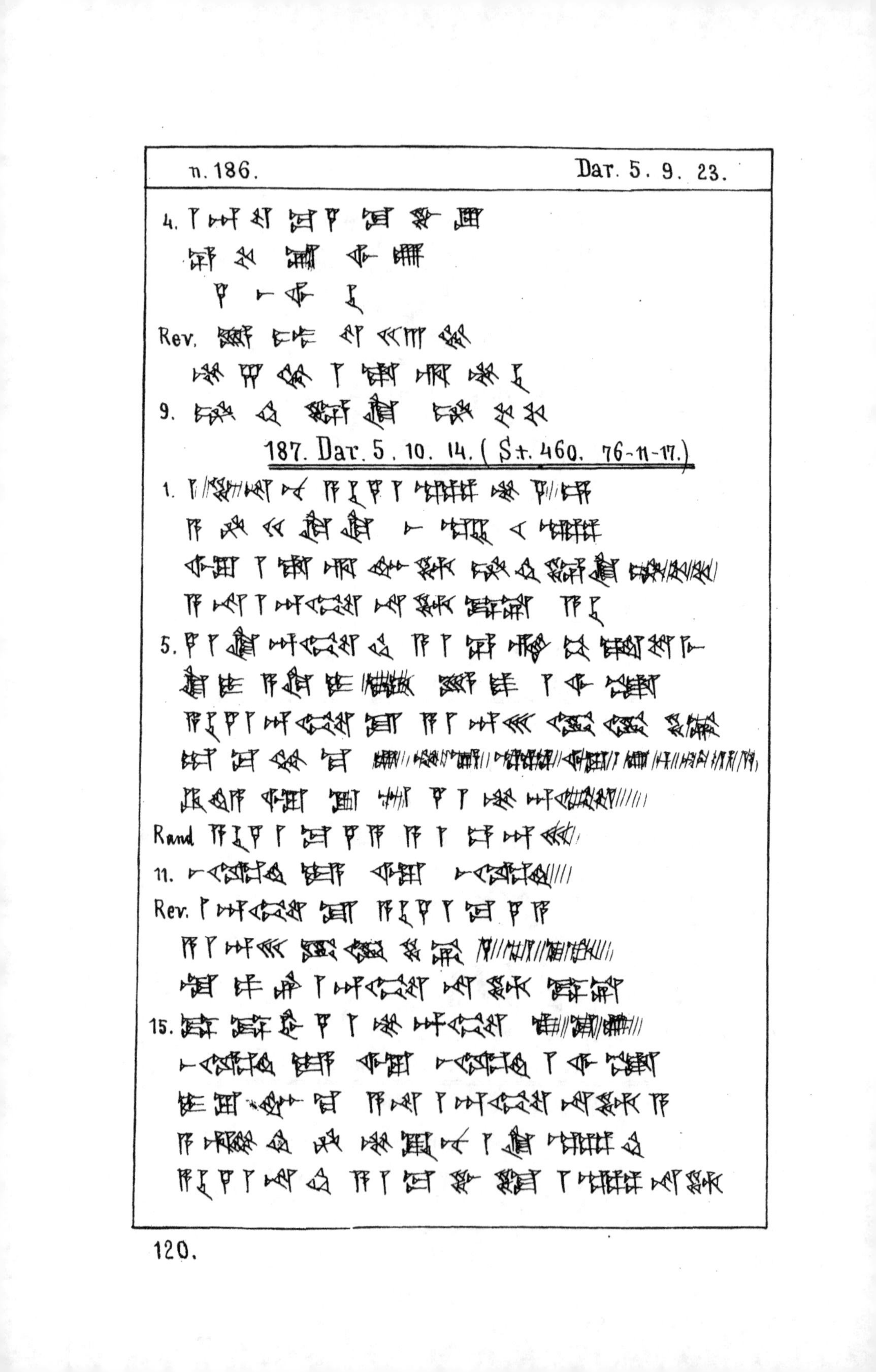

Rev.

187. Dar. 5. 10. 14. (Str. 460. 76-11-17.)

Rand

Rev.

20.

Rand

Seitenrand:

28.

188. Dar. 5. 11. 26, (AH. 1089. 83-1-18.)

1.

Rev.

9.

189. Dar. 5. 12. 8. (n. 10. 77-11-14.)

1.

5,

10.

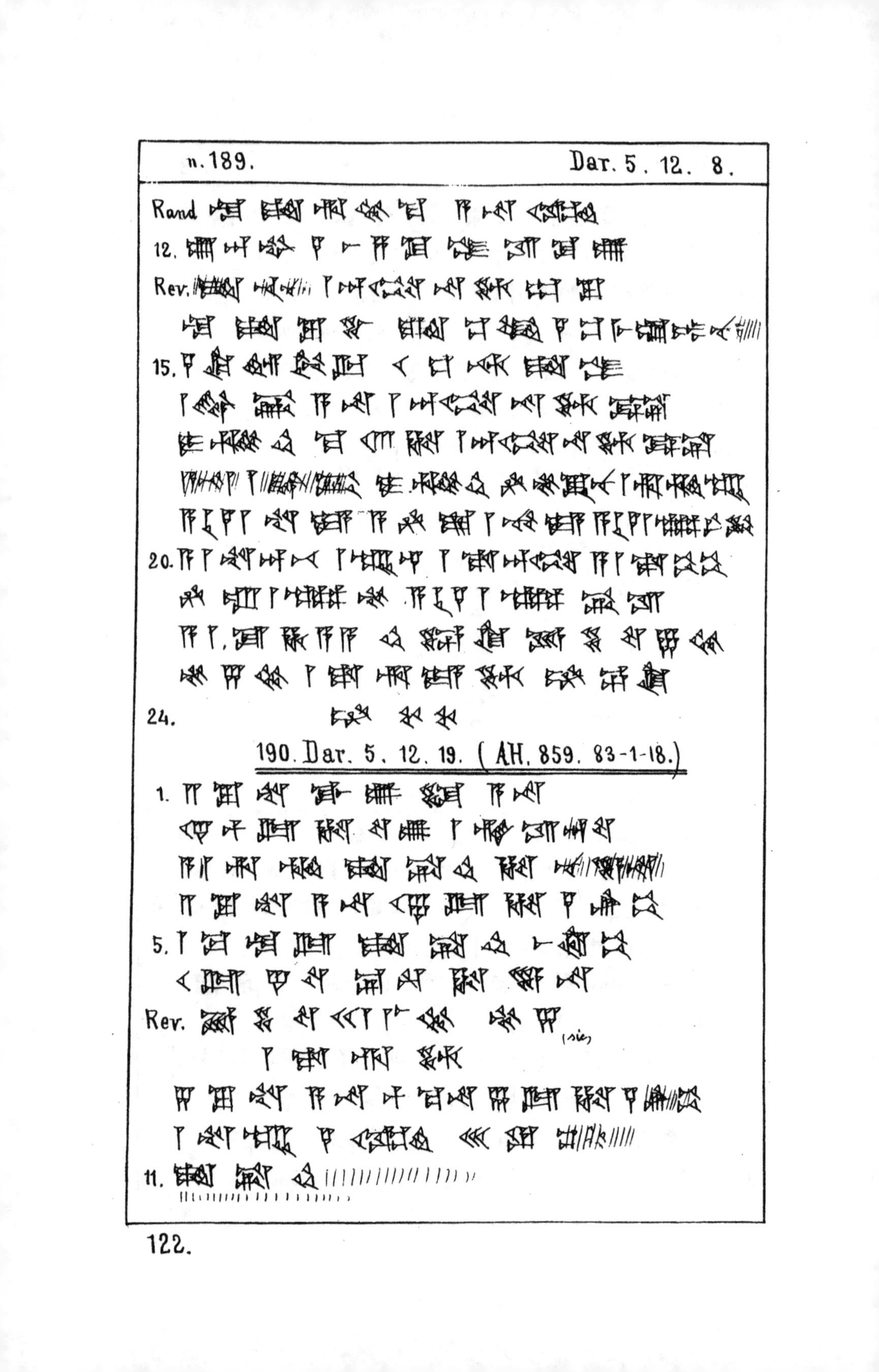

n. 189. Dar. 5. 12. 8.

Rand

12.

Rev.

15.

20.

24.

190. Dar. 5. 12. 19. (AH. 859. 83-1-18.)

1.

5.

Rev.

(sic)

11.

191. Dar. 5. 12. 28. (Sp. 1103. 76-11-17.)

1.

5.

Rev.

11.

15.

18.

192. Dar. 5. 12.b. 5. (AH. 77. 82-9-18.)

1.

5.

Rev.

12.

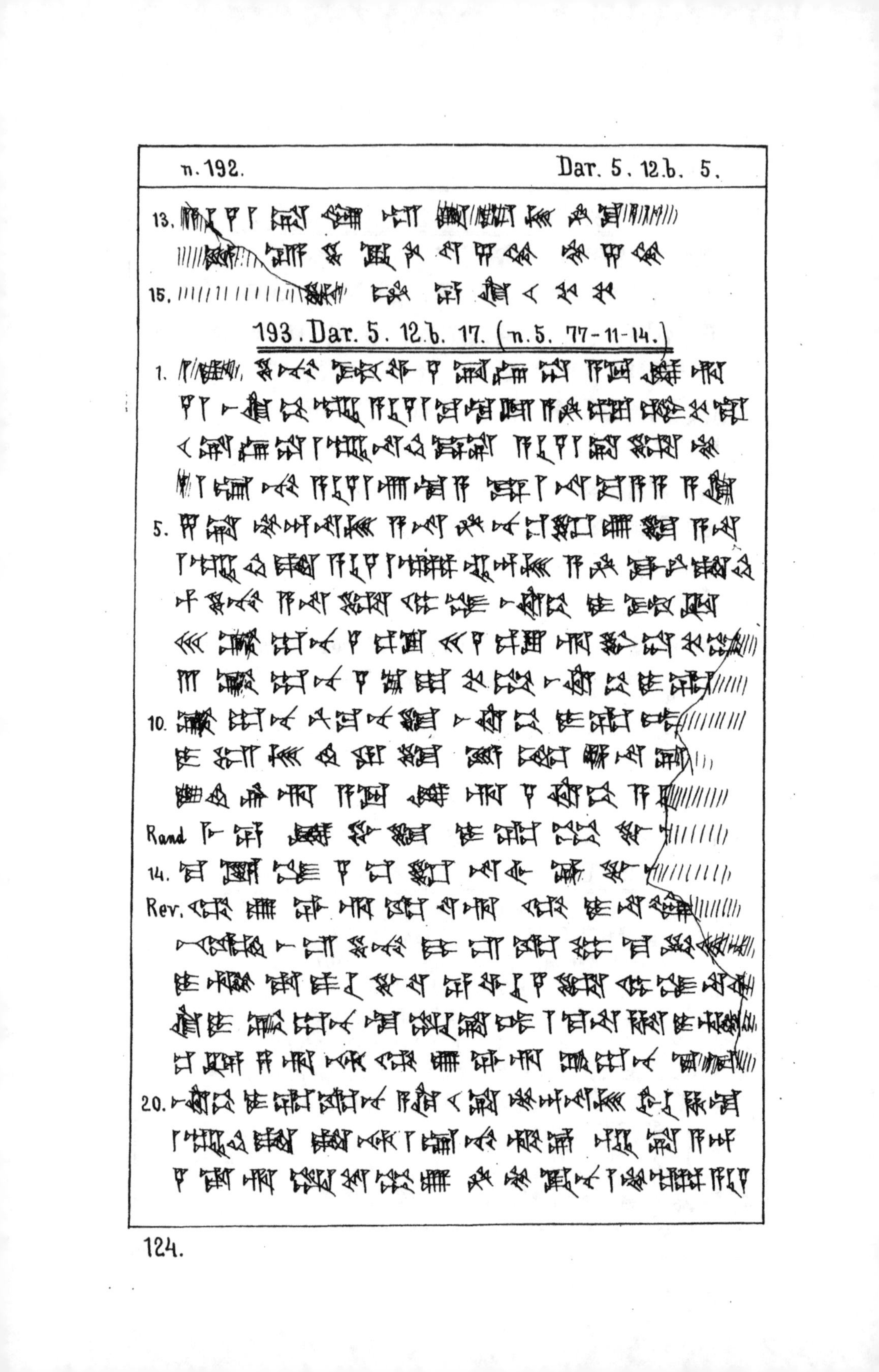

13.

15.

193. Dar. 5. 12.b. 17. (n. 5. 77-11-14.)

1.

5.

10.

Rand

14.

Rev.

20.

23.

Rand

27.

194. Dar. 5. 12.b. 22. (n. 9. 77-11-15.)

Rev.

Rand

195. Dar. 5, 12.b. 30. (AH.787. 82-9-18.)

Dar. 5. 12.b. 30. — n. 195.

3.

6.

Rand

Rev.

10.

14.

196. Dar. 5. 0. 18. (n. 272. 84-2-11.)

1.

5.

Rev.

12.

197. Dar. 5. 0. 30. (AH. 1296. 83-1-18.)

1.

n. 197. Dar. 5. 0. 30.

2.

6.

Rev.

10.

(sic)

13.

198. Dar. 6. 1. 6. (AH. 534. 83-1-18.)

1.

5.

10.

Rand

Rev.

16.

20.

22.

199. Dar. 6. 1. 0. (n. 116. 84-2-11.)

1.

5.

Rand

Rev.

10.

12.

200. Dar. 6. 2. 9. (AH. 432. 82-9-18.)

1.

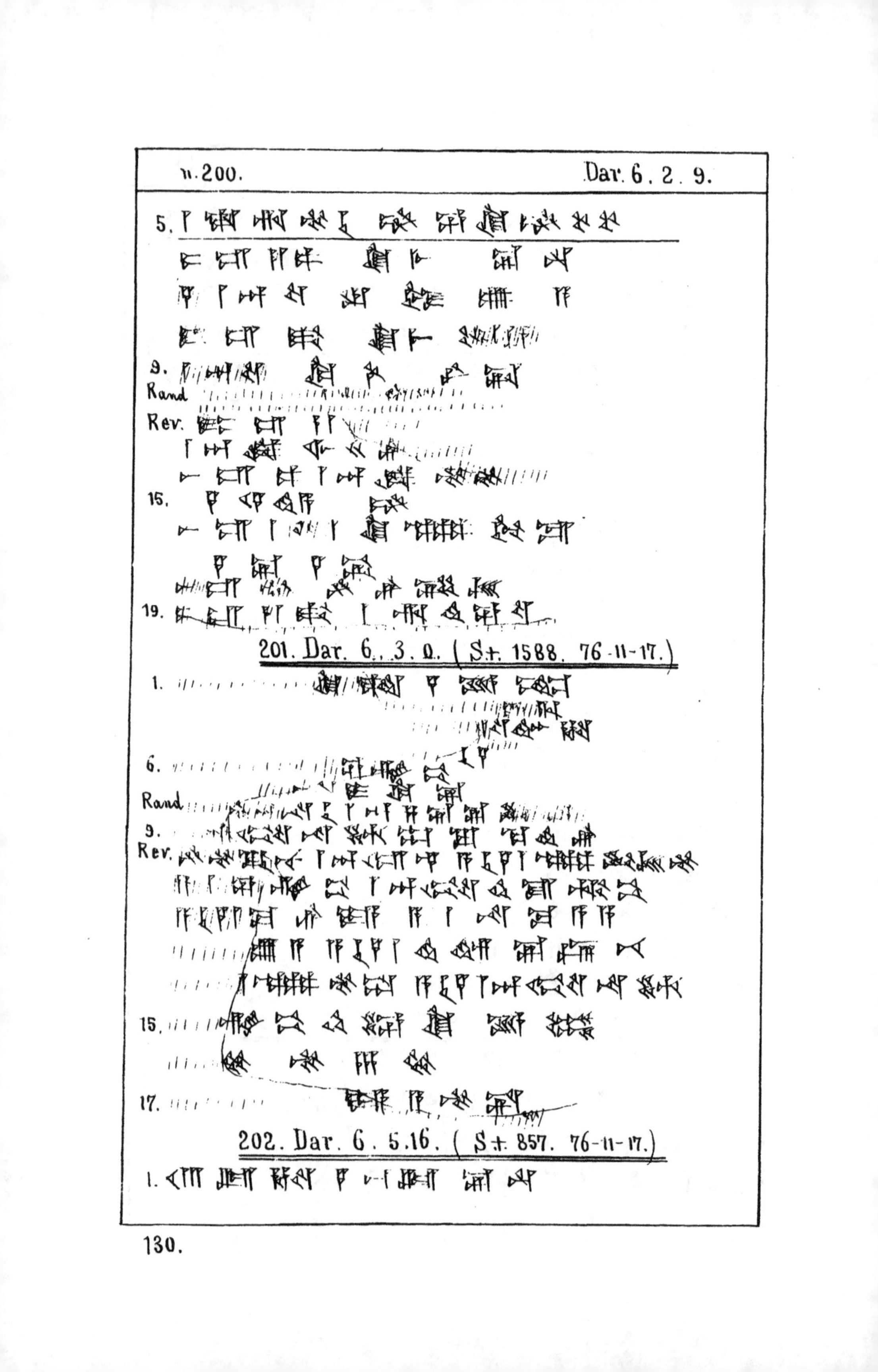

5.

9.

Rand

Rev.

15.

19.

201. Dar. 6. 3. 0. (S+. 1588. 76-11-17.)

1.

6.

Rand

9.

Rev.

15.

17.

202. Dar. 6. 5.16. (S+. 857. 76-11-17.)

1.

Rev.

203. Dar. 6.6.2. (St. 553. 76-11-17.)

Rev.

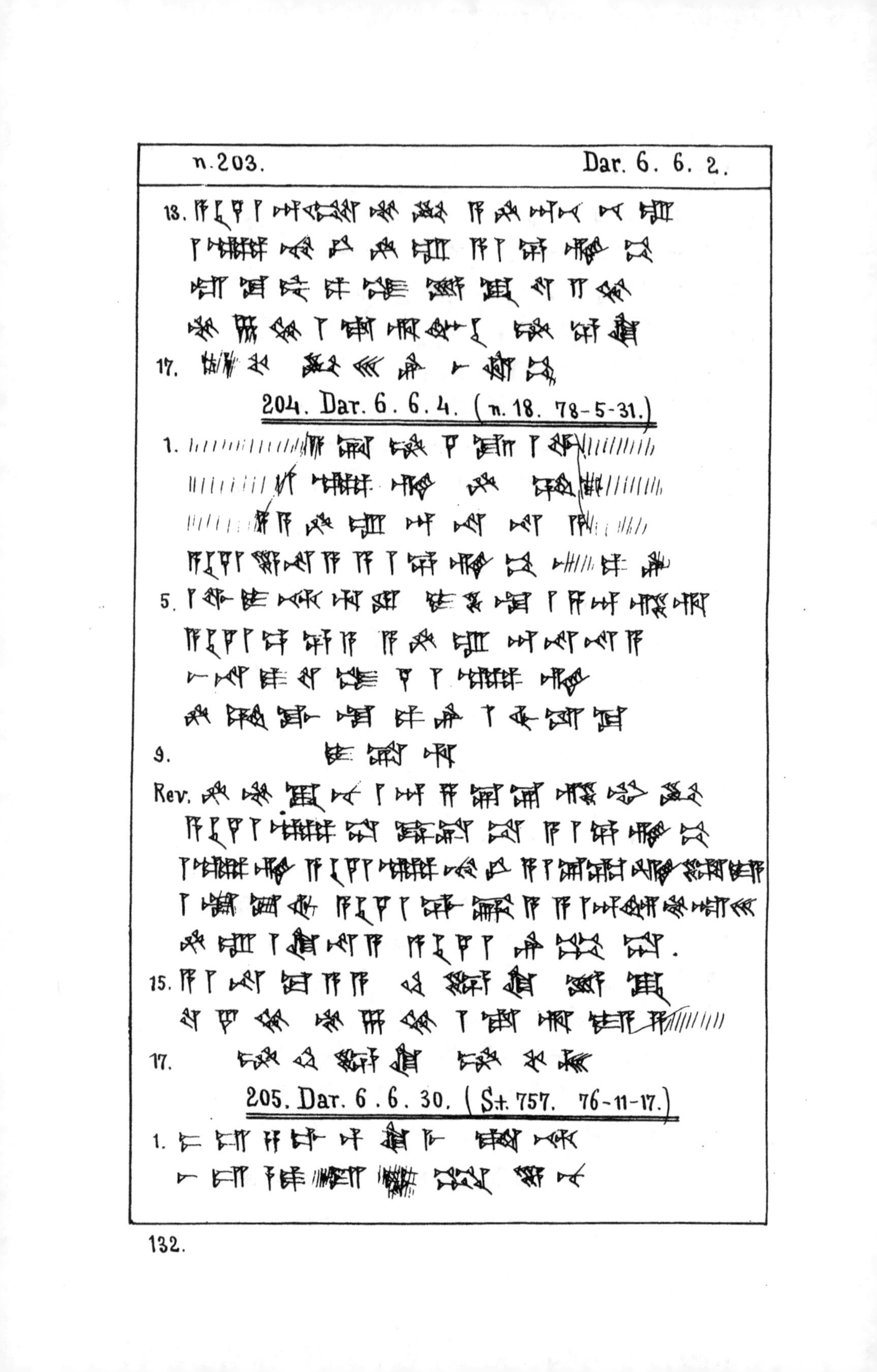

204. Dar. 6. 6. 4. (n. 18. 78-5-31.)

205. Dar. 6. 6. 30. (St. 757. 76-11-17.)

Dar. 6. 6. 30. n. 205.

3.

6.

Rev.

10.

15.

206. Dar. 6. 7. 2. (St. 914. 76-11-17.)

1.

5.

Rand

11.

Rev.

13.

16.

21.

207. Dar. 6. 7. 4. (S+. 405. 76-11-17.)

1.

5.

Rev.

10.

15.

208. Dar. 6. 7. 14. (Rm 687.)

Rev.

209. Dar. 6. 9. 3. (AH. 1266. 83-1-18.)

Rev.

210. Dar. 6. 9. 3. (S+. 1249. 76-11-17.)

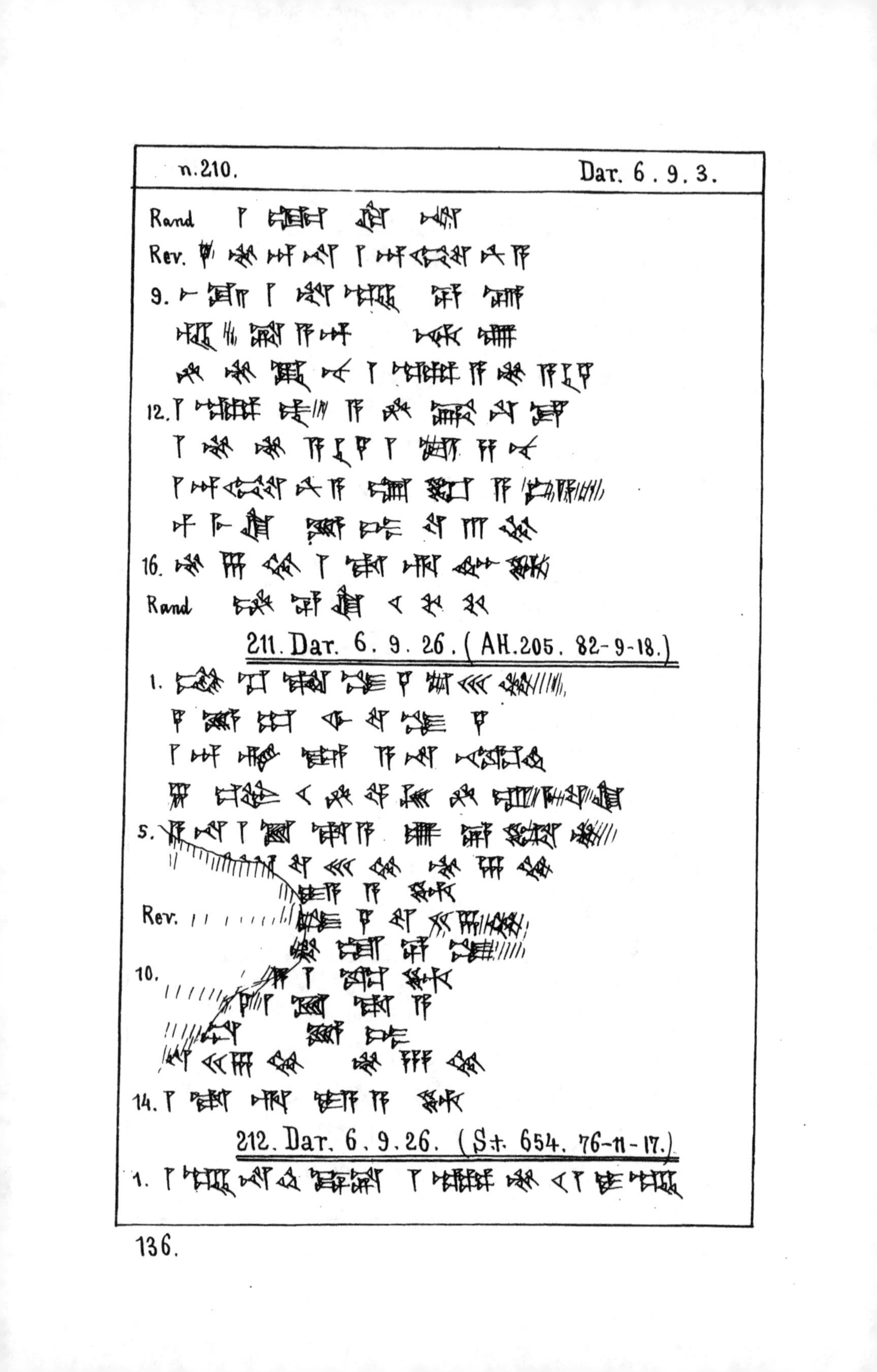

Rand

Rev.

9.

12.

16.

Rand

211. Dar. 6. 9. 26. (AH.205. 82-9-18.)

1.

5.

Rev.

10.

14.

212. Dar. 6. 9. 26. (Sp. 654. 76-11-17.)

1.

Dar. 6. 9. 26. n. 212.

Rev.

(sic)

Rand

213. Dar. 6. 10. 7. (n. 40. 85-4-30.)

n. 213. Dar. 6. 10. 7.

4.

Rand

7.

Rev.

10.

Rand

16.

214. Dar. 6. 10. 12. (n. 40. 81-6-25.)

1.

5.

Rev.

10.

Rand

215. Dar. 6. 10. 20. (n. 20. 78-5-31.)

Rev.

216. Dar. 6. 12. 13. (AH. 163. 83-1-18.)

n. 216. Dar. 6. 12. 13.

6.

Rev.

10.

Rand

16.

217. Dar. 6. 12. 14. (n. 17. 77-11-15.)

1.

5.

Rev.

10. (sic)

15.

16.

218. Dar. 6. 0. 0. (AH. 5. 82-9-18.)

1.

5.

10.

Rev.

15.

18.

219. Dar. 7. 1. 18. (n. 276. 84-2-11.)

1.

5.

Rand

9.

Rev.

11.

15.

18.

220. Dar. 7. 2. 6. (S+. 1680. 76-11-17.)

1.

5.

Rev.

10.

221. Dar. 7. 3. 25. (n. 381. 84-2-11.)

1.

5.

Rev.

8.

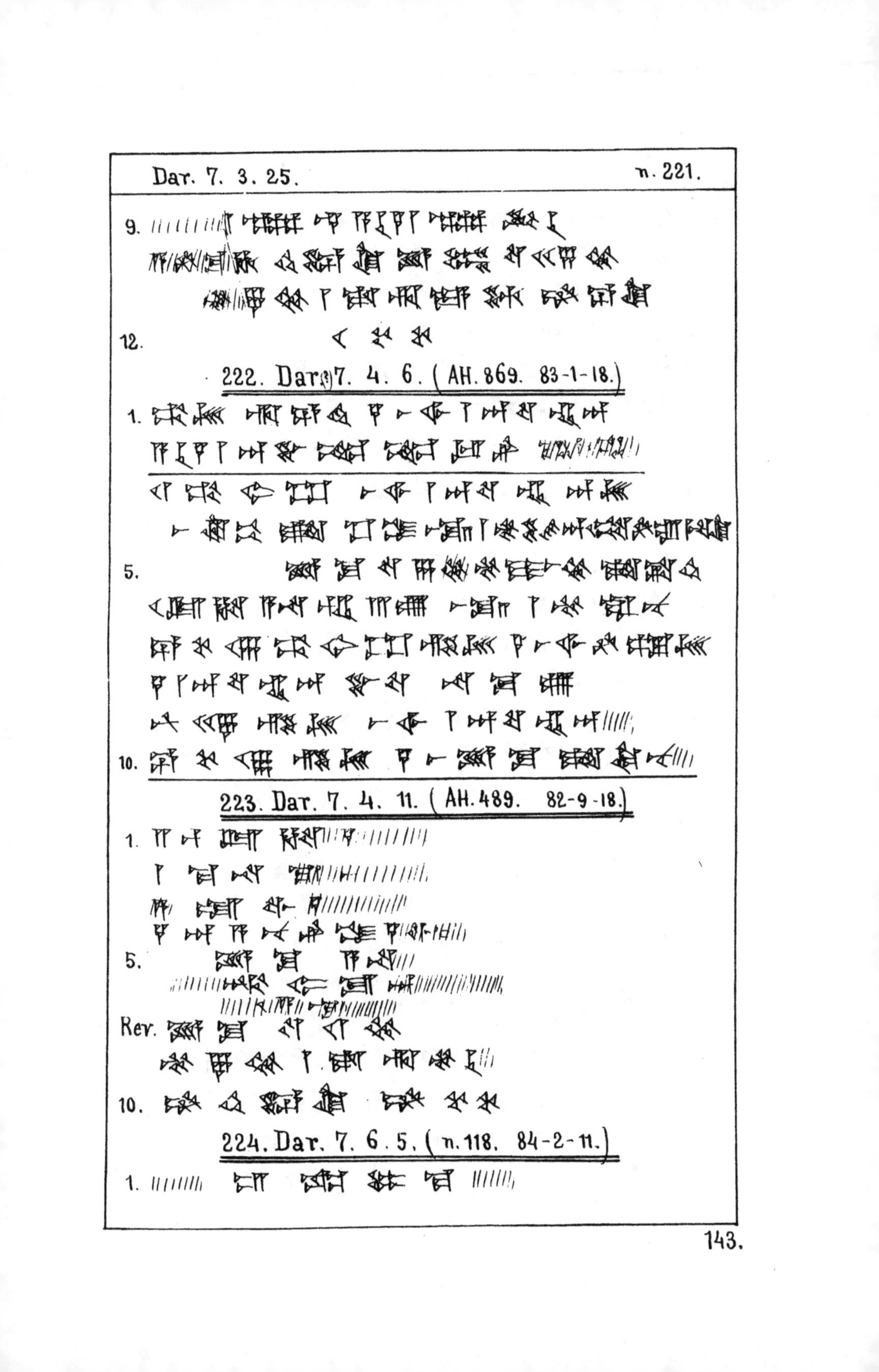

222. Dar. 7. 4. 6. (AH. 869. 83-1-18.)

223. Dar. 7. 4. 11. (AH. 489. 82-9-18.)

Rev.

224. Dar. 7. 6. 5. (n. 118. 84-2-11.)

n. 224. Dar. 7. 6. 5.

Rand

Rev.

Rand

Seitenrand:

225. Dar. 7. 6, 17. (Sp. 1631. 76-11-17.)

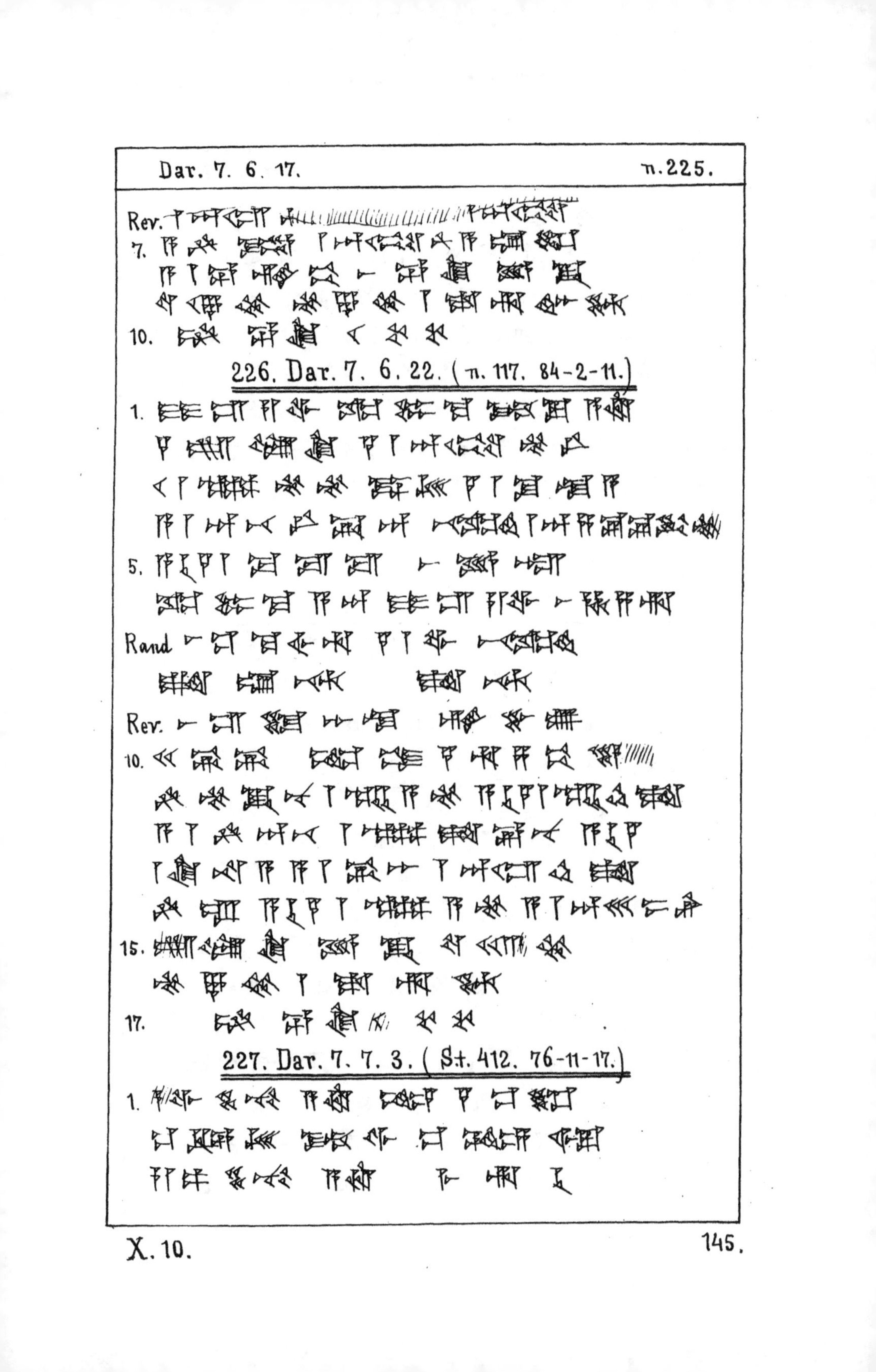

Rev.

7.

10.

226. Dar. 7. 6. 22. (n. 117. 84-2-11.)

1.

5.

Rand

Rev.

10.

15.

17.

227. Dar. 7. 7. 3. (St. 412. 76-11-17.)

1.

n. 227. Dar. 7. 7. 3.

Rev.

31. [cuneiform]

[cuneiform]

[cuneiform]

[cuneiform]

35. [cuneiform]

[cuneiform]

[cuneiform]

[cuneiform]

[cuneiform]

40. [cuneiform]

[cuneiform]

[cuneiform]

43. [cuneiform]

Rand mit Siegel: [cuneiform]

228. Dar. 7. 7. 13. (S.+ 998. 76-11-17.)

1. [cuneiform]

[cuneiform]

[cuneiform]

[cuneiform]

5. [cuneiform]

[cuneiform]

[cuneiform]

Rev. [cuneiform]

[cuneiform]

10. [cuneiform]

[cuneiform]

12.

15.

229. Dar. 7. 11. 6. (n. 14. 78-10-28.)

1.

5.

Rand

Rev.

11.

15.

19.

230. Dar. 7. 11. 12. (AH. 638. 82-9-18.)

1.

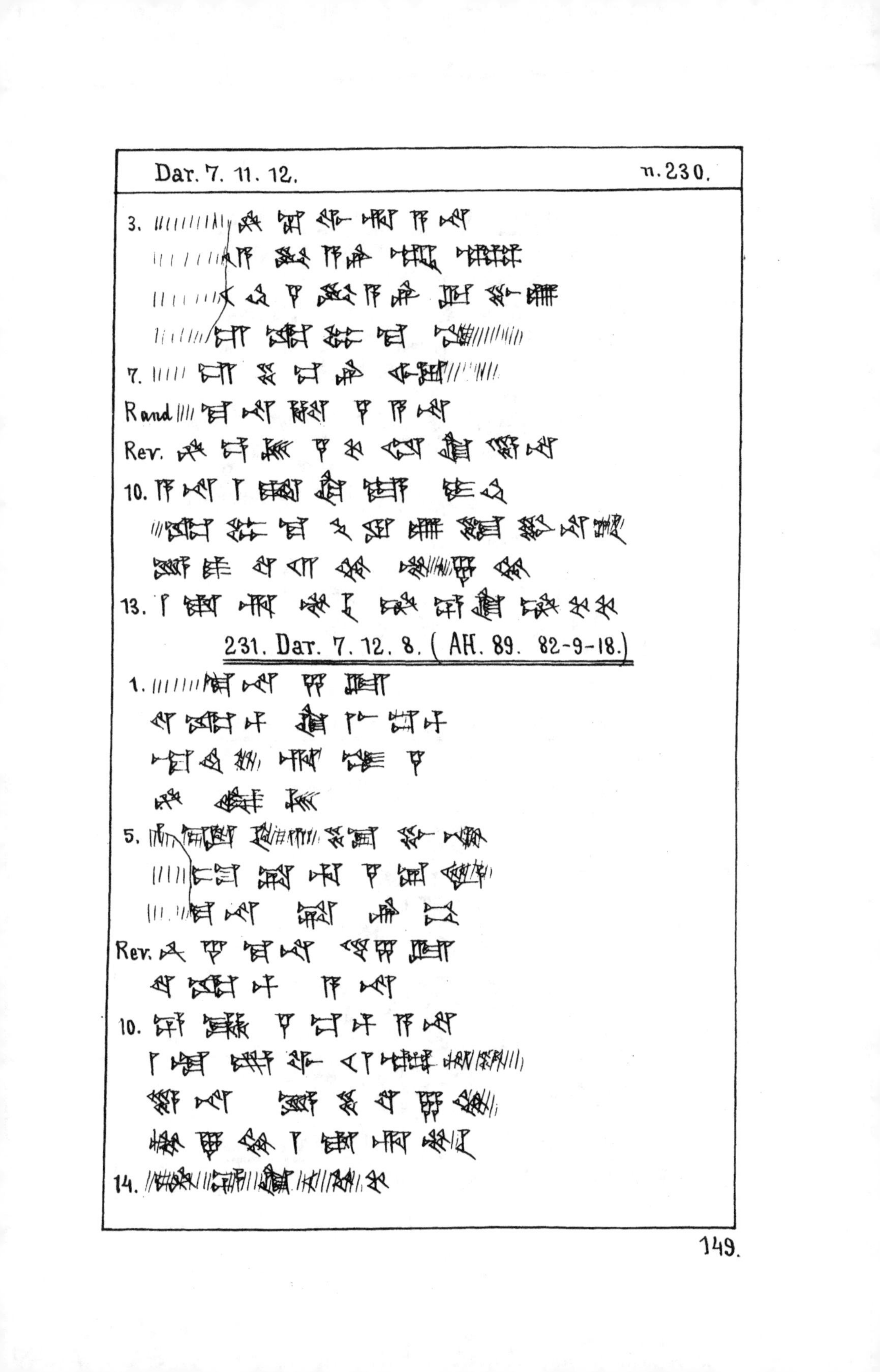

Dar. 7. 11. 12. n. 230.

3.

7.

Rand

Rev.

10.

13.

231. Dar. 7. 12. 8. (AH. 89. 82-9-18.)

1.

5.

Rev.

10.

14.

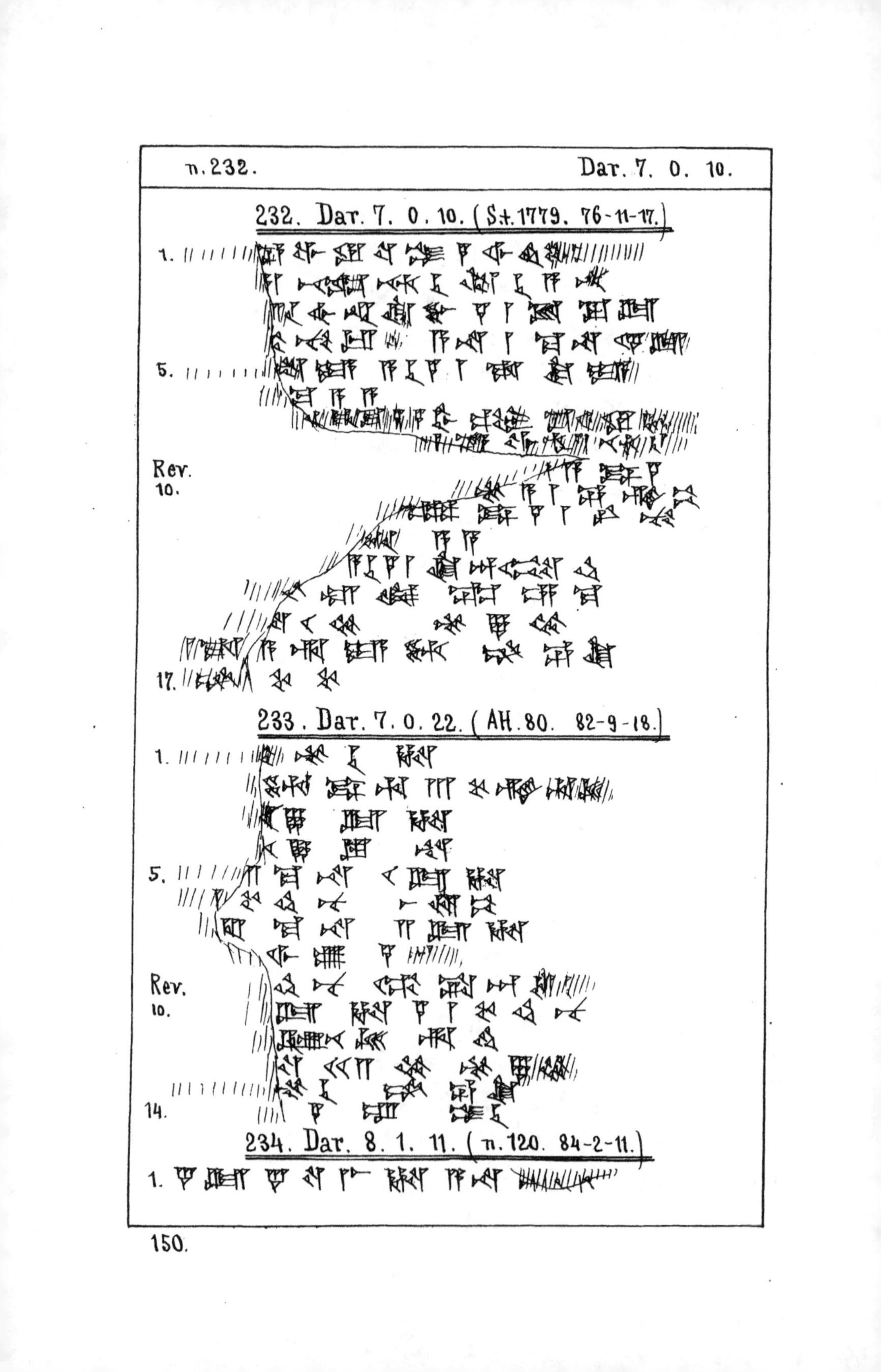

232. Dar. 7. 0. 10. (S+. 1779. 76-11-17.)

Rev.

233. Dar. 7. 0. 22. (AH. 80. 82-9-18.)

Rev.

234. Dar. 8. 1. 11. (n. 120. 84-2-11.)

235. Dar. 8. 5. 28. (S+. 709. 76-11-17.)

13.

16.

21.

236. Dar. 8. 6. 5. (S+. 555. 76-11-17.)

1.

5.

Rev.

10.

15.

Rand

18.

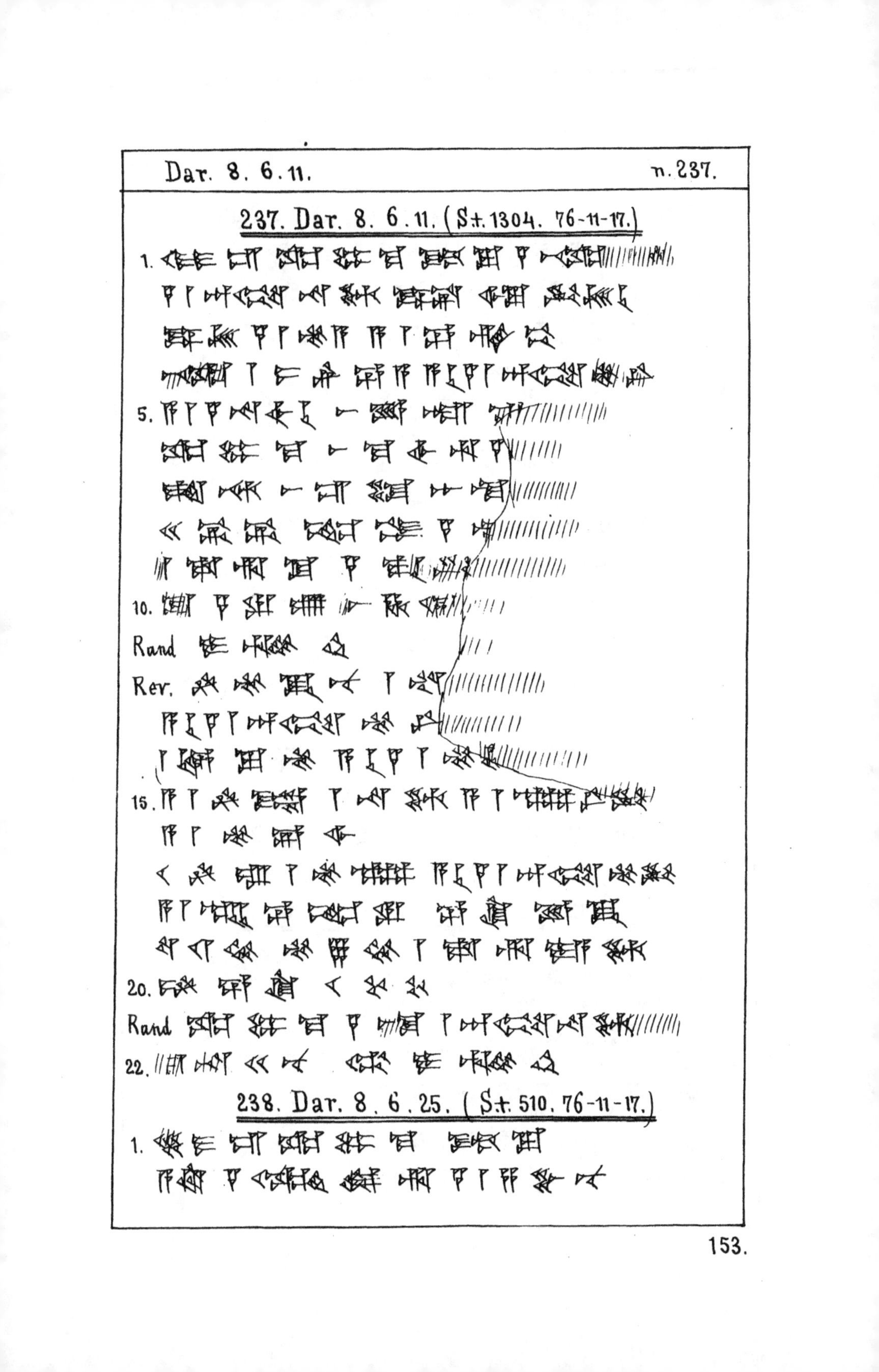

237. Dar. 8. 6. 11. (S+. 1304. 76-11-17.)

Rand

Rev.

Rand

238. Dar. 8. 6. 25. (S+. 510. 76-11-17.)

n. 238. Dar. 8. 6. 25.

3.

6.

Rand

Rev.

12.

15.

19.

Rand

22.

239. Dar. 8. 8. 8. (AH. 720. 83-1-18.)

1.

5.

Rand

Rev.

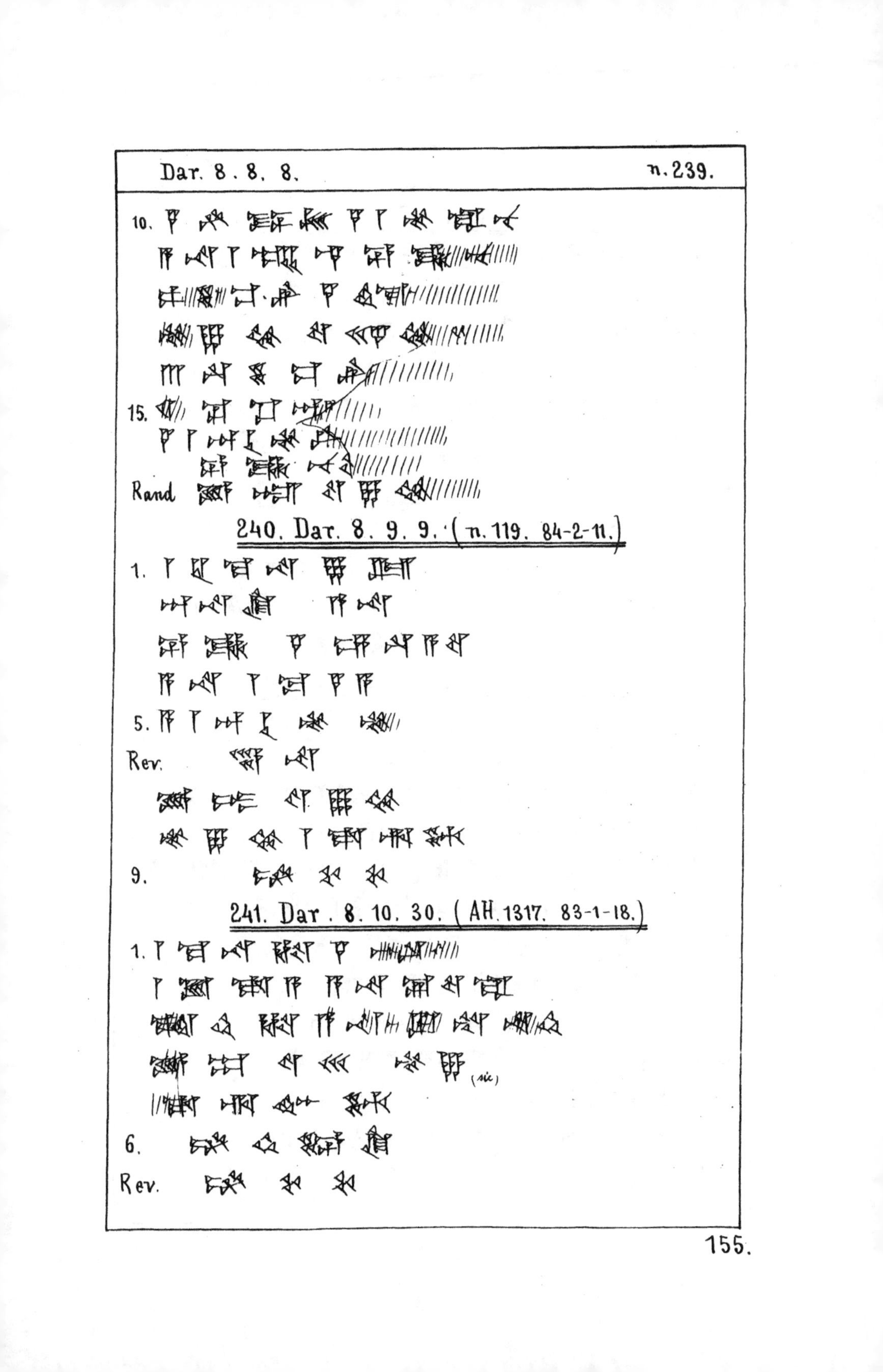

10.

15.

Rand

240. Dar. 8. 9. 9. (n. 119. 84-2-11.)

1.

5.

Rev.

9.

241. Dar. 8. 10. 30. (AH. 1317. 83-1-18.)

1.

6.

Rev.

(sic)

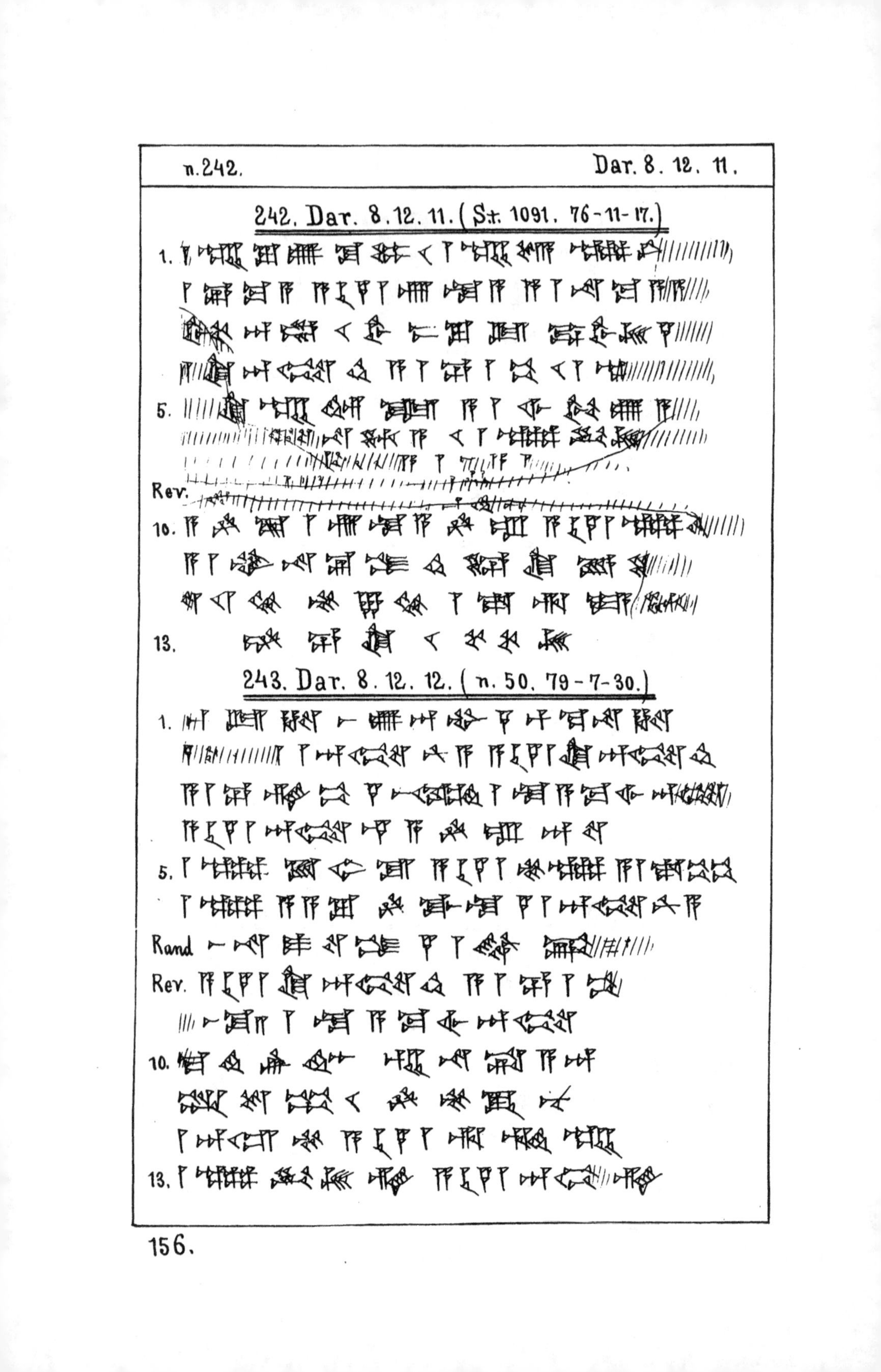

242. Dar. 8. 12. 11. (Sp. 1091. 76-11-17.)

Rev.

243. Dar. 8. 12. 12. (n. 50. 79-7-30.)

Rand

Rev.

14.

Rand

18.

244. Dar. 8. 12. 26. (St. 784. 76-11-17.)

1.

5.

Rand

10.

Rev.

15.

20.

Rand

245. Dar. 8. 12.b. 10. (Sp. 1025. 76-11-17.)

Rev.

22.

26.

30.

35.

40.

246. Dar. 8. 12.b. 0. (S+. 1115. 76-11-17.)

1.

5.

Rev.

10.

14.

247. Dar. 8. 0. 0. (Sp. 1850. 76-11-17.)

1.

5.

Rev.

13.

248. Dar. 10. 0. 0. (AH. 330. 82-9-18.)

1.

5. Rev. weggebrochen.

249. Dar. 9. 1. 19. (S+. 587. 76-11-17.)

1.

5.

Rev.

10.

16.

250. Dar. 9. 1. 20. (AH. 603. 83-1-18.)

1.

6.

Rev.

251. Dar. 9. 4. 23. (AH. 724. 83-1-18.)

Obverse weggebrochen, Reverse:

252. Dar. 9. 5. 6. (S+. 44. 76-11-17.)

Rev.

253. Dar. 9. 5. 10. (AH. 558. 82-9-18.)

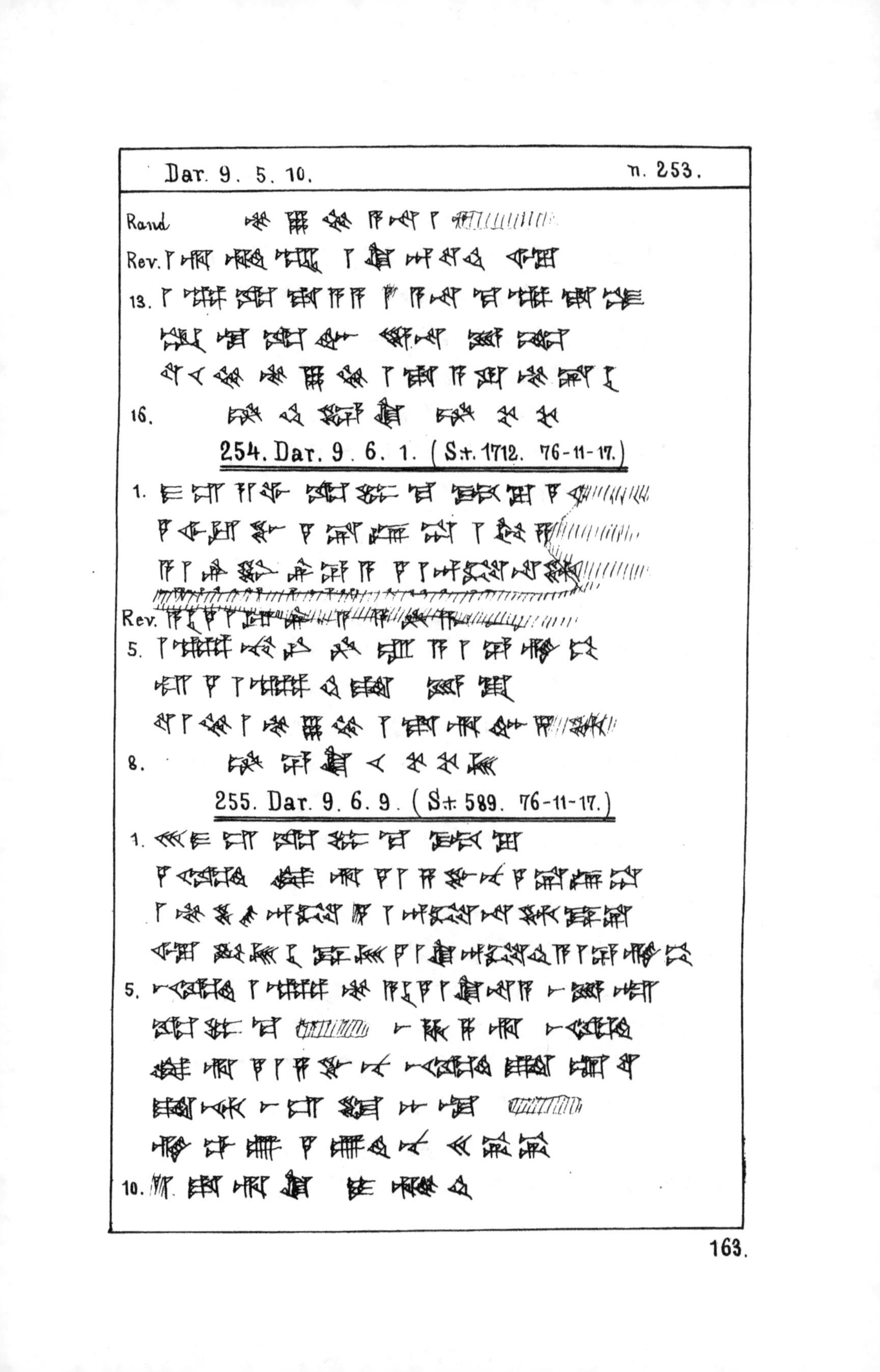

Rand

Rev.

13.

16.

254. Dar. 9. 6. 1. (Sp. 1712. 76-11-17.)

1.

Rev.

5.

8.

255. Dar. 9. 6. 9. (Sp. 589. 76-11-17.)

1.

5.

10.

Rev.

Rand

256. Dar. 9. 6. 26. (St. 544. 76-11-17.)

(sic)

Rev.

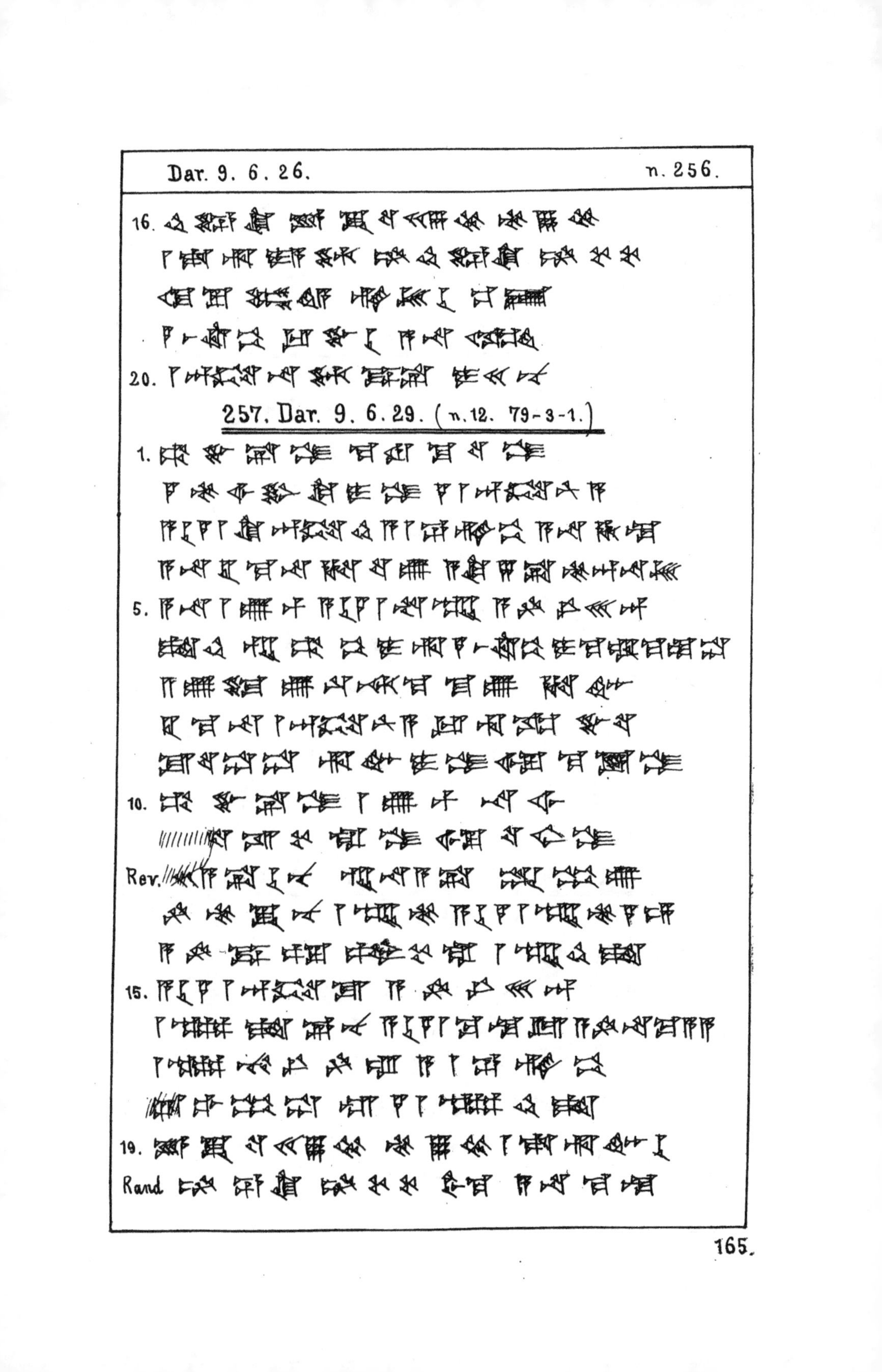

257. Dar. 9. 6. 29. (n. 12. 79-3-1.)

Rev.

Rand

258. Dar. 9. 7. 19. (S+. 578. 76-11-17.)

Rev.

259. Dar. 9. 8. 7. (S+. 730. 76-11-17.)

9.

Rand

Rev.

15.

(sic)

21.

260. Dar. 9. 8. 25. (S+. 177. 76-11-16.)

1.

5.

10.

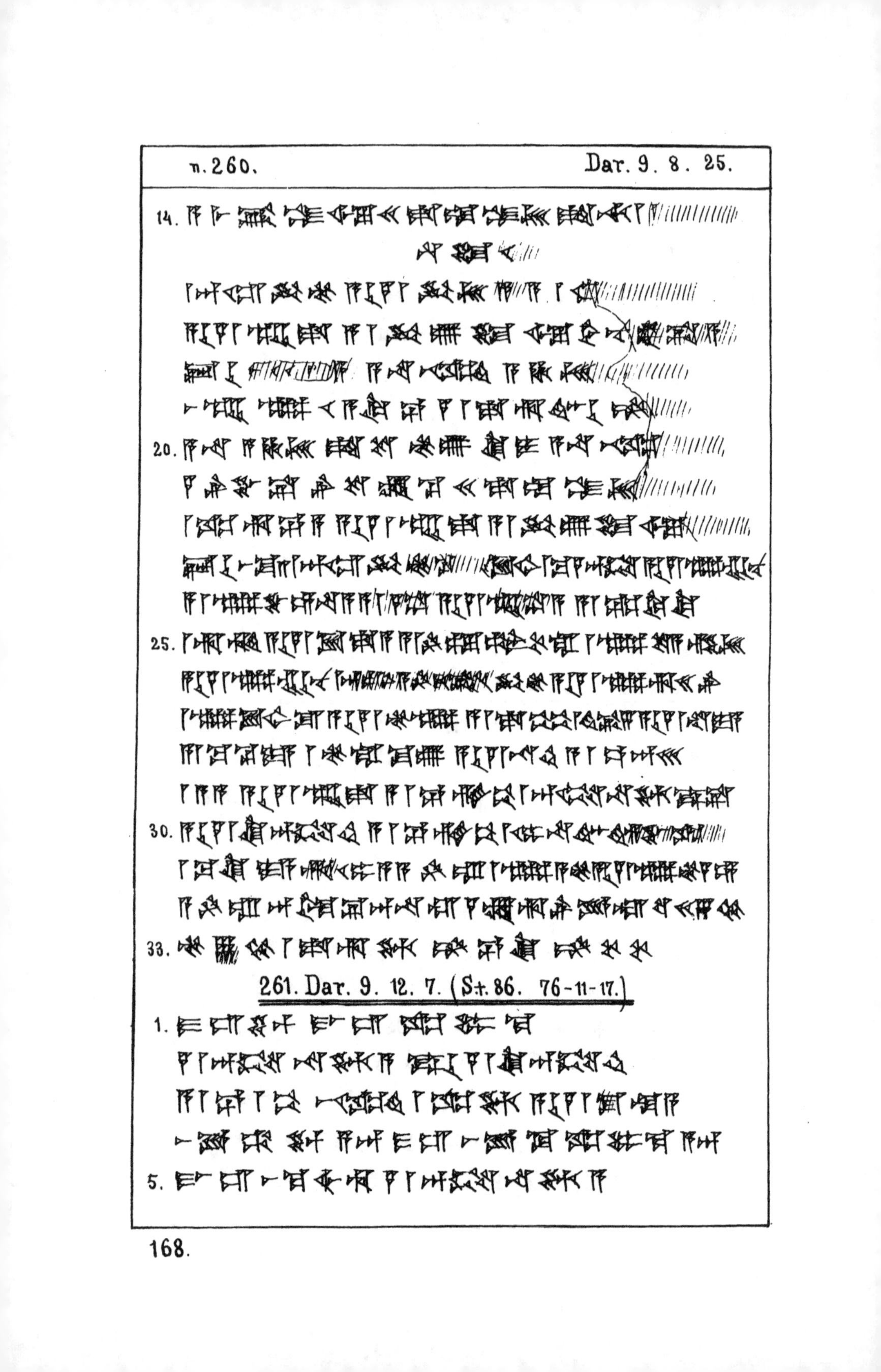

261. Dar. 9. 12. 7. (S+. 86. 76-11-17.)

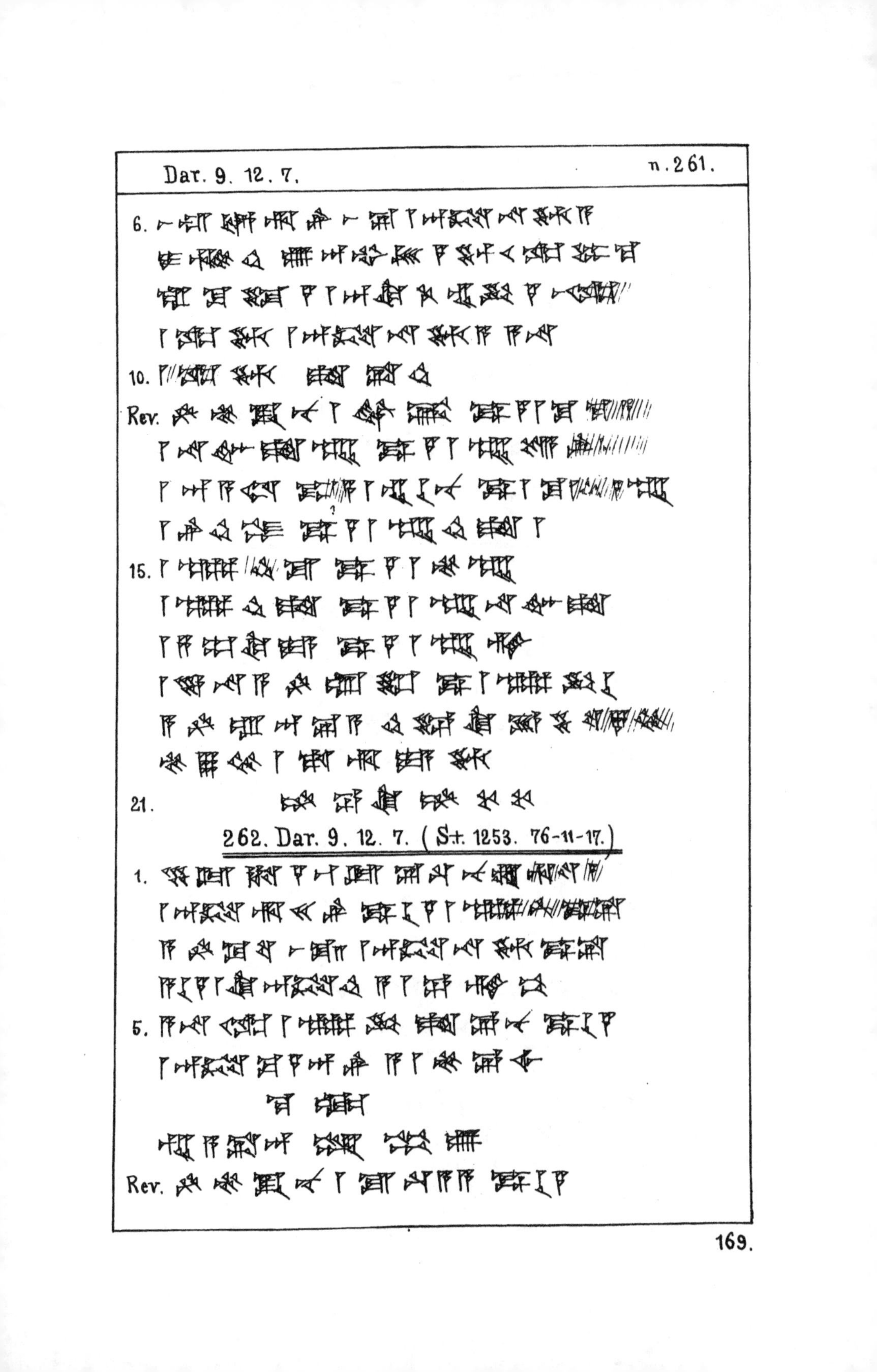

Rev.

262. Dar. 9. 12. 7. (Sp. 1253. 76-11-17.)

Rev.

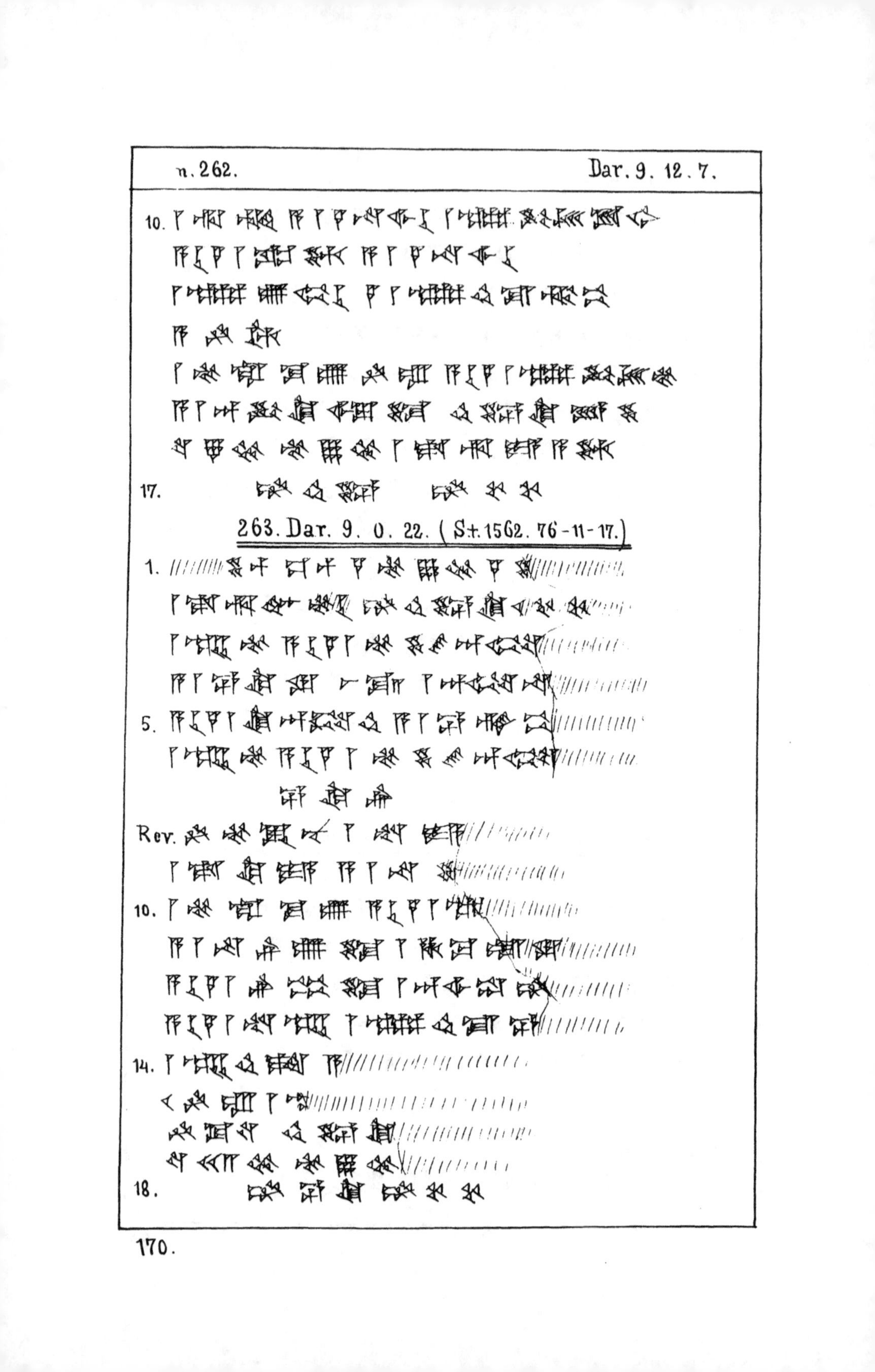

10.

17.

263. Dar. 9. 0. 22. (St. 1562. 76-11-17.)

1.

5.

Rev.

10.

14.

18.

264. Dar. 9. 0. 0. (S+. 1745. 76-11-17.)

Rev.

265. Dar. 10. 1. 2. (S+. 1248. 76-11-17.)

n. 265. Dar. 10. 1. 2.

11.

15.

19.

Rev.

25.

30.

36.

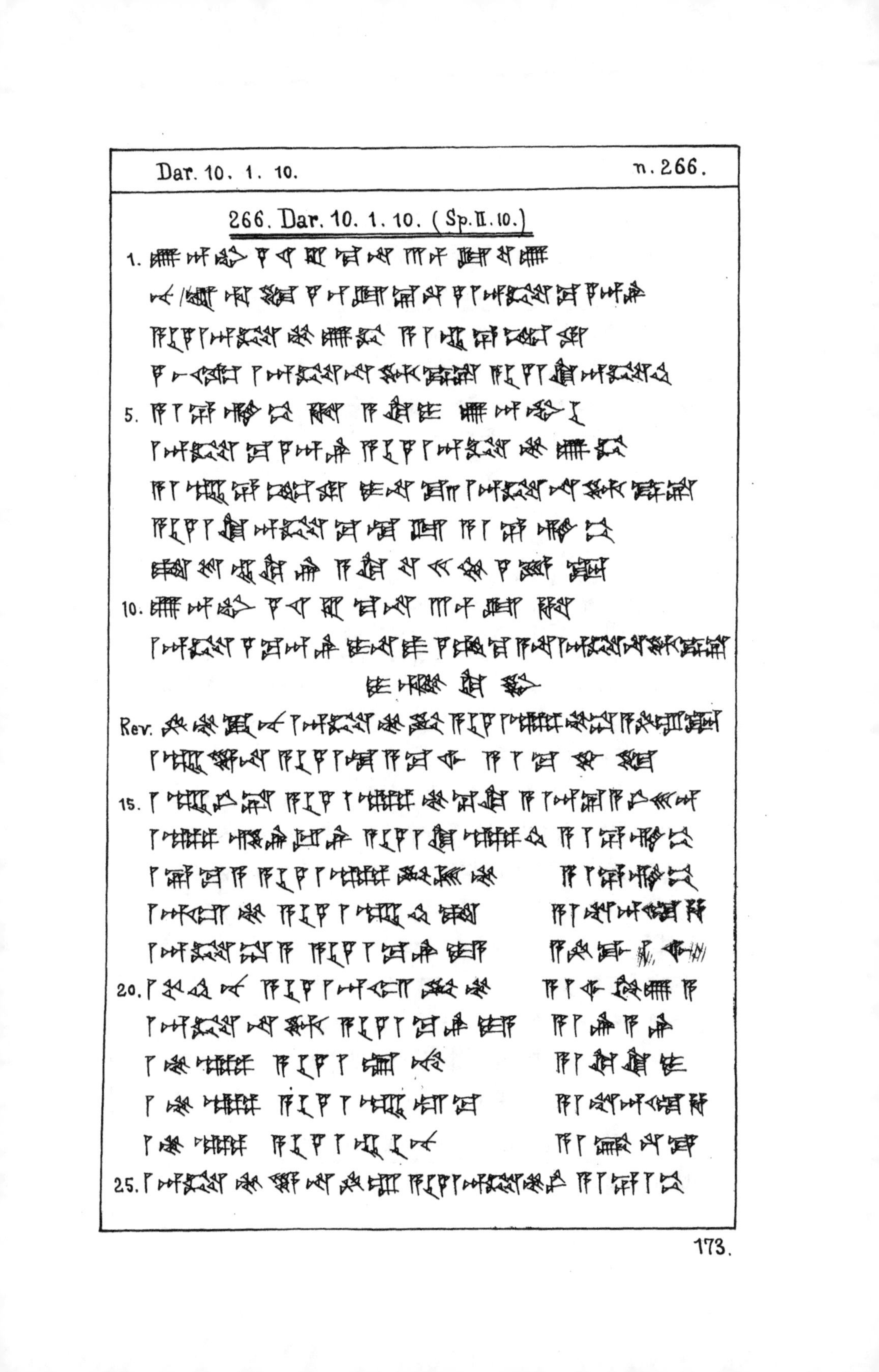

266. Dar. 10. 1. 10. (Sp. II. 10.)

Rev.

Rand

27.

267. Dar. 10. 2. 13. (St. 1251. 76-11-17.)

1.

4.

12.

Rev.

17.

21.

26.

Rand:

268. Dar. 10. 4. 18. (St. 270. 76-11-17.)

1.

Dar. 10. 4. 18. n. 268.

Rand

Rev.

Rand

269. Dar. 10. 5. 6. (n. 59. 81-6-25.)

Rev.

270. Dar. 10. 5. 15. (S+. 1047. 76-11-17.)

Rev.

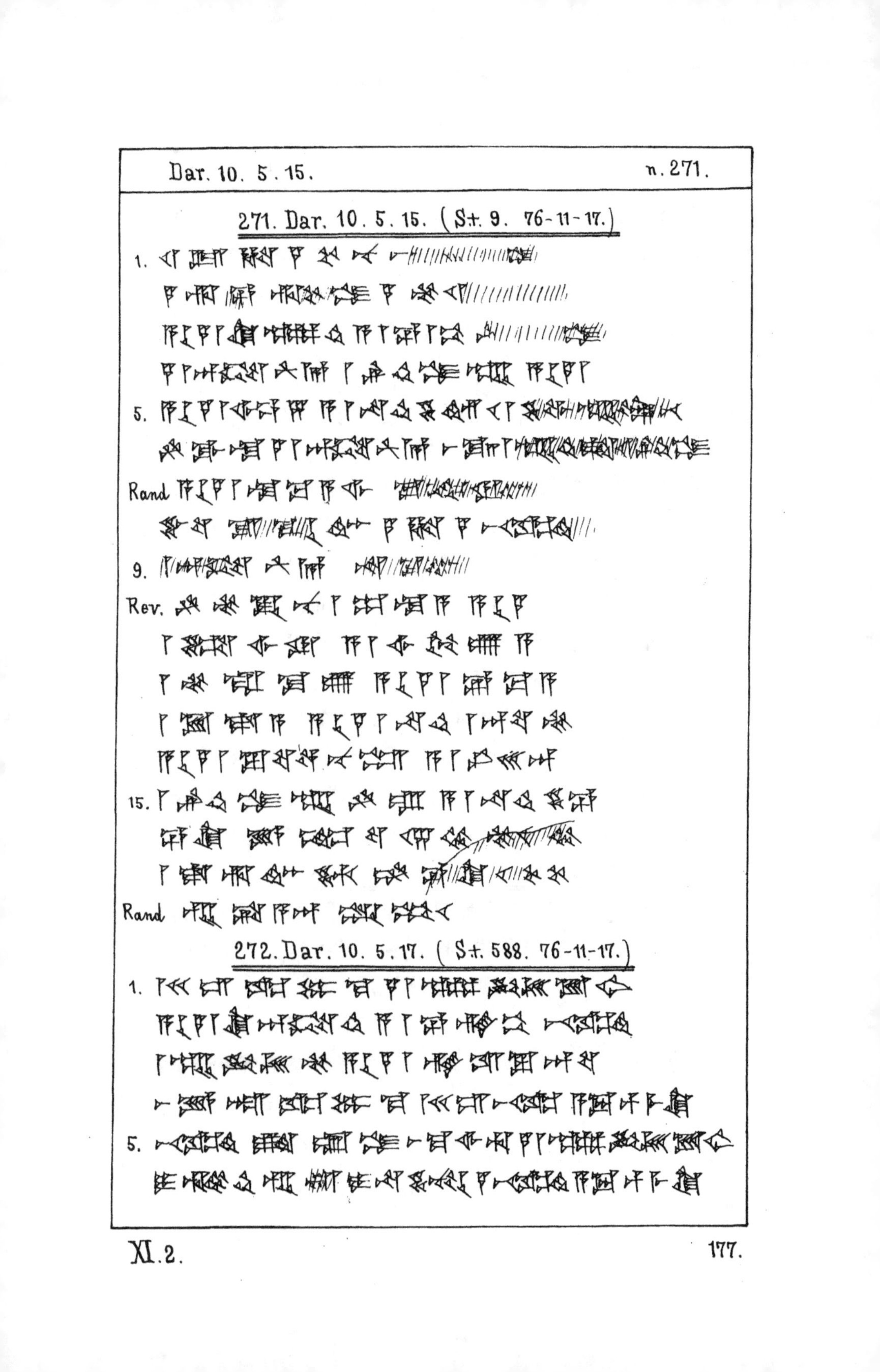

271. Dar. 10. 5. 15. (St. 9. 76-11-17.)

1.

5.

Rand

9.

Rev.

15.

Rand

272. Dar. 10. 5. 17. (St. 588. 76-11-17.)

1.

5.

n. 272. Dar. 10. 5. 17.

Rand

Rev.

273. Dar. 10. 5. 19. (S+. 317. 76-11-17.)

11.

Rand

Rev.

15.

20.

Rand

26.

274. Dar. 10. 5. 21. (n. 1021. E.J.H.)

1.

5.

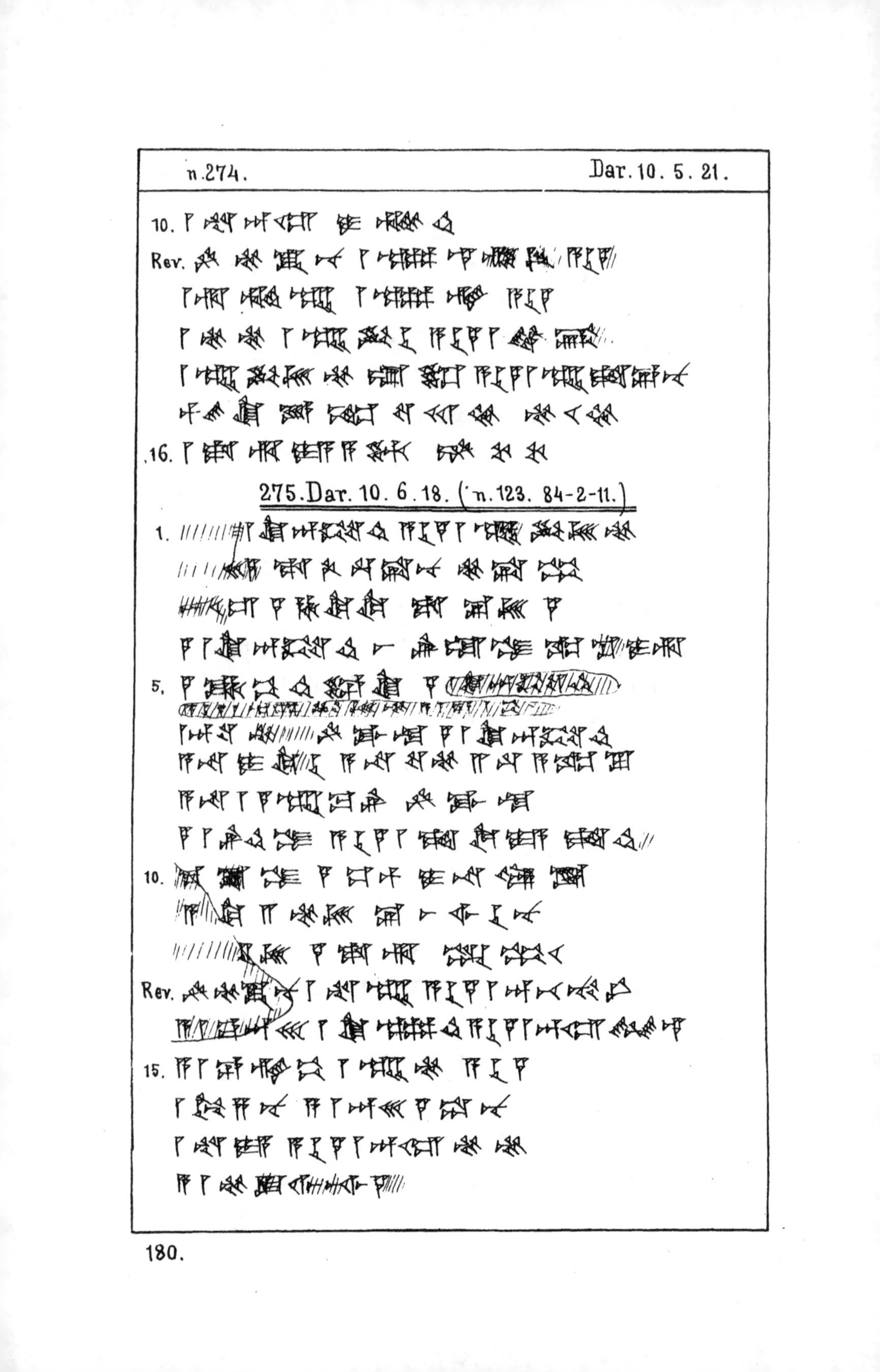

Rev.

275. Dar. 10. 6. 18. (n. 123. 84-2-11.)

Rev.

19.

22.

(sic)

276. Dar. 10. 7. 6. (n. 225. 81-6-25.)

1.

5.

9.

Rev.

15.

20.

277. Dar. 10 (?) 7. 8. (AH. 268. 82-9-18.)

1.

n. 277. Dar. 10. 7. 8.

4.

10.

Rev.

16.

22.

278. Dar. 10. 7. 16. (n. 16. 78-5-31.)

1.

5.

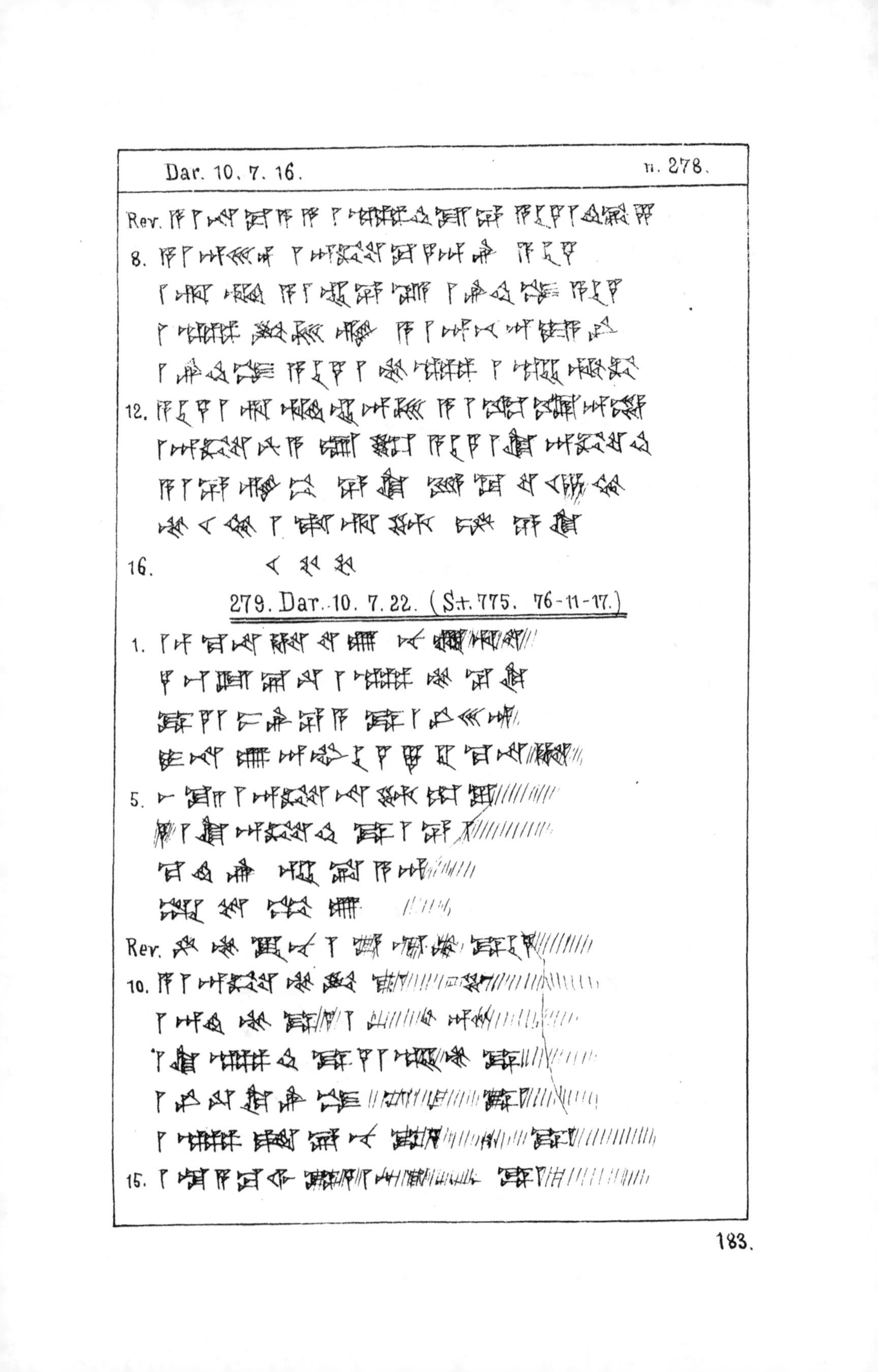

279. Dar. 10. 7. 22. (S+. 775. 76-11-17.)

280. Dar. 10. 7. 0. (S+. 428. 76-11-17.)

(sic)

Rev.

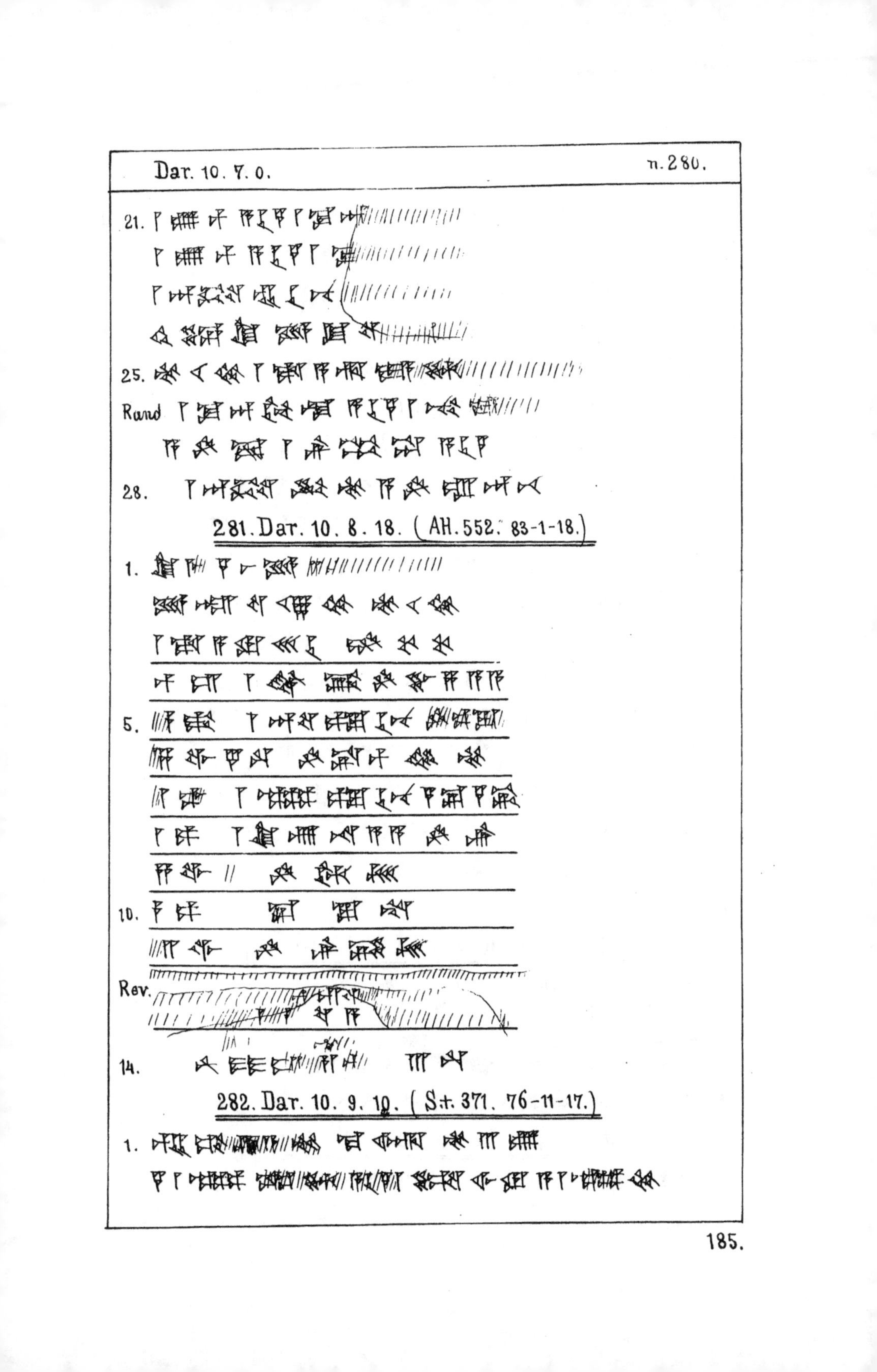

21.

25.

Rand

28.

281. Dar. 10. 8. 18. (AH. 552. 83-1-18.)

1.

5.

10.

Rev.

14.

282. Dar. 10. 9. 10. (Sp. 371. 76-11-17.)

1.

Rev.

283. Dar. 10. 10. 8. (AH. 715. 82-9-18.)

284. Dar. 10. 10. 12. (Sp. 486. 76-11-17.)

Rev.

285. Dar. 10. 10. 28. (AH. 538. 82-9-18.)

Rand

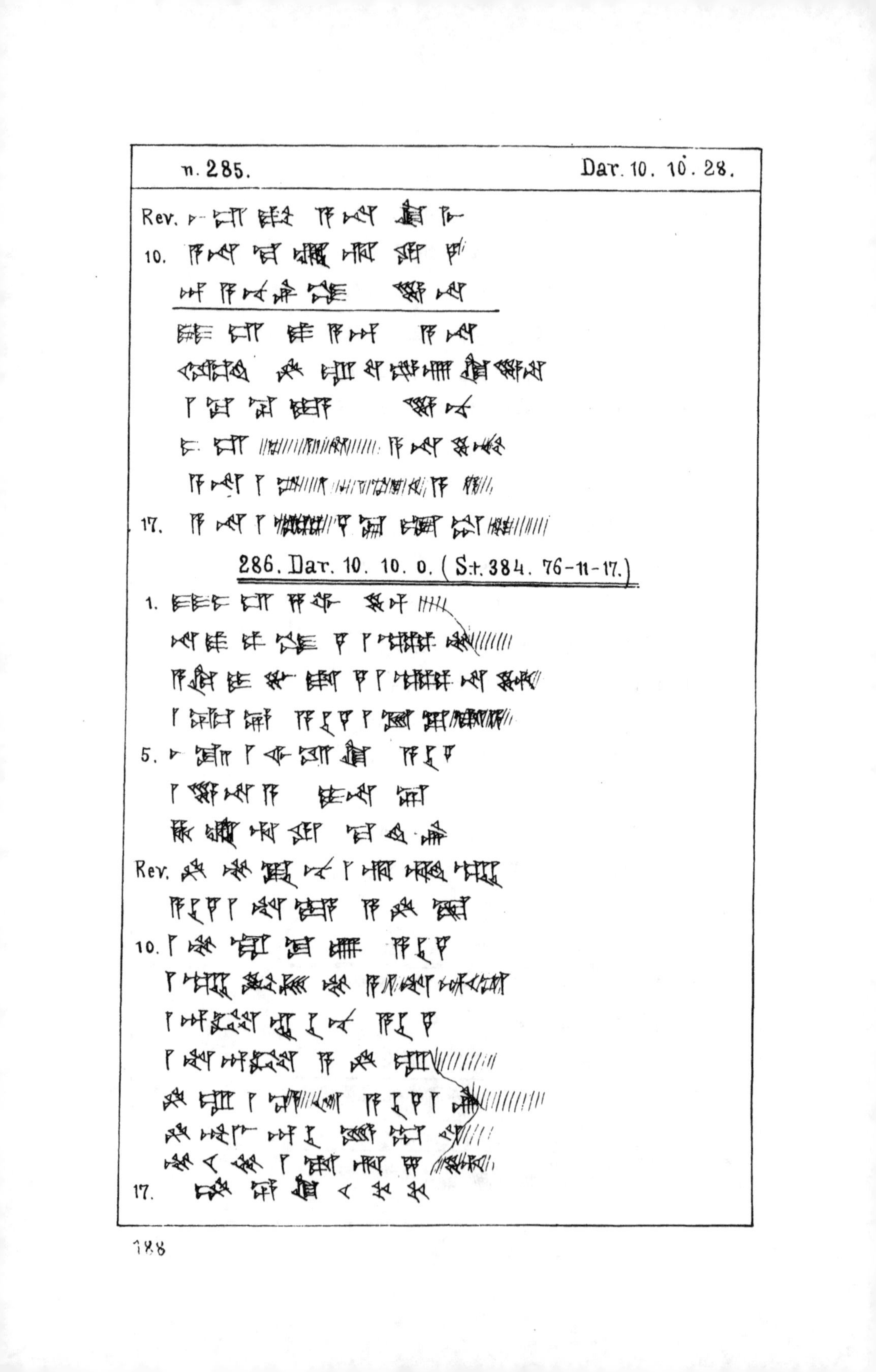

n. 285. Dar. 10. 10. 28.

Rev.

286. Dar. 10. 10. 0. (S+. 384. 76-11-17.)

Rev.

287. Dar. 10. 11. 2. (n. 13. 79-3-1.)

Rev.

Rand.

288. Dar. 10. 11. 10. (S+. 1084. 76-11-17.)

1.

Rand

Rev.

21.

Rand

27.

289. Dar. 10. 12. 9. (S+. 1552. 76-11-17.)

1.

3.

6.

10.

Rev.

15.

20.

Rand

22.

290. Dar. 10. 12. 21. (S+. 783. 76-11-17.)

1.

5.

n. 290. Dar. 10. 12. 21.

6.

Rev.

10.

15.

Rand

18.

291. Dar. 10. 0. 5. (AH. 1248. 83-1-18.)

1.

5.

Rand

Rev.

10.

13.

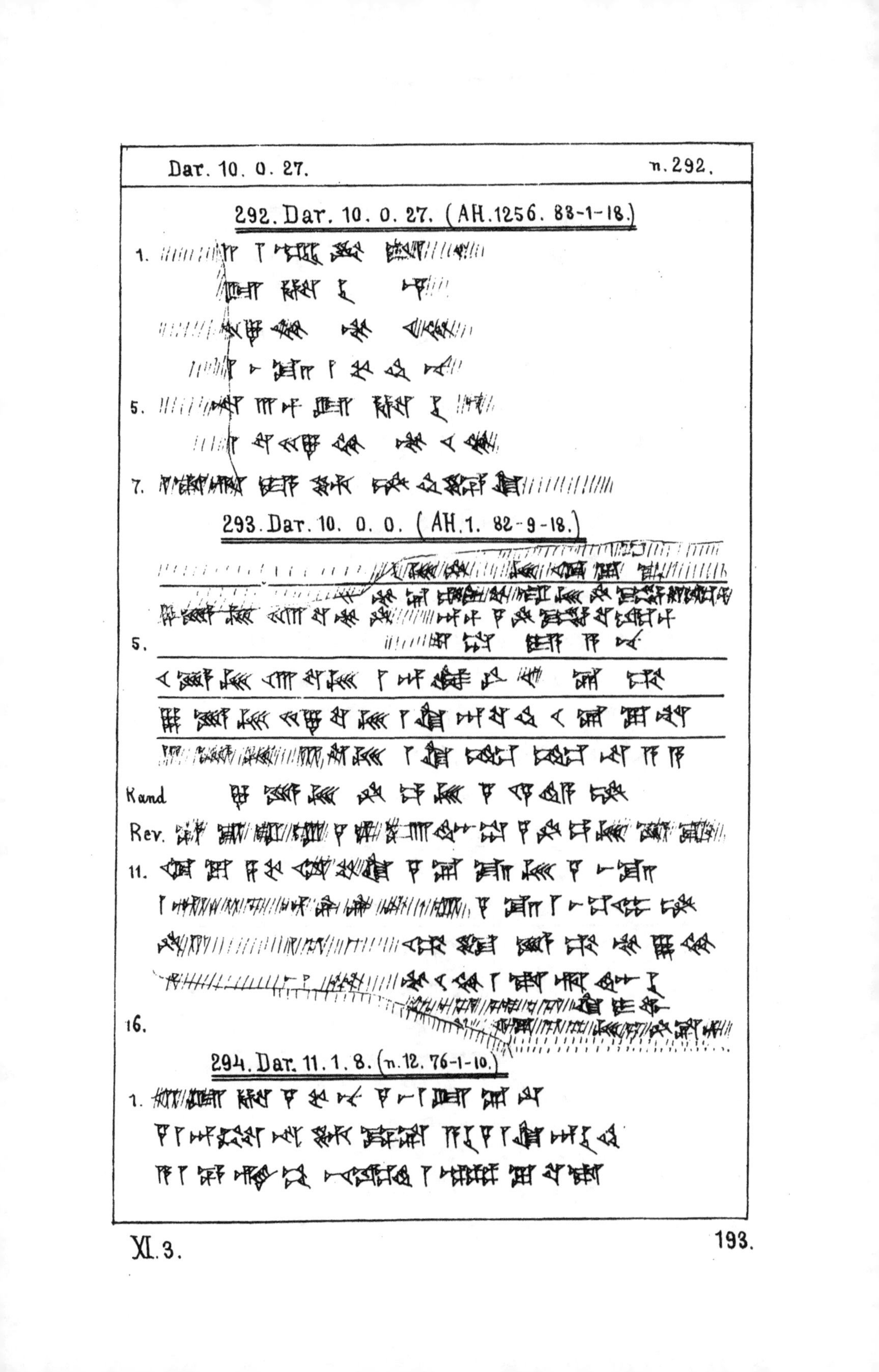

292. Dar. 10. 0. 27. (AH. 1256. 83-1-18.)

1.

5.

7.

293. Dar. 10. 0. 0. (AH. 1. 82-9-18.)

5.

Rand

Rev.

11.

16.

294. Dar. 11. 1. 8. (n. 12. 76-1-10.)

1.

n. 294. Dar. 11. 1. 8.

4.

9.

Rev.

15.

19.

295. Dar. 11. 1. 13. (n. 242. 84-2-11.)

1.

5.

Rev.

11.

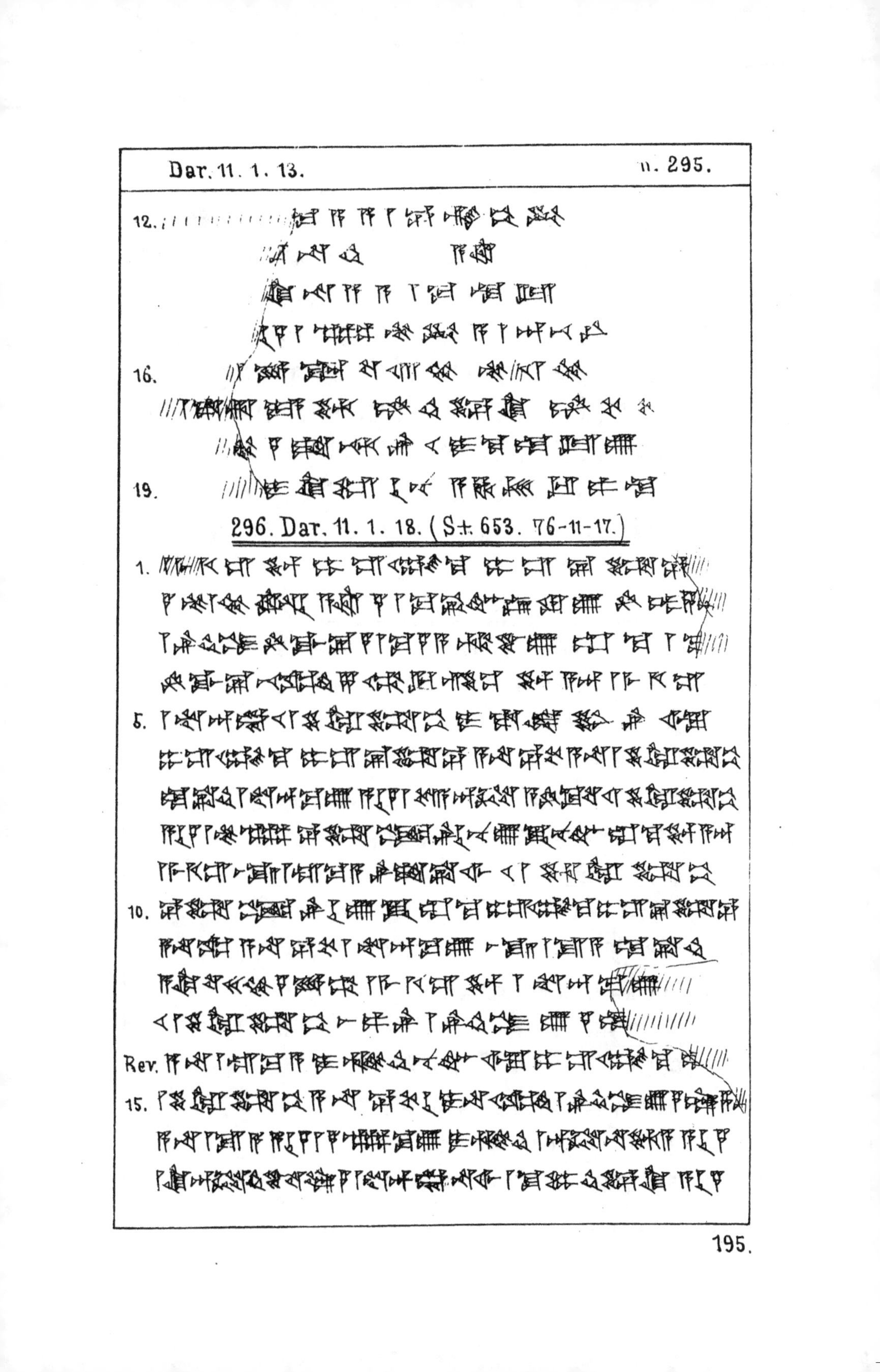

296. Dar. 11. 1. 18. (S+. 653. 76-11-17.)

Rev.

n. 296. Dar. 11. 1. 18.

18.

21.

25.

27.

297. Dar. 11. 2. 4. (n. 63. J. Offord.)

1.

5.

Rev.

10.

15.

298. Dar. 11. 2. 9. (Sp. 48.)

Rev.

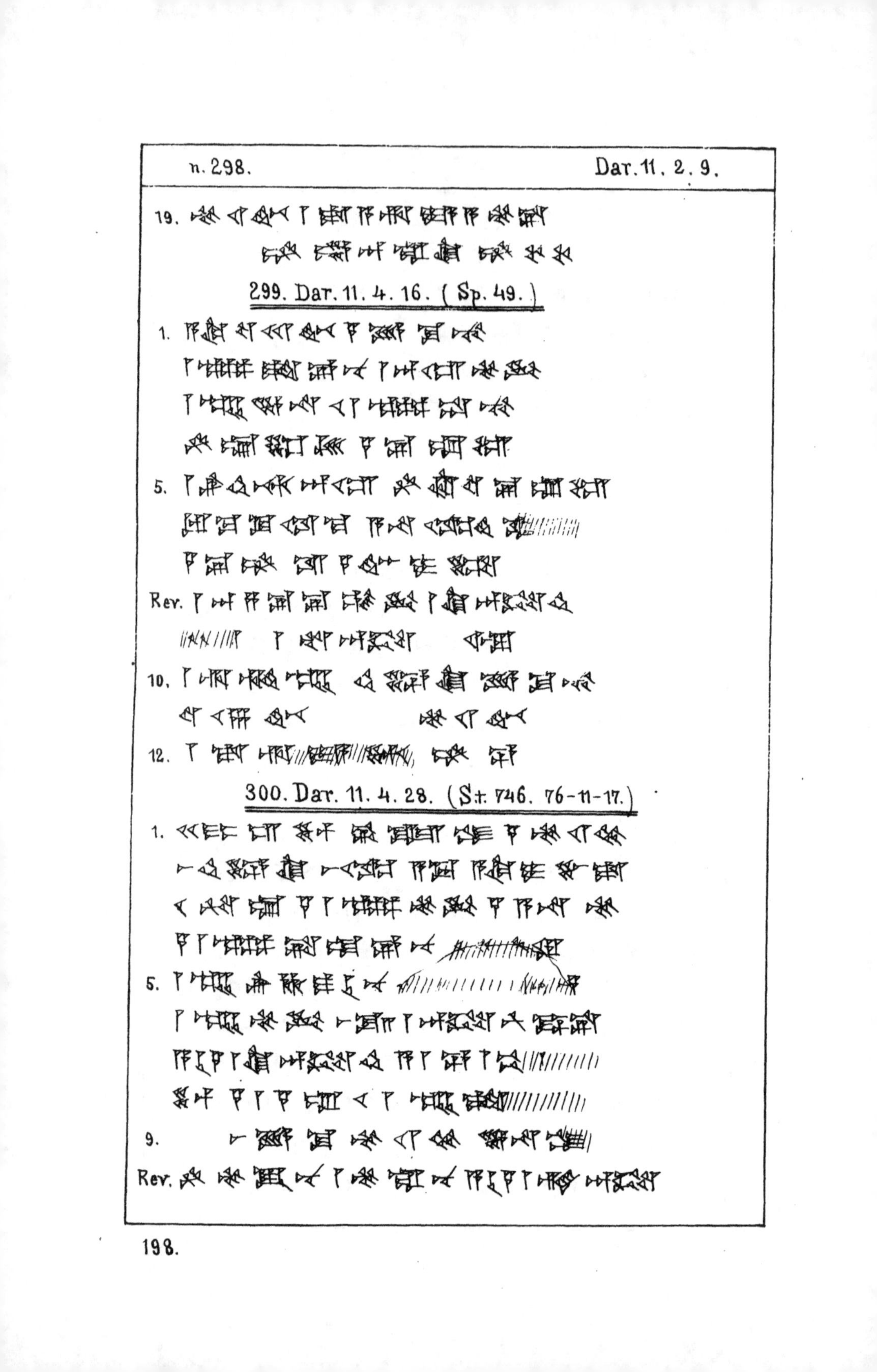

19.

299. Dar. 11. 4. 16. (Sp. 49.)

1.

5.

Rev.

10.

12.

300. Dar. 11. 4. 28. (S+. 746. 76-11-17.)

1.

5.

9.

Rev.

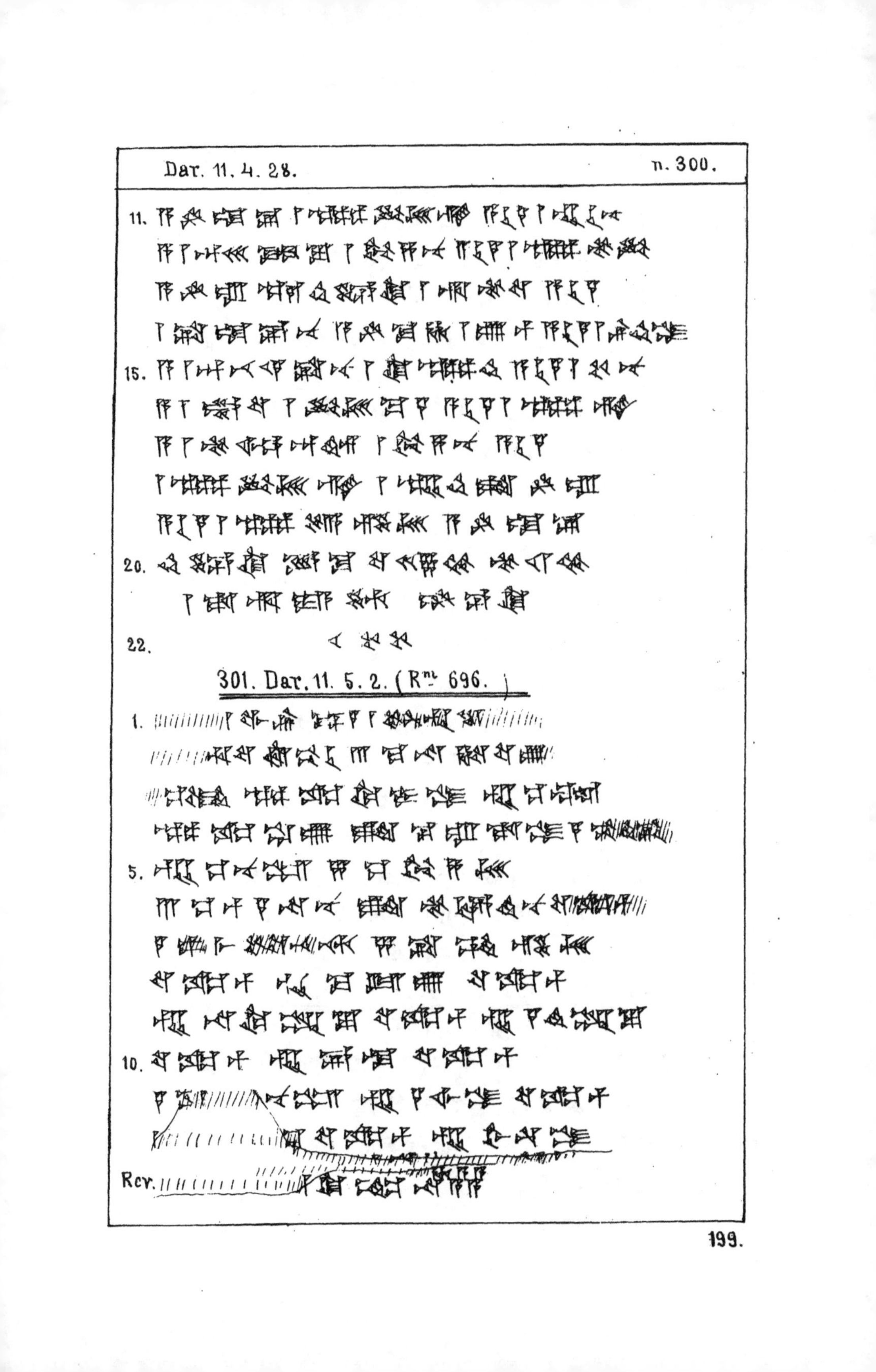

301. Dar. 11. 5. 2. (Rm. 696.)

Rcv.

Rand

Seitenrand:

302. Dar. 11. 5. 4. (n. 33. 79-7-30.)

Rev.

303. Dar. 11. 5. 6. (AH. 511. 83-1-18.)

Rand

Rev.

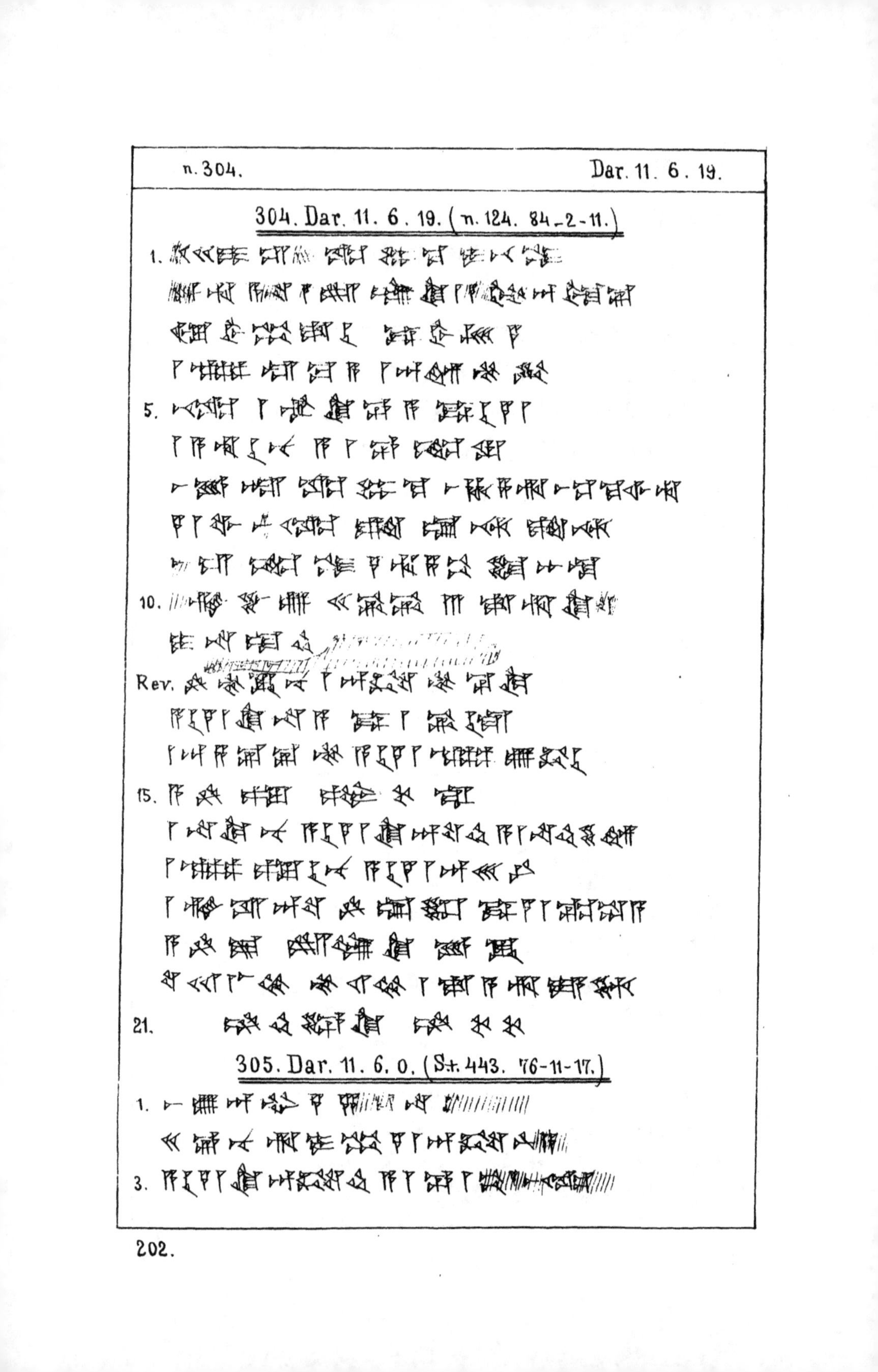

304. Dar. 11. 6. 19. (n. 124. 84-2-11.)

305. Dar. 11. 6. 0. (St. 443. 76-11-17.)

Dar. 11. 6. o. n. 305.

Rev.

306. Dar. 11. 6.b. 6. (Rm 684.)

Rand

9.

Rev.

14.

307. Dar. 11. 6.b. 19. (n. 116. 76-11-16.)

1.

4.

Rev.

10.

14.

308. Dar. 11. 7. 26. (S+. 754. 76-11-17.)

1.

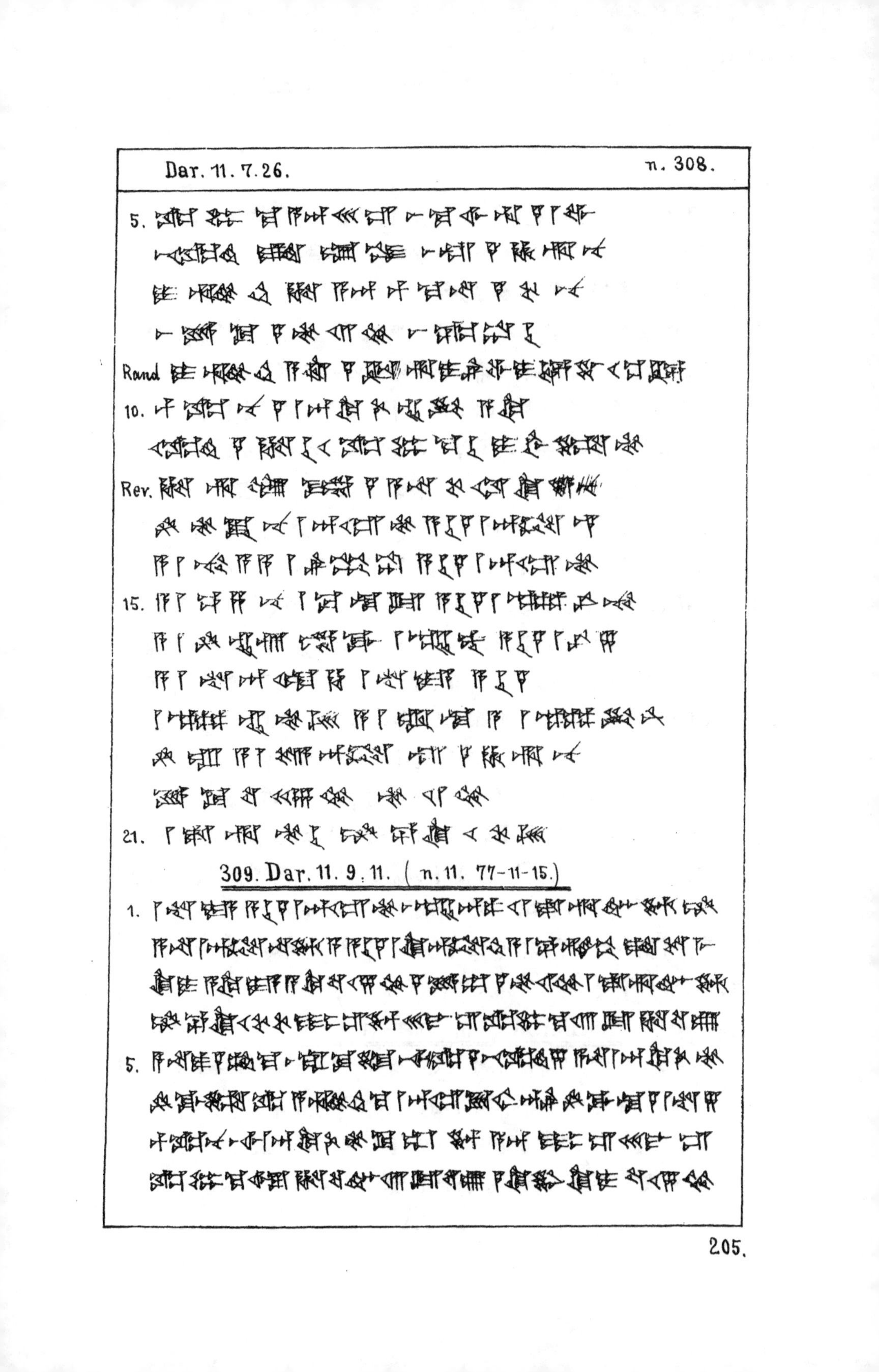

Rand

Rev.

21.

309. Dar. 11. 9. 11. (n. 11. 77-11-15.)

Rev.

310. Dar. 11, 11. 9. (n. 1. 71-3-11.)

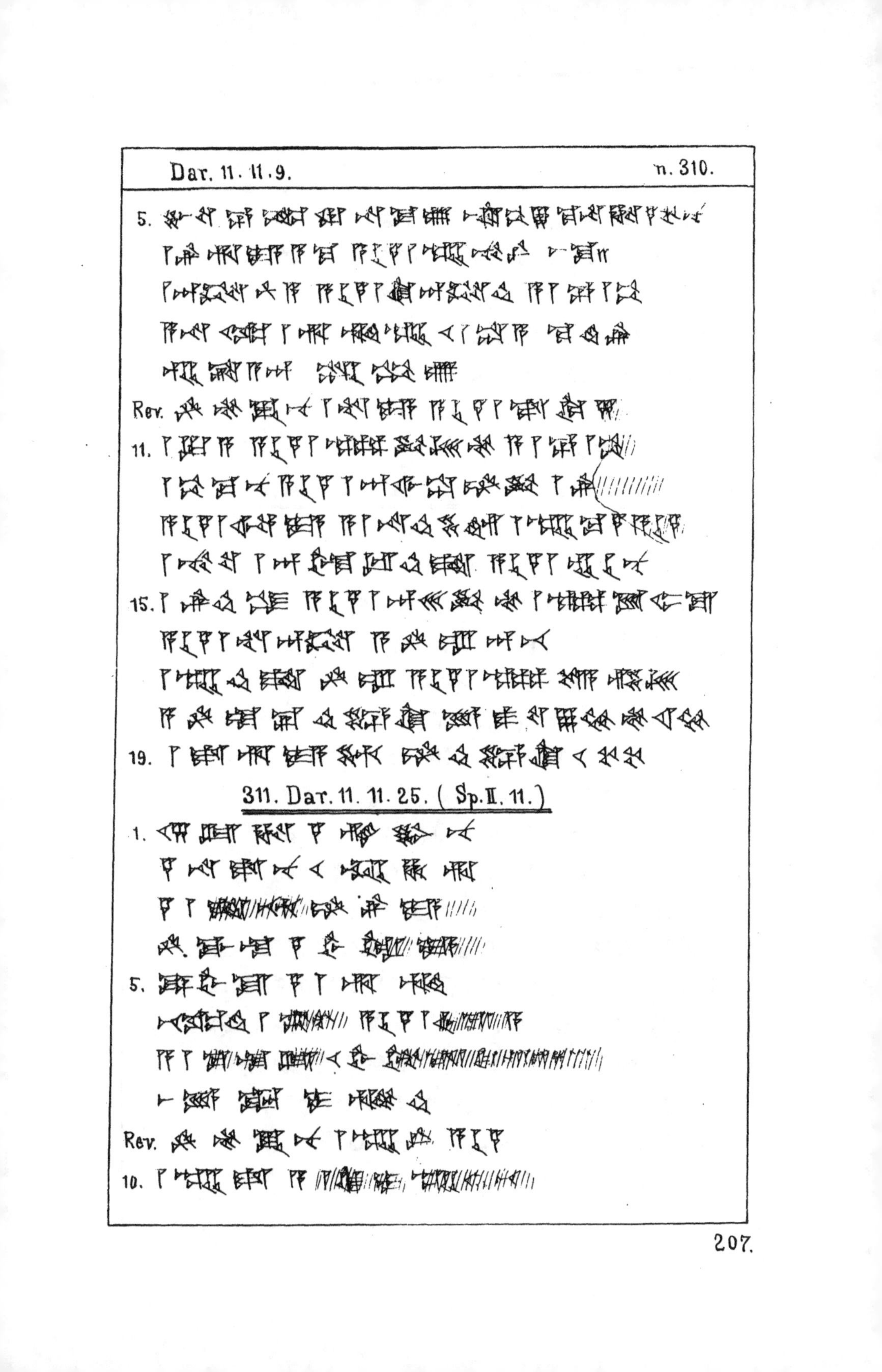

5.

Rev.

11.

15.

19.

311. Dar. 11. 11. 25. (Sp. II. 11.)

1.

5.

Rev.

10.

11.

17.

312. Dar. 11. 11. 28. (n. 22. 85-4-30.)

1.

5.

Rev.

10.

(sic)

15.

313. Dar. 11. 12. 3. (S+. 542. 76-11-17.)

Rev.

314. Dar. 11. 12. 18. (Sp. II. 12.)

n. 314. Dar. 11. 12. 18.

3.

6.

Rev.

10.

15.

17.

315. Dar. 11. 12. 21. (S+. 448. 76-11-17.)

1.

5.

10.

Rev.

316. Dar. 11. 0. 14. (n. 52. 79-7-30.)

Rev.

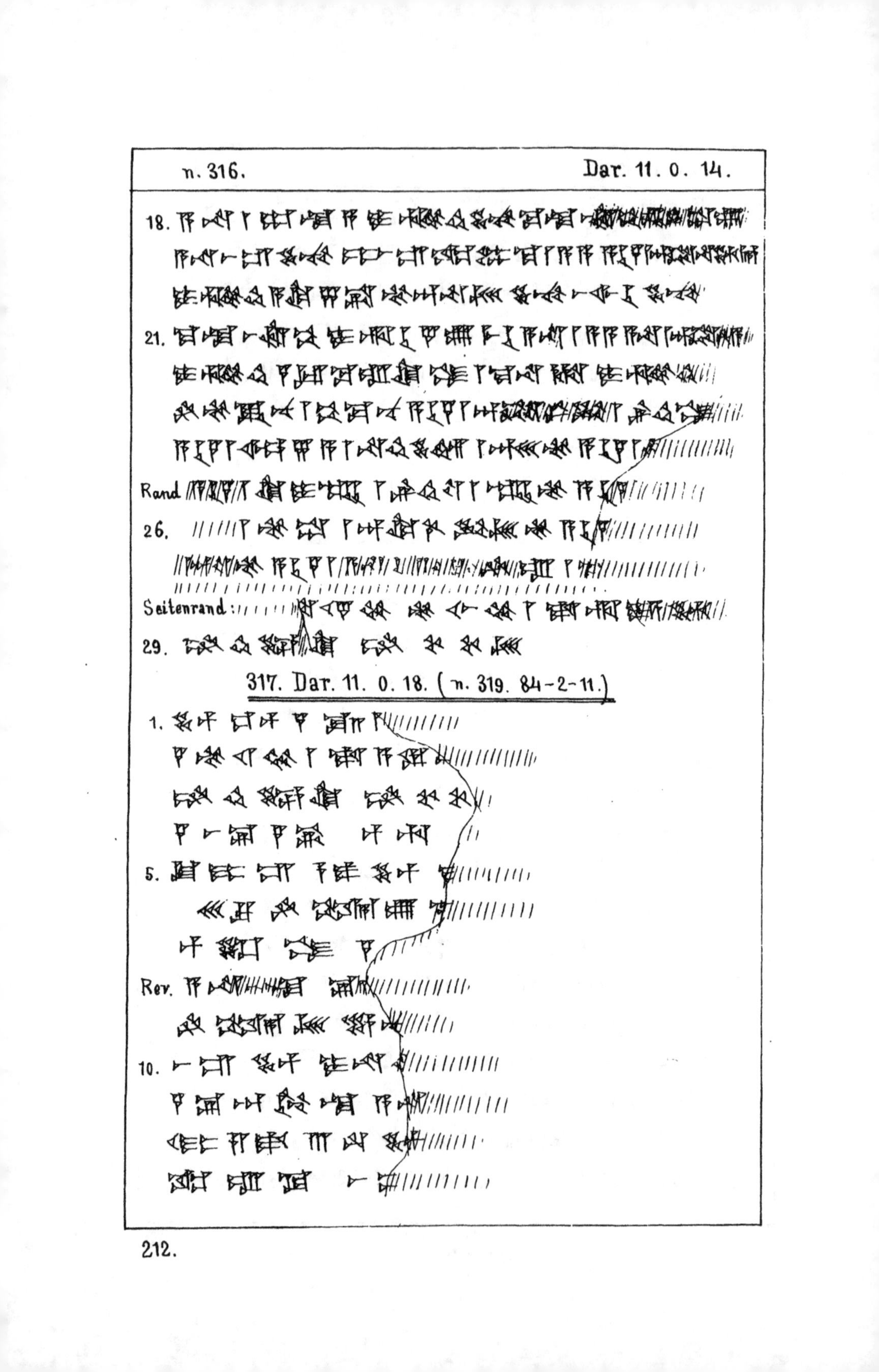

18.

21.

Rand

26.

Seitenrand:

29.

317. Dar. 11. 0. 18. (n. 319. 84-2-11.)

Rev.

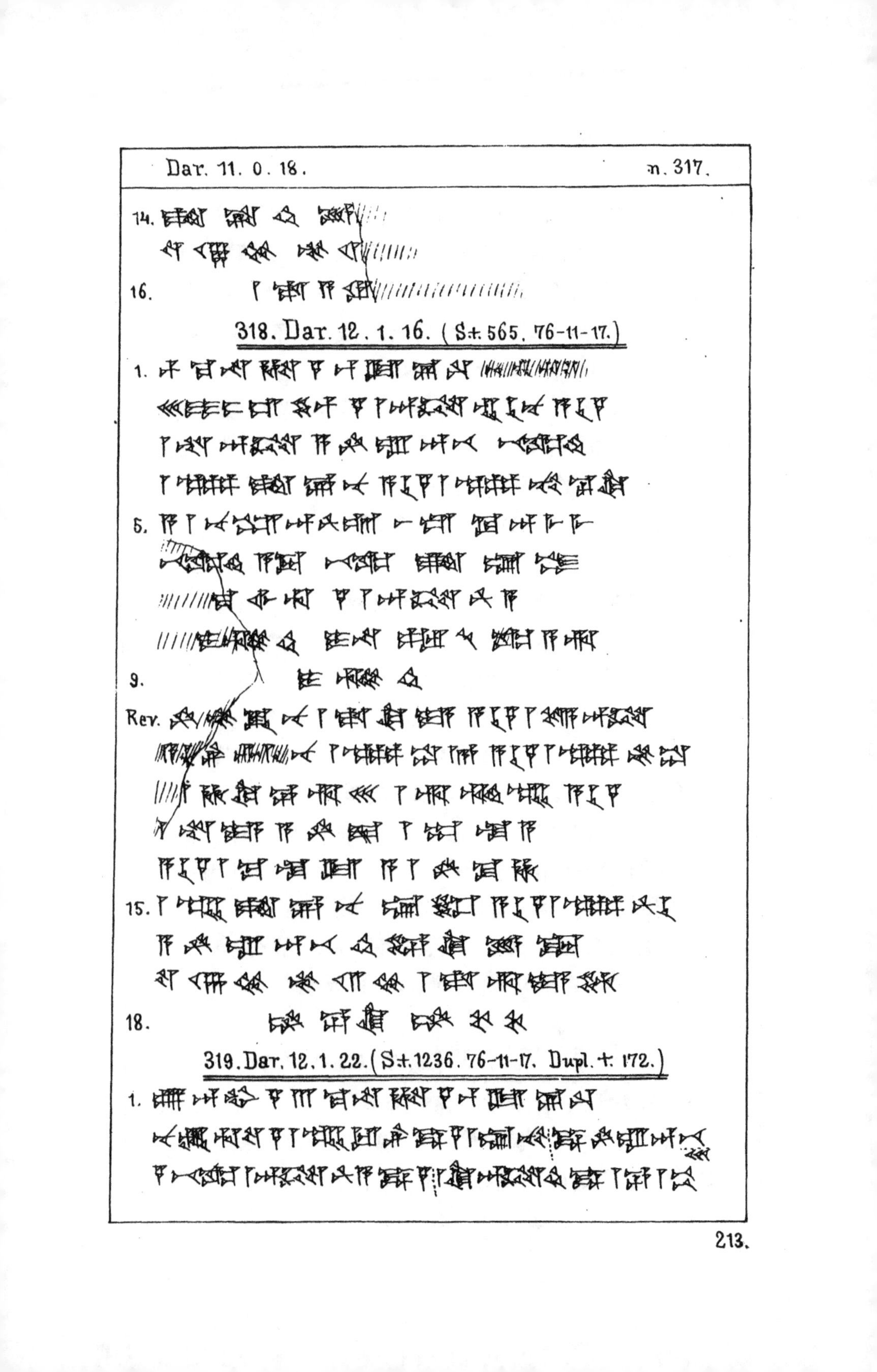

318. Dar. 12. 1. 16. (S+. 565. 76-11-17.)

319. Dar. 12. 1. 22. (S+. 1236. 76-11-17. Dupl. +. 172.)

n. 319. Dar. 12. 1. 22.

4.

9.

Rand

Rev.

Rev.

15.

20.

Rand

25.

et

320. Dar. 12. 1. 0. (n. 33. J. Offord.)

1.

Dar. 12. 1. 0. n. 320.

4.

Rand

10.

Rev.

14.

321. Dar. 12. 2. 6. (n.1. 77-11-14. Dupl. MNB.1126.)

1.

5.

10.

14.

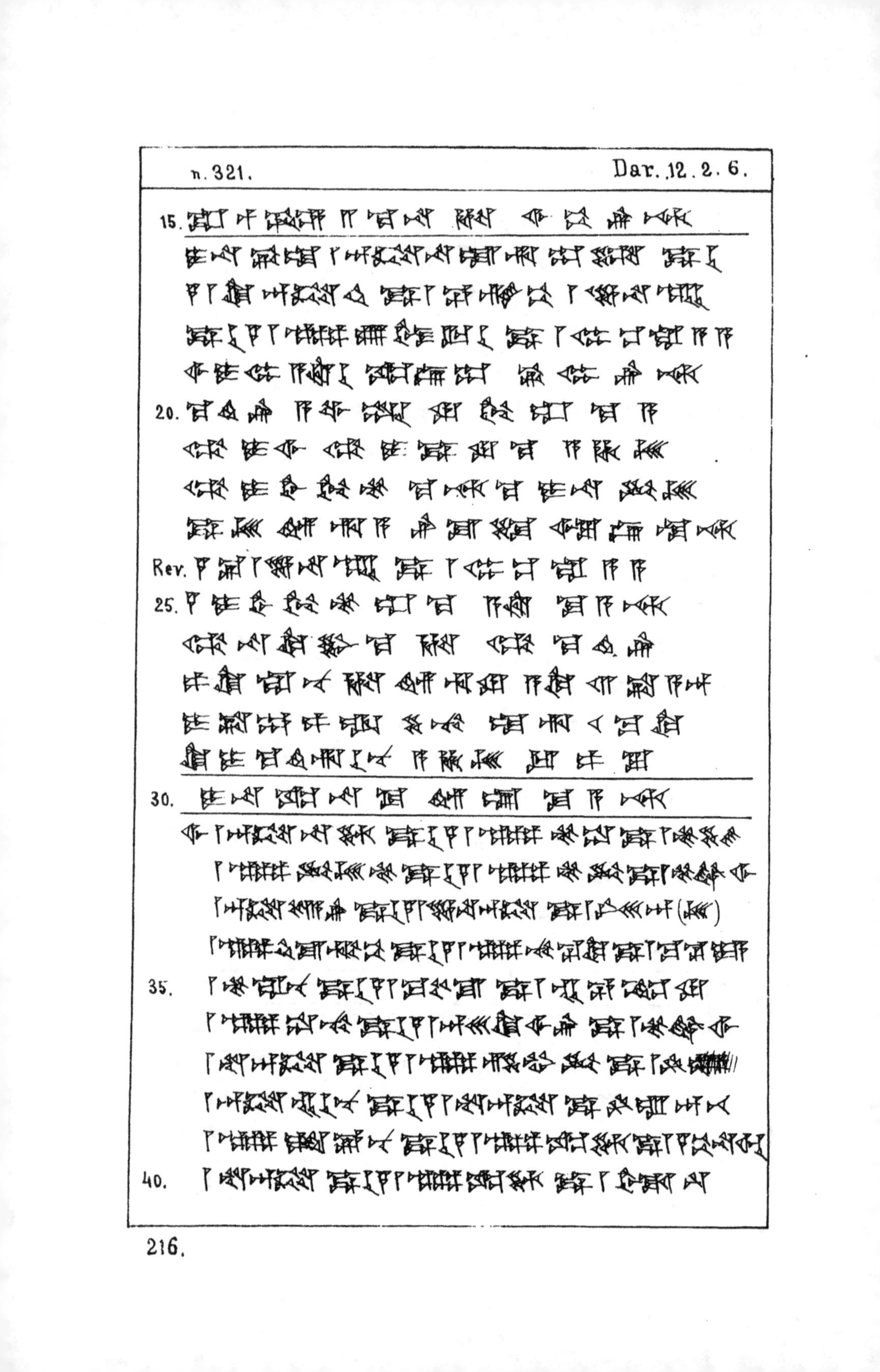

Rev.

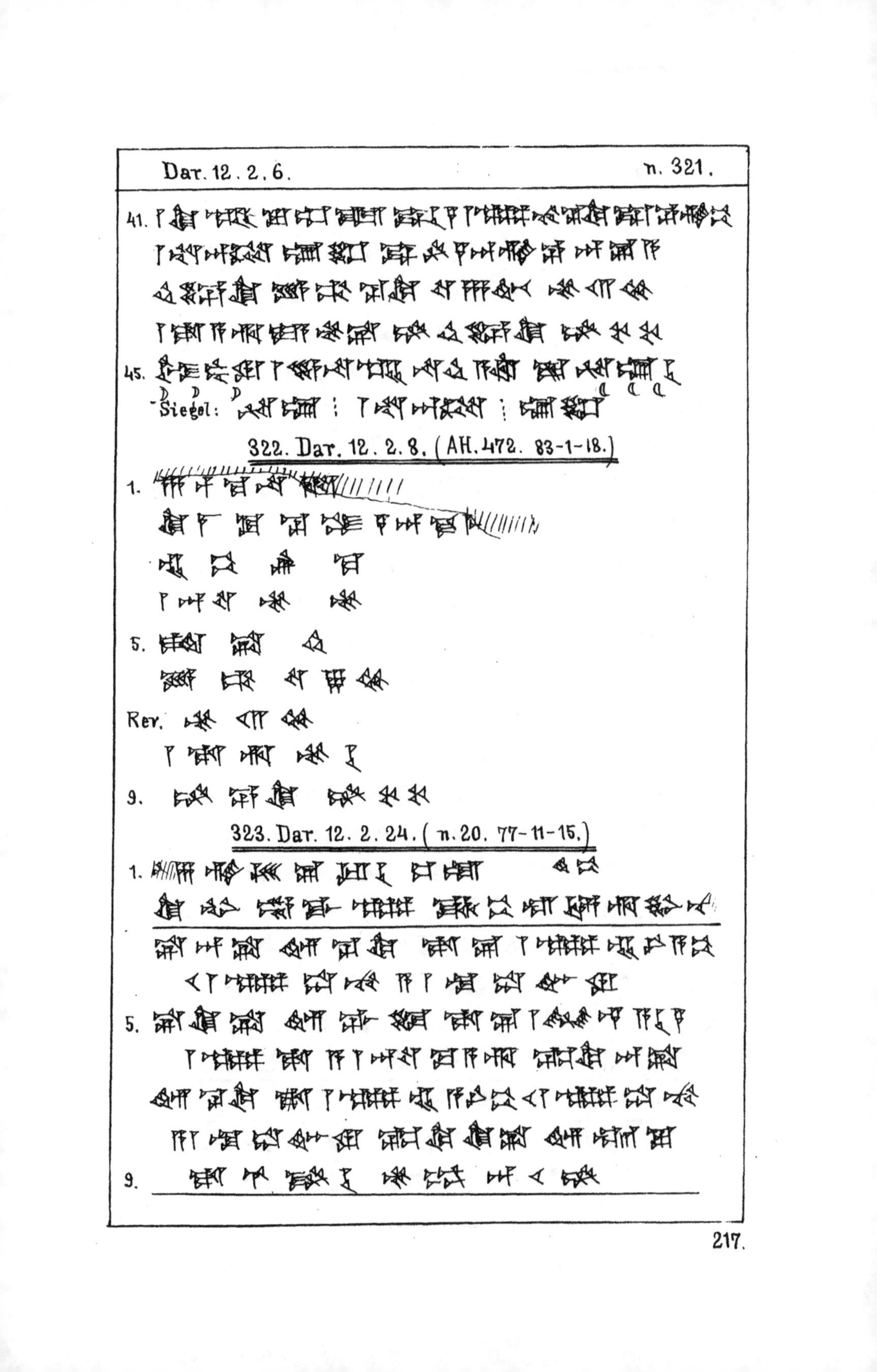

41.

45.

Siegel:

322. Dar. 12. 2. 8. (AH. 472. 83-1-18.)

1.

5.

Rev.

9.

323. Dar. 12. 2. 24. (n. 20. 77-11-15.)

1.

5.

9.

n. 323. Dar. 12. 2. 24.

Rev.

(sic)

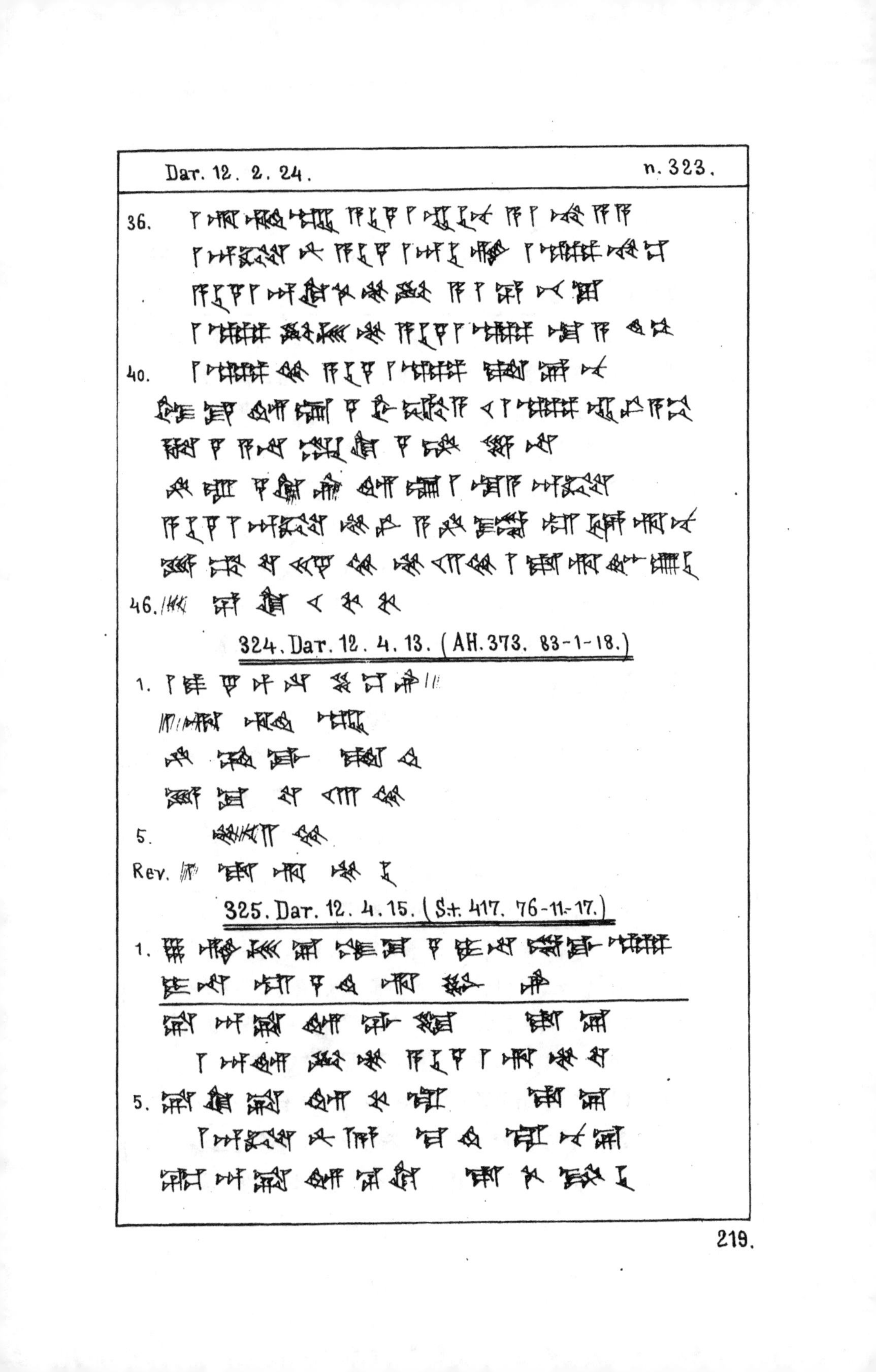

36.

40.

46.

324. Dar. 12. 4. 13. (AH. 373. 83-1-18.)

1.

5.

Rev.

325. Dar. 12. 4. 15. (St. 417. 76-11-17.)

1.

5.

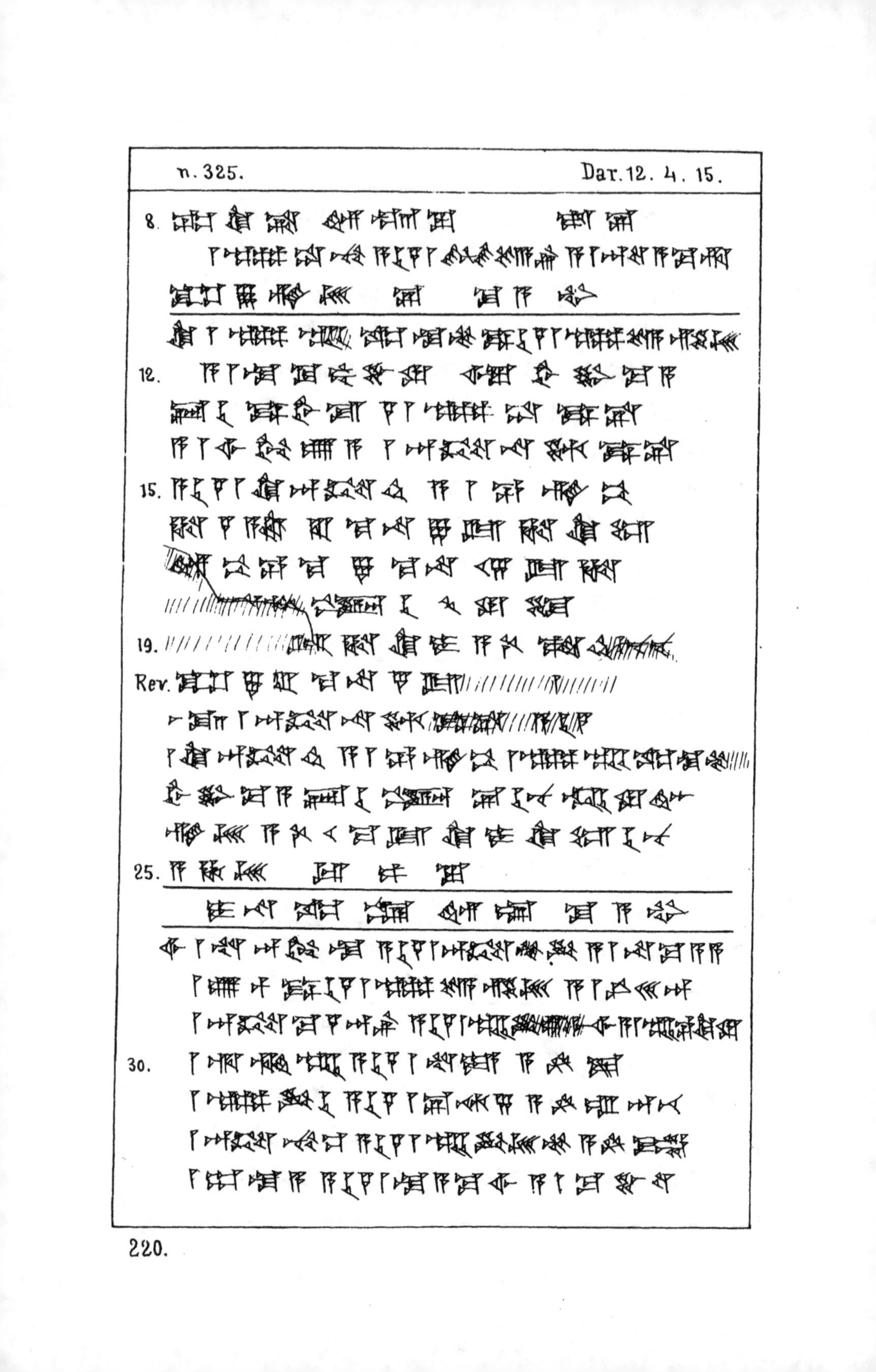

n. 325. Dar. 12. 4. 15.

8.

12.

15.

19.

Rev.

25.

30.

(sic)

326. Dar. 12. 4. 26. (S+. 345. 76-11-17.)

Rev.

327. Dar. 12. 5. 4. (n. 99. 85-4-30.)

Rev.

328. Dar. 12. 5. 22. (Sp. 618. 76-11-17.)

Rand

Rev.

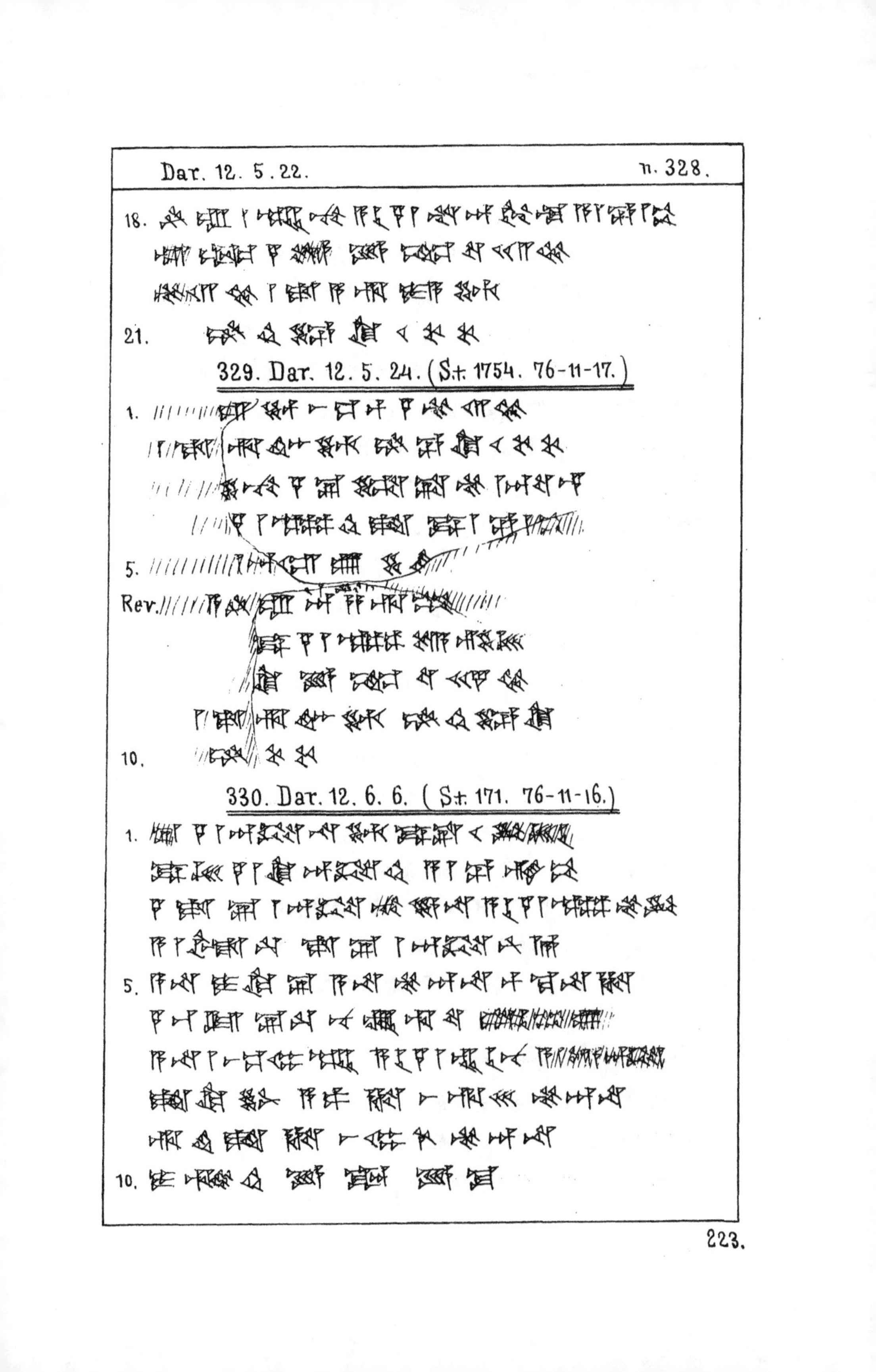

329. Dar. 12. 5. 24. (Sp. 1754. 76-11-17.)

Rev.

330. Dar. 12. 6. 6. (Sp. 171. 76-11-16.)

n. 330. Dar. 12. 6. 6.

Rev.

Rand

331. Dar. 12. 6. 10. (Sp. 1052. 76-11-17.)

Rand

Rev.

12.

15.

Rand:

22.

332. Dar. 12. 6. 12. (n. 41. 81-6-25.)

1.

5.

Rand

10.

Rev.

15.

16.

20.

Rand:

Seitenrand:

26.

333. Dar. 12. 6. 28. (S+. 700. 76-11-17.)

1.

5.

Rev.

10.

15.

18.

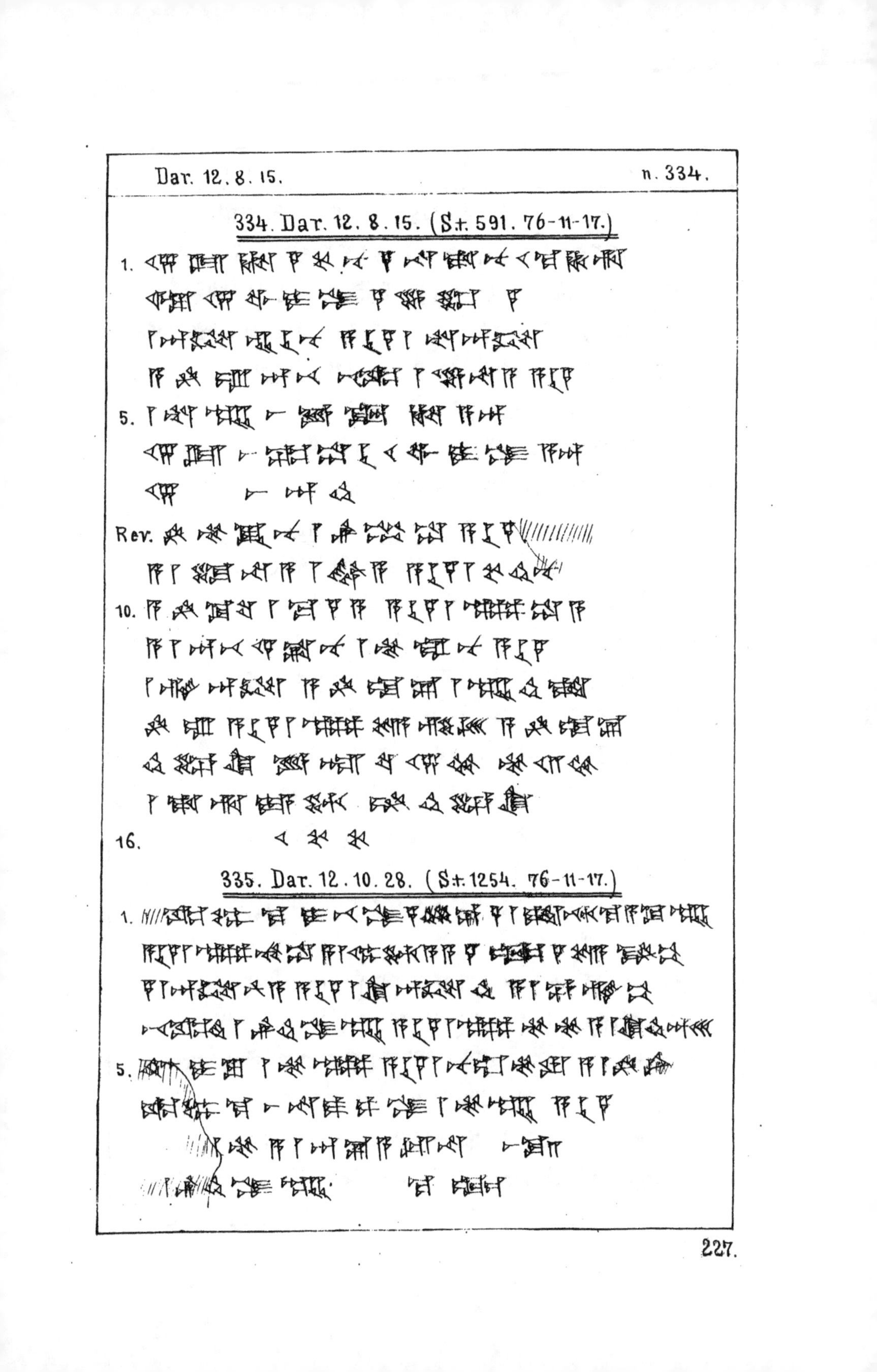

334. Dar. 12. 8. 15. (S+. 591. 76-11-17.)

335. Dar. 12. 10. 28. (S+. 1254. 76-11-17.)

Rev.

336. Dar. 12. 12. 15. (S.+ 513. 76-11-17.)

Rev.

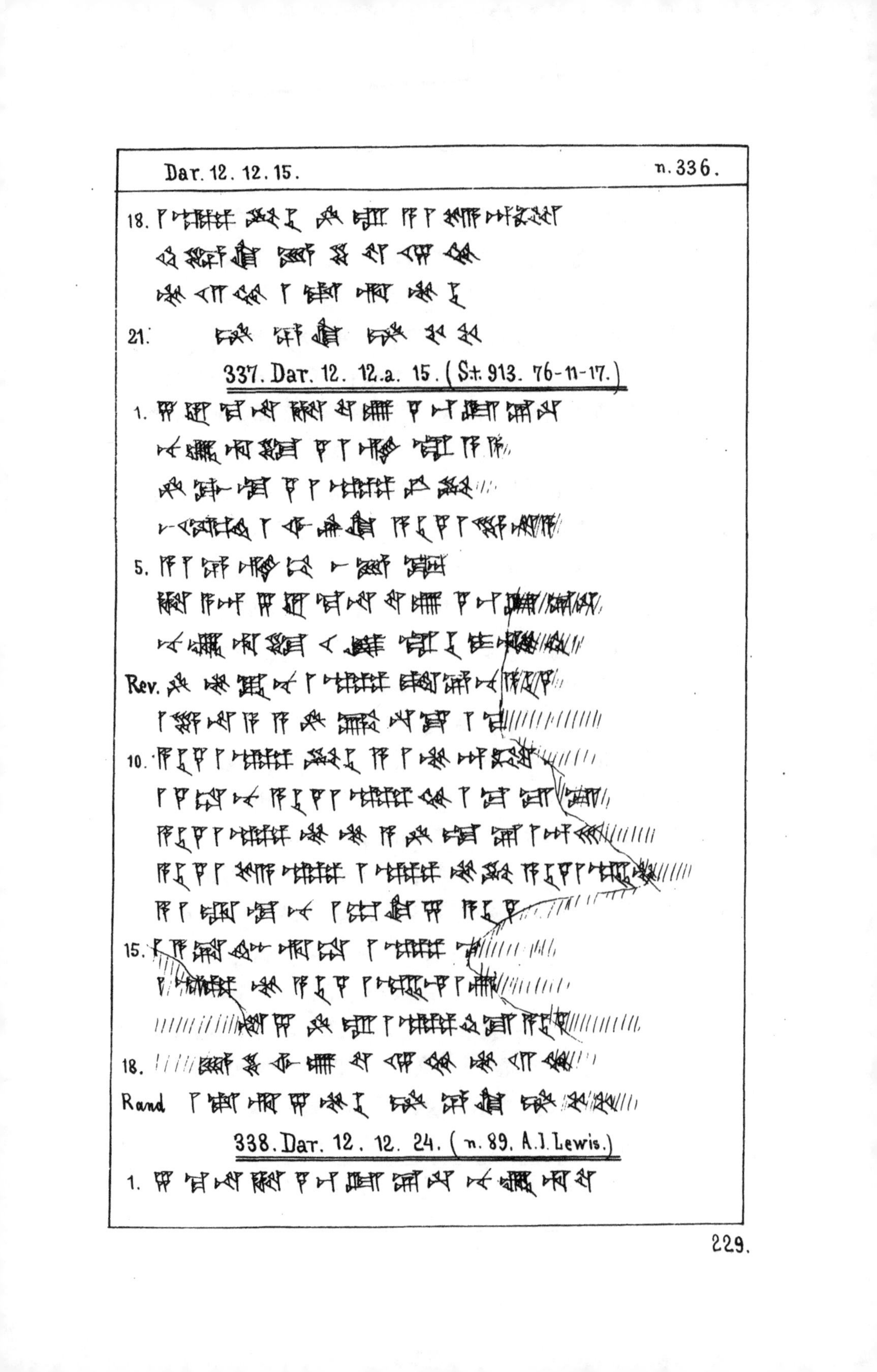

337. Dar. 12. 12.a. 15. (St. 913. 76-11-17.)

Rev.

Rand

338. Dar. 12. 12. 24. (n. 89. A. J. Lewis.)

n. 338. Dar. 12. 12. 24.

2.

Rand

Rev.

339. Dar. 12. 0. 1. (n. 4. 79-11-8.)

1.

Rev.

Rand:

340. Dar. 12. 0. 6. (n. 30. 76-10-16.)

Rev.

341. Dar. 12. 0. 19. (S+. 1723. 76-11-17.)

4.

9.

Rev.

15.

Rand:

20.

342. Dar. 12. 0. 27. (St. 1151. 76-11-17.)

1.

5.

Rev.

11.

12.

Rand.

343. Dar. 12. 0. 0. (AH. 455. 83-1-18.)

1.

5.

Rand

Rev.

12.

20. . . . .

344. Dar. 12. 0. 0. (AH. 1306. 83-1-18.)

1.

5.

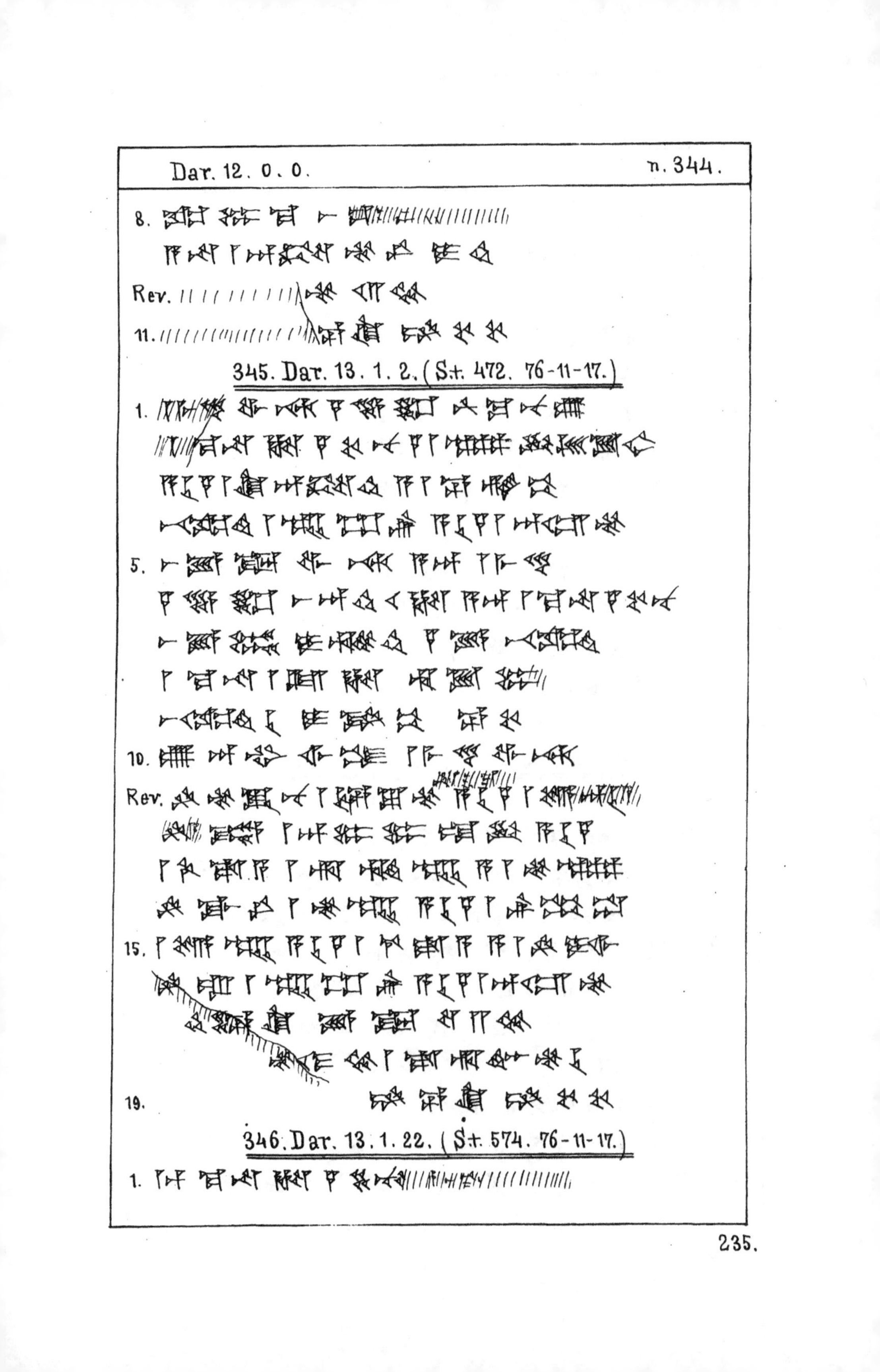

8.

Rev.

11.

345. Dar. 13. 1. 2. (St. 472. 76-11-17.)

1.

5.

10.

Rev.

15.

19.

346. Dar. 13. 1. 22. (St. 574. 76-11-17.)

1.

2.

5.

Rev.

10.

15.

347. Dar. 13. 4. 8. (n. 6. 76-1-10.)

1.

5.

Rand

Rev.

11.

348. Dar. 13. 5. 2. (Sp. 1027. 76-11-17.)

Rev.

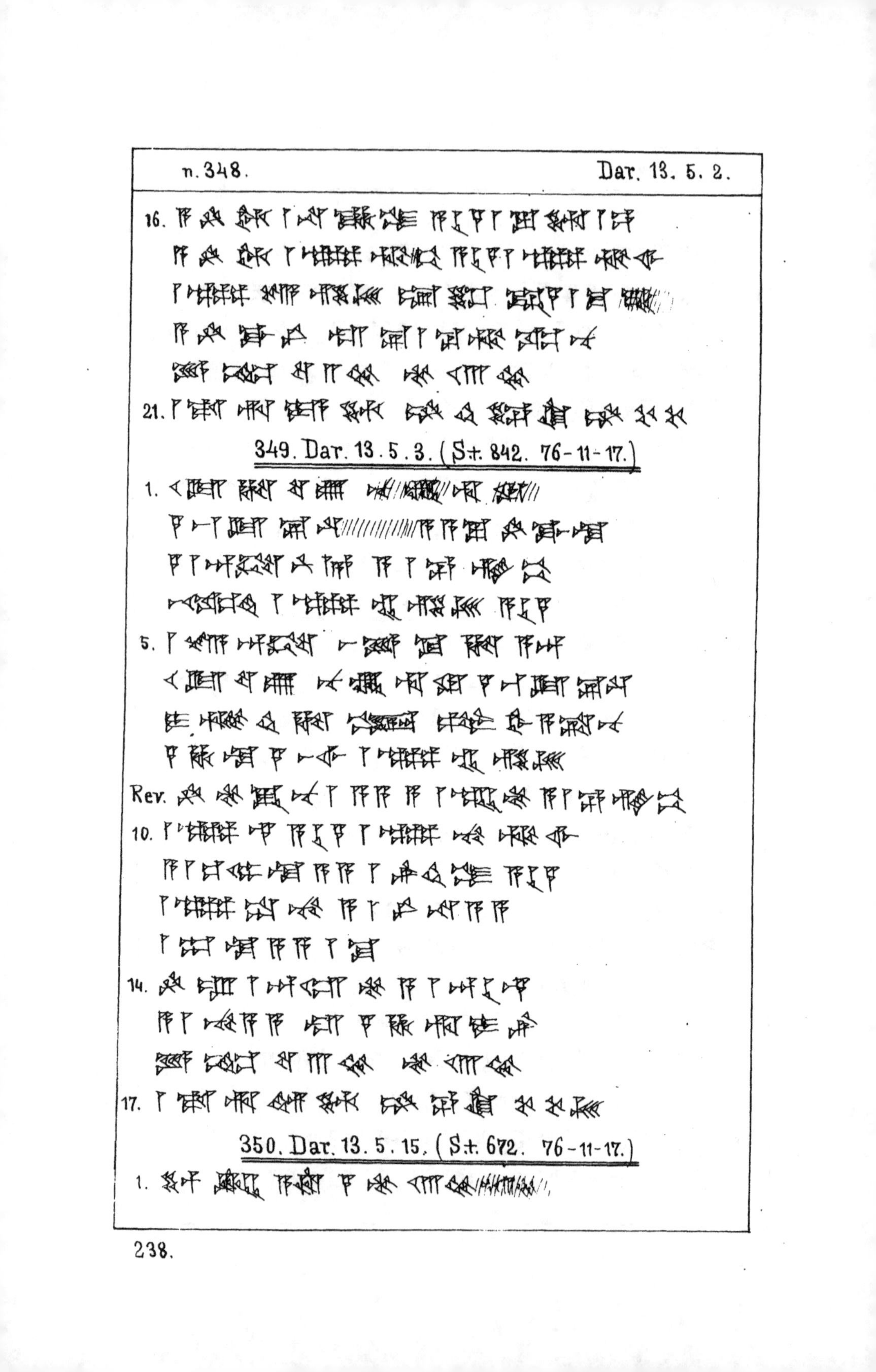

16.

21.

349. Dar. 13. 5. 3. (S+. 842. 76-11-17.)

1.

5.

Rev.

10.

14.

17.

350. Dar. 13. 5. 15. (S+. 672. 76-11-17.)

1.

Rand

Rev.

351. Dar. 13. 5. 25. (n. 1. 79-7-30.)

Rev.

14.

20.

22.

352. Dar. 13. 6. 5. (AH. 146. 82-9-18.)

1.

Rev.

14.

21.

353. Dar. 13. 6. 10. (n. 42. 81-6-25.)

1.

3.

6.

Rand

10.

Rev.

15.

21.

Seitenrand:

354. Dar. 13. 6. 11. (S+. 1573. 76-11-17.)

1.

6.

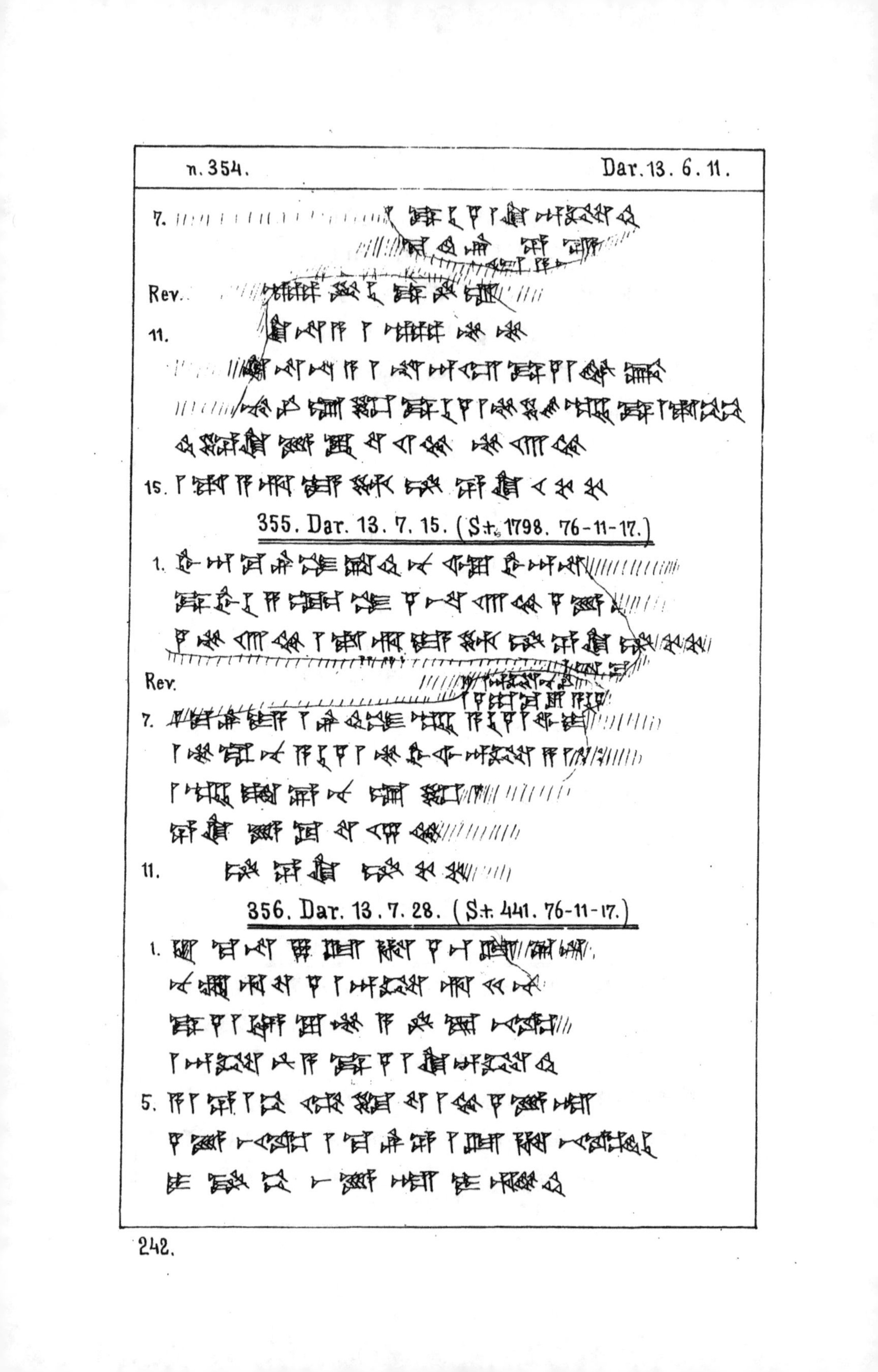

355. Dar. 13. 7. 15. (S+. 1798. 76-11-17.)

356. Dar. 13. 7. 28. (S+. 441. 76-11-17.)

Rev.

9.

12.

16.

357. Dar. 13, 8. 3. (S+. 962. 76-11-17.)

1.

5.

Rand

9.

Rev.

15.

17. (sic)

21. Rand

358. Dar. 13. 10. 22. (Sp. 599. 76-11-17.)

1.

5.

9.

Rev.

15.

20.

21.

Rand:

359. Dar. 13. 10. 29. (n. 23. 76-10-16.)

Rev.

(sic)

23.

360. Dar. 13. 10. 29. (S+. 442. 76-11-17.)

Rev.

361. Dar. 13. 11. 13. (S+. 1099. 76-11-17.)

Rev.

(sic)

362. Dar. 13. 11. 24. (Str. 524. 76-11-17.)

Rev.

Rand

22.

363. Dar. 13. 11. 27. (Sp. 1259. 76-11-17.)

1.

5.

9.

Rev.

15.

20.

364. Dar. 13. 12. 22. (..R.... 51-1-1. ?)

1.

Dar. 13. 12. 22. n. 364.

3.

6.

Rev.

10.

15.

365. Dar. 13. 12. 24. (AH. 215. 83-1-18.)

1.

5.

Rev.

10.

15.

366. Dar. 13. 12.b. 14. (S+. 130. 76-11-17.)

Rev.

Rand

367. Dar. 13. 0. 0. (Sp. 20.)

Rev.

Rand, Siegel:

368. Dar. 13. 0. 0. (AH. 1182. 83-1-18.)

369. Dar. 14. 1. 15. (Str. 1086. 76-11-17.)

n. 369. Dar. 14. 1. 15.

Rand

u..

Rev.

370. Dar. 14. 1. 0. (AH. 1186. 83-1-18.)

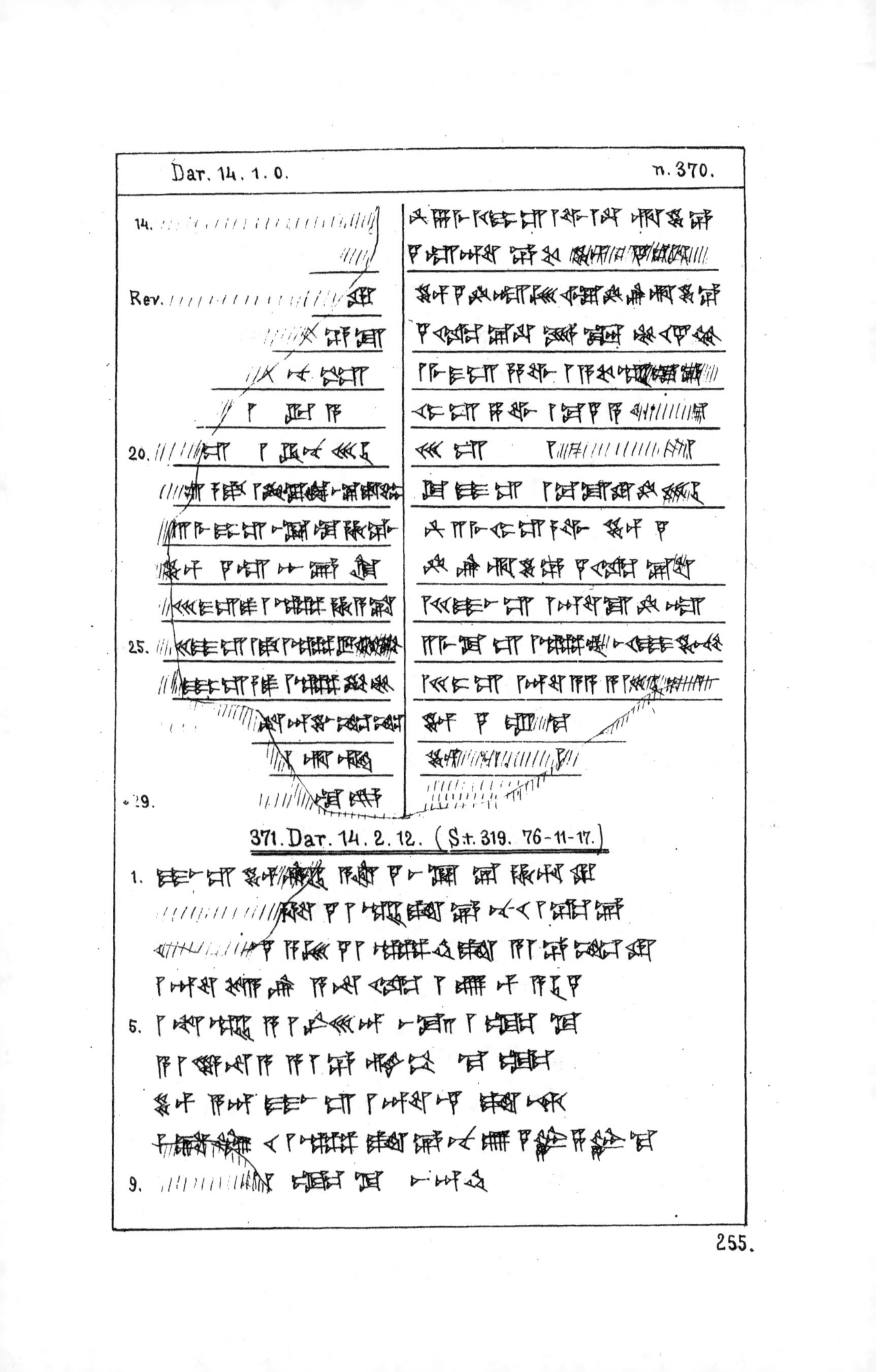

Rev.

371. Dar. 14. 2. 12. (S+. 319. 76-11-17.)

Rev.

11.

15.

19.

372. Dar. 14. 2. 27. (S+. 1237. 76-11-17.)

1.

5.

10.

Rev.

15.

16.

21.

1.

373. Dar. 14. 2. 0. (AH. 473. 83-1-18.)

5.

10.

Rev.

15.

18.

374. Dar. 14. 3. 19. (S+. 208. 76-11-16.)

4.

Rev.

375. Dar. 14. 3. 26. (S+. 1535. 76 11 17.)

1.

Rand

Rev.

16.

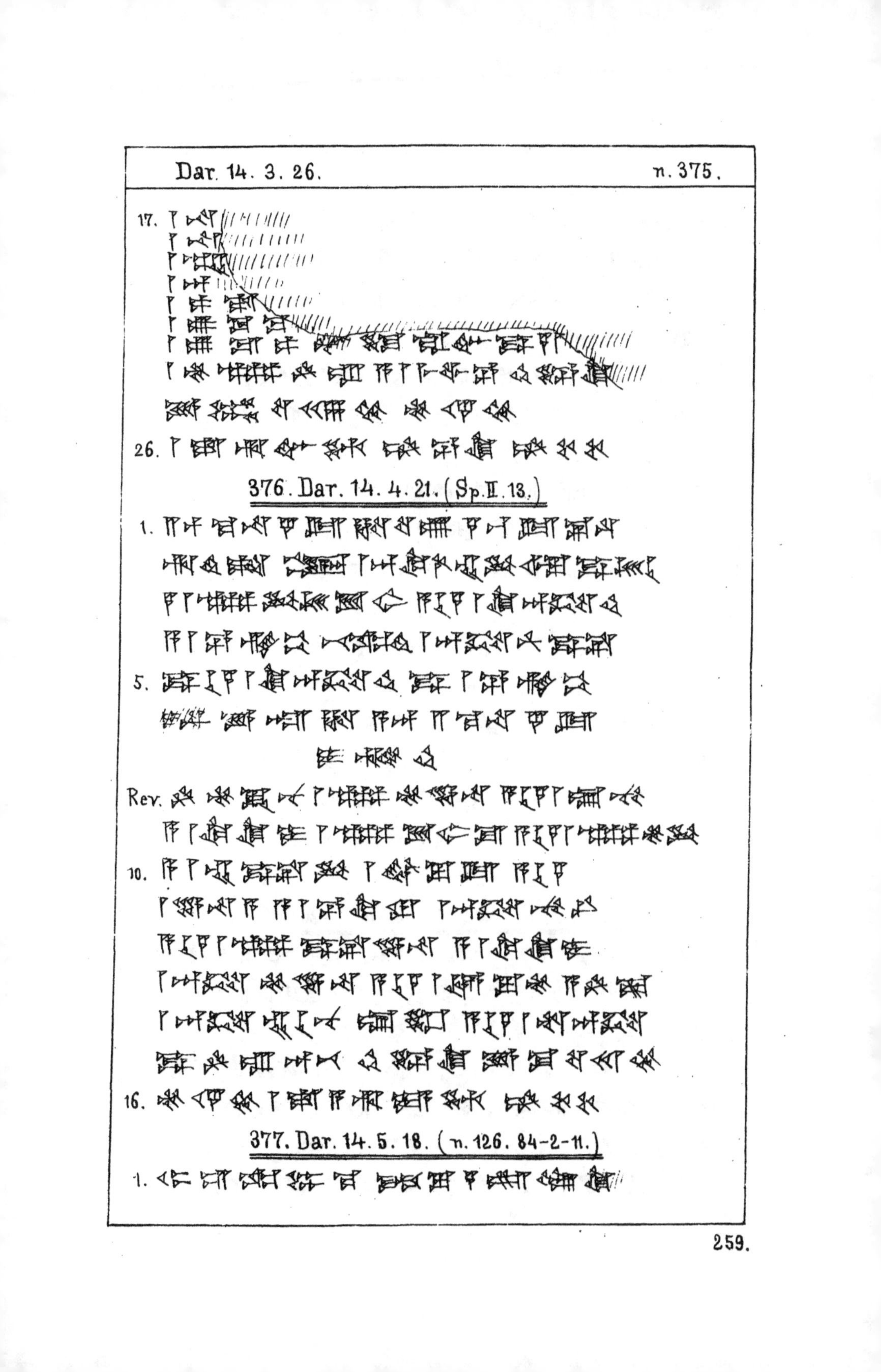

376. Dar. 14. 4. 21. (Sp. II. 13.)

Rev.

377. Dar. 14. 5. 18. (n. 126. 84-2-11.)

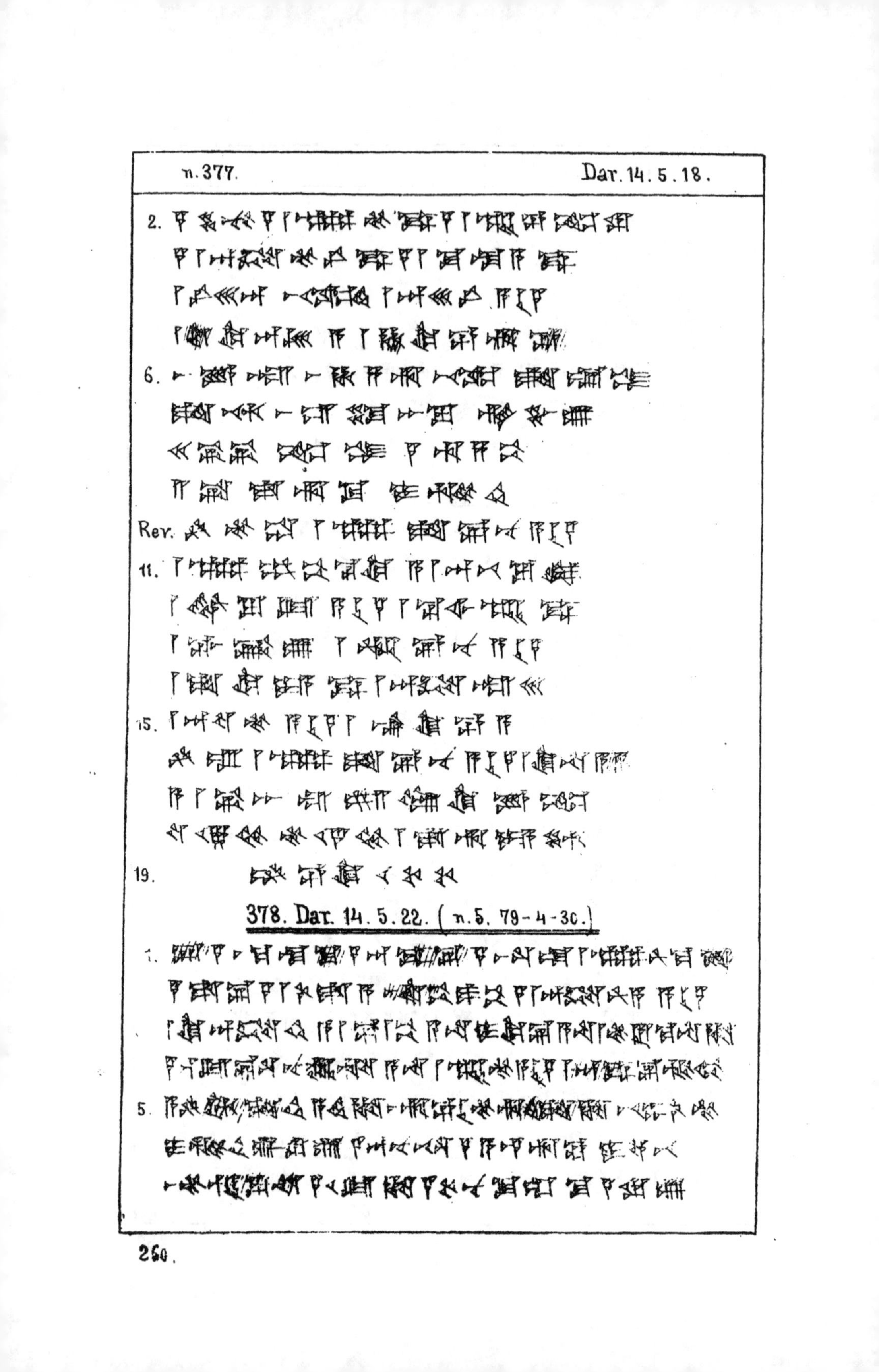

n. 377. Dar. 14. 5. 18.

2.

6.

Rev.

11.

15.

19.

378. Dar. 14. 5. 22. (n. 5. 79-4-30.)

1.

5.

8.

12.
Rand

Rev.

16.

20.

22.

379. Dar. 14. 5. 24. (S+. 57, 76-11-17.)

1

2.

3.

4.

5.

6.

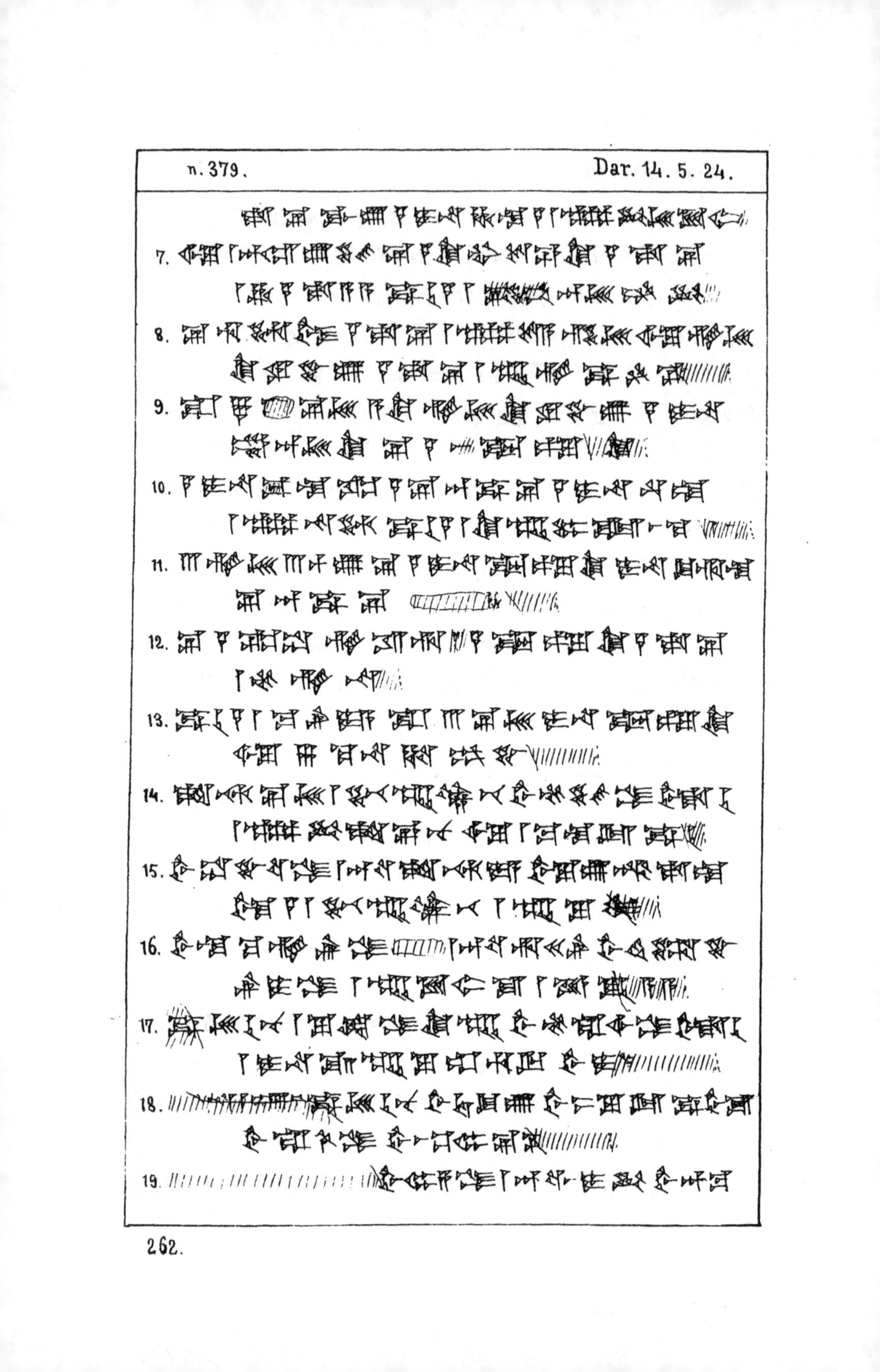

n. 379. Dar. 14. 5. 24.

7.

8.

9.

10.

11.

12.

13.

14.

15.

16.

17.

18.

19.

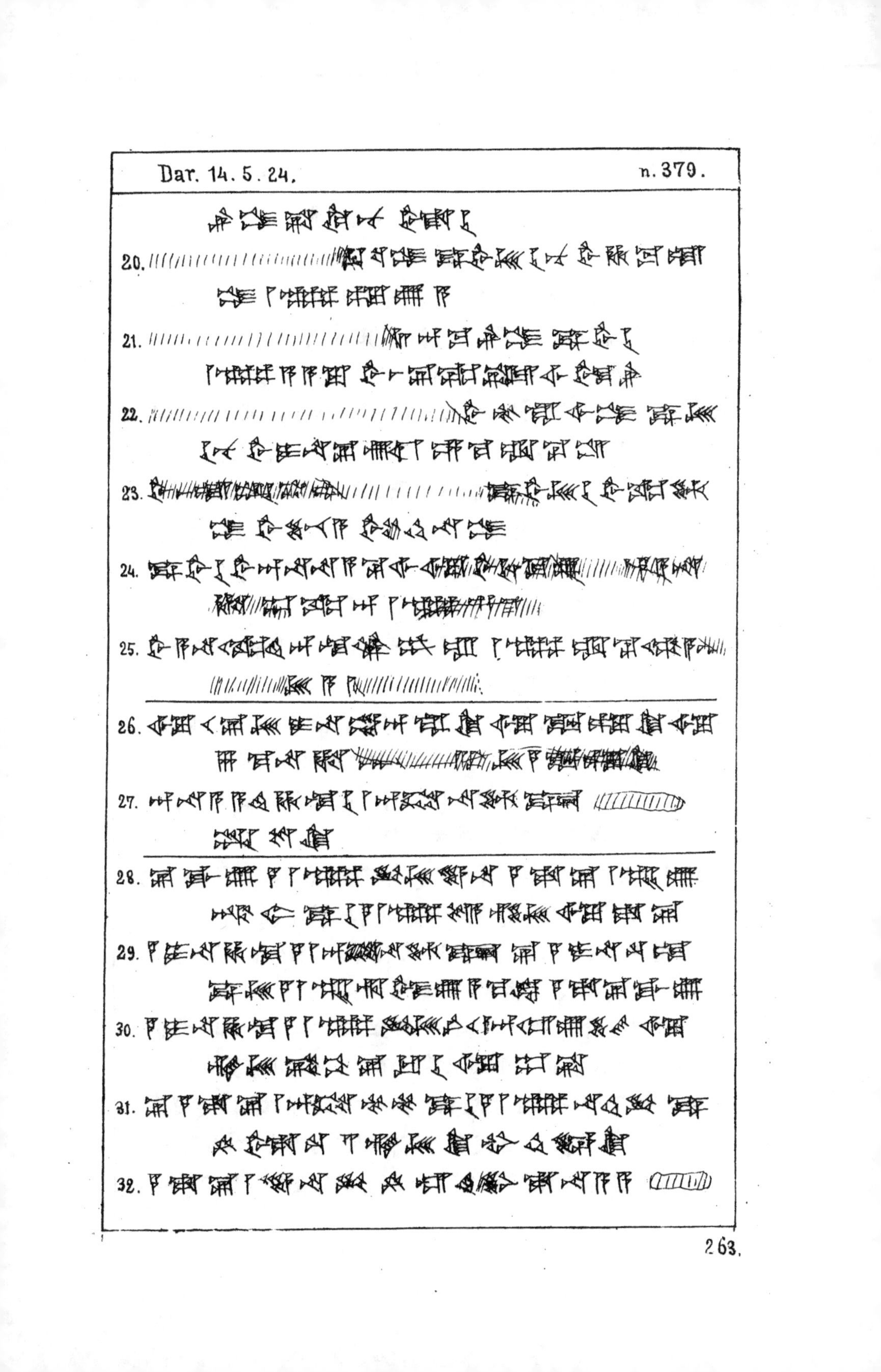

Dar. 14. 5. 24. n. 379.

20.

21.

22.

23.

24.

25.

26.

27.

28.

29.

30.

31.

32.

33.

34.

35.

36.

37.

38.

39.

40.

Rev.

42.

43.

44.

45.

46.

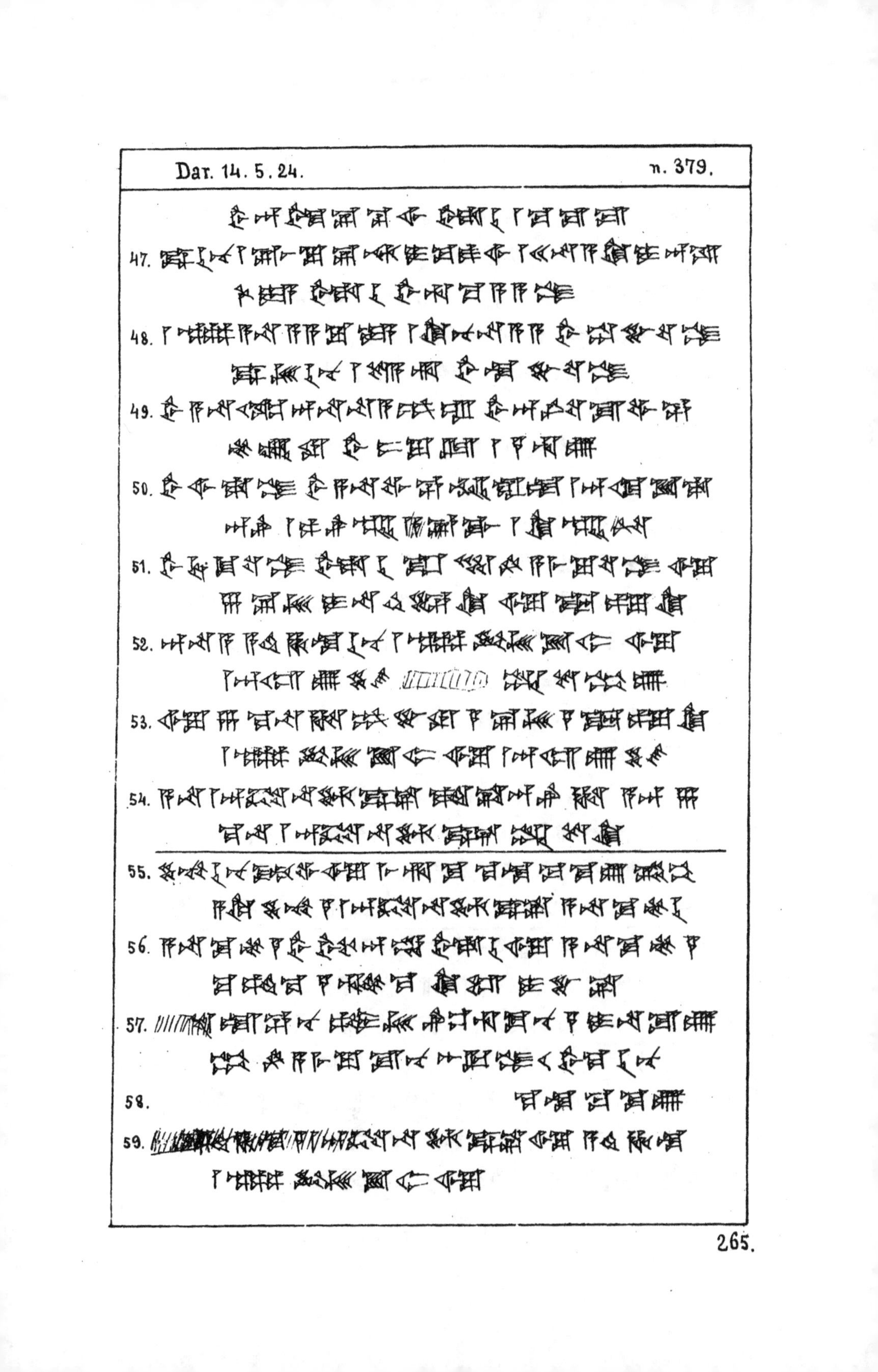

Dar. 14. 5. 24. n. 379.

47.

48.

49.

50.

51.

52.

53.

54.

55.

56.

57.

58.

59.

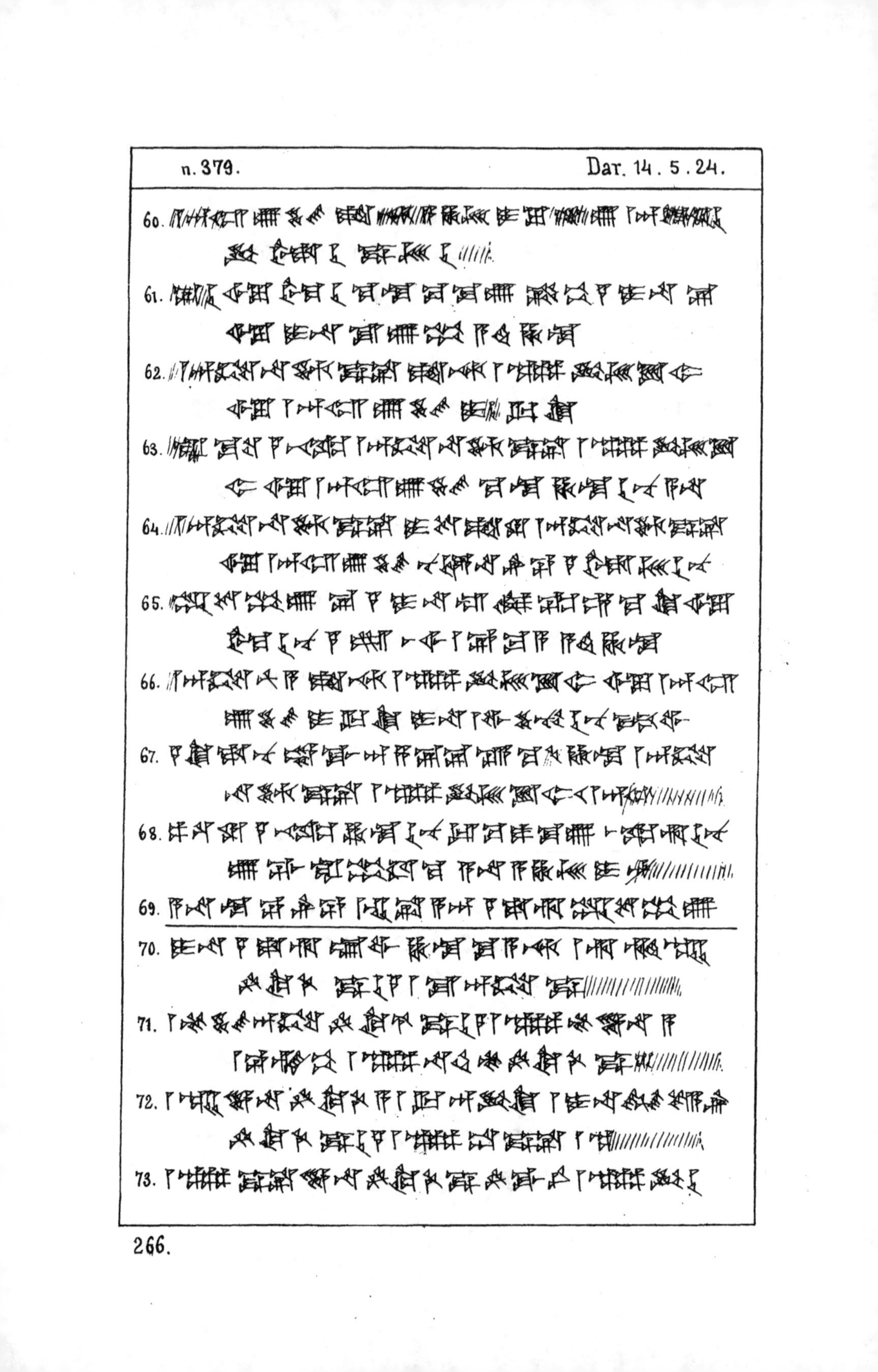

74.

75.

76.

77.

78.

79.

80.

81.

82.

83.

84.

85.

86.

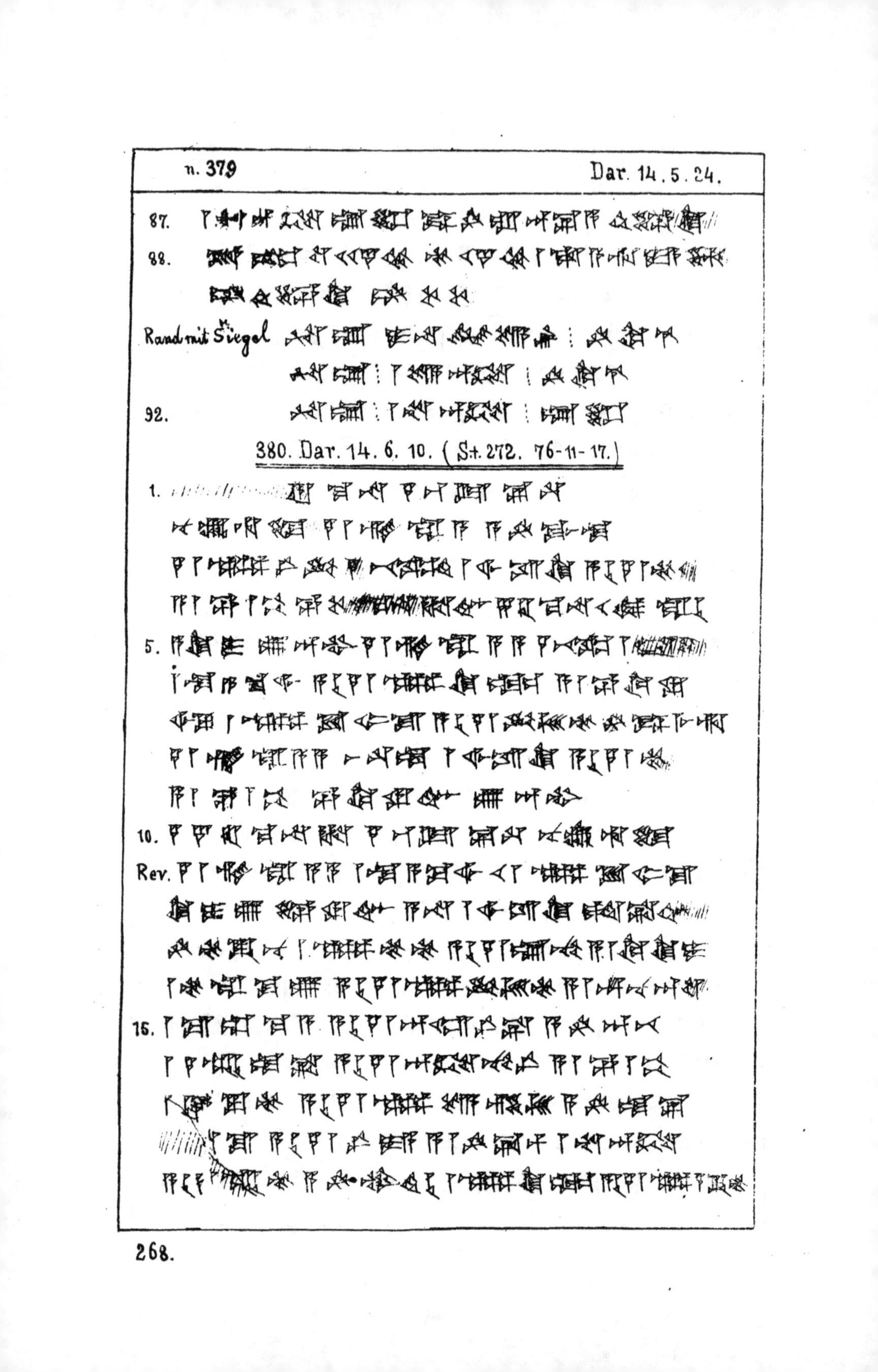

87.

88.

Rand mit Siegel

92.

380. Dar. 14. 6. 10. (St. 272. 76-11-17.)

Rev.

20.

25.

Rand

27.

381. Dar. 14. 6. 16. (n. 211. 82-5-22.)

1.

Rev.

6.

Rand:

382. Dar. 14. 6. 26. (S+. 457. 76-11-17.)

1.

5.

10.

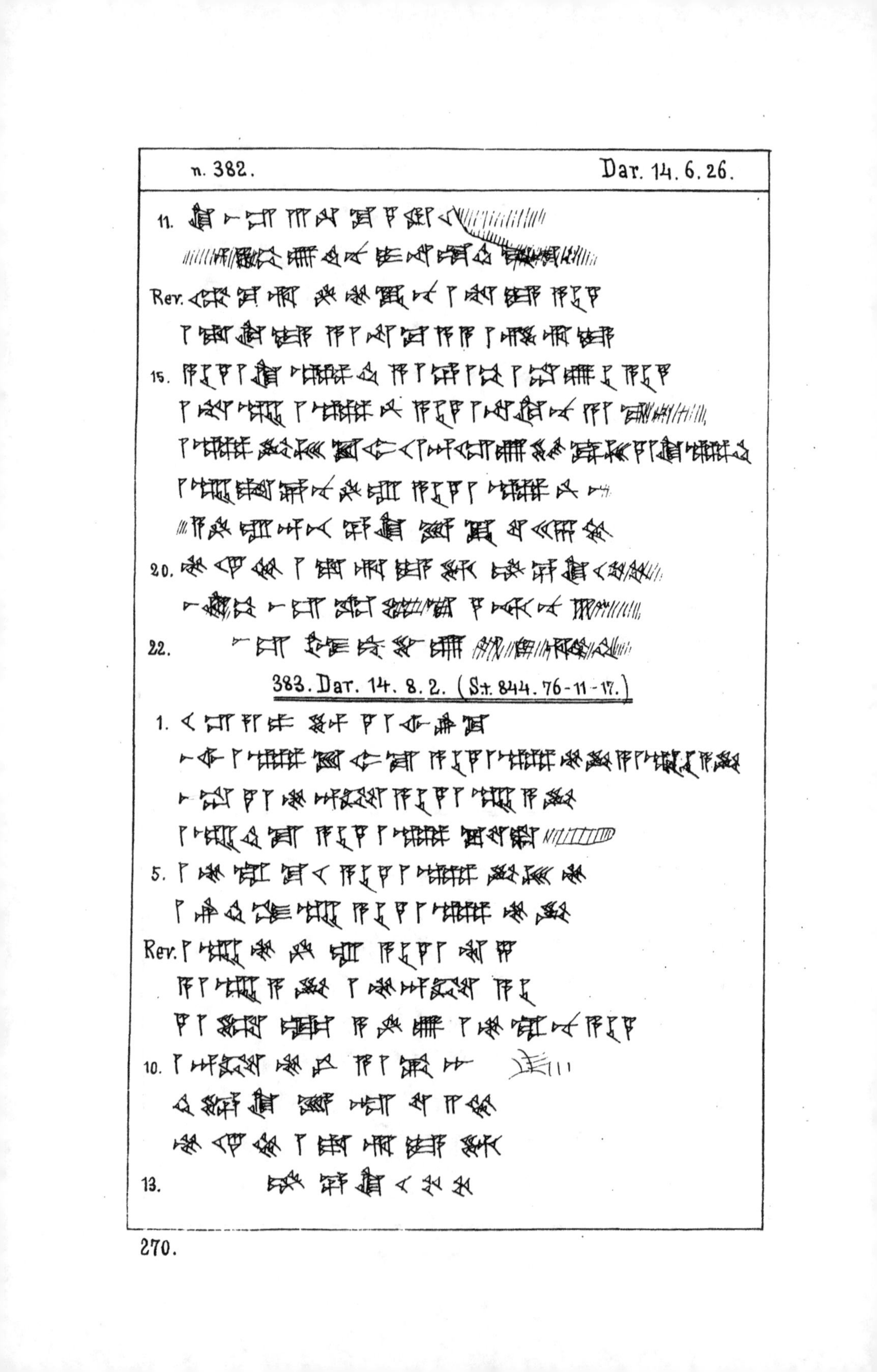

n. 382. Dar. 14. 6. 26.

11.

Rev.

15.

20.

22.

383. Dar. 14. 8. 2. (St. 844. 76-11-17.)

1.

5.

Rev.

10.

13.

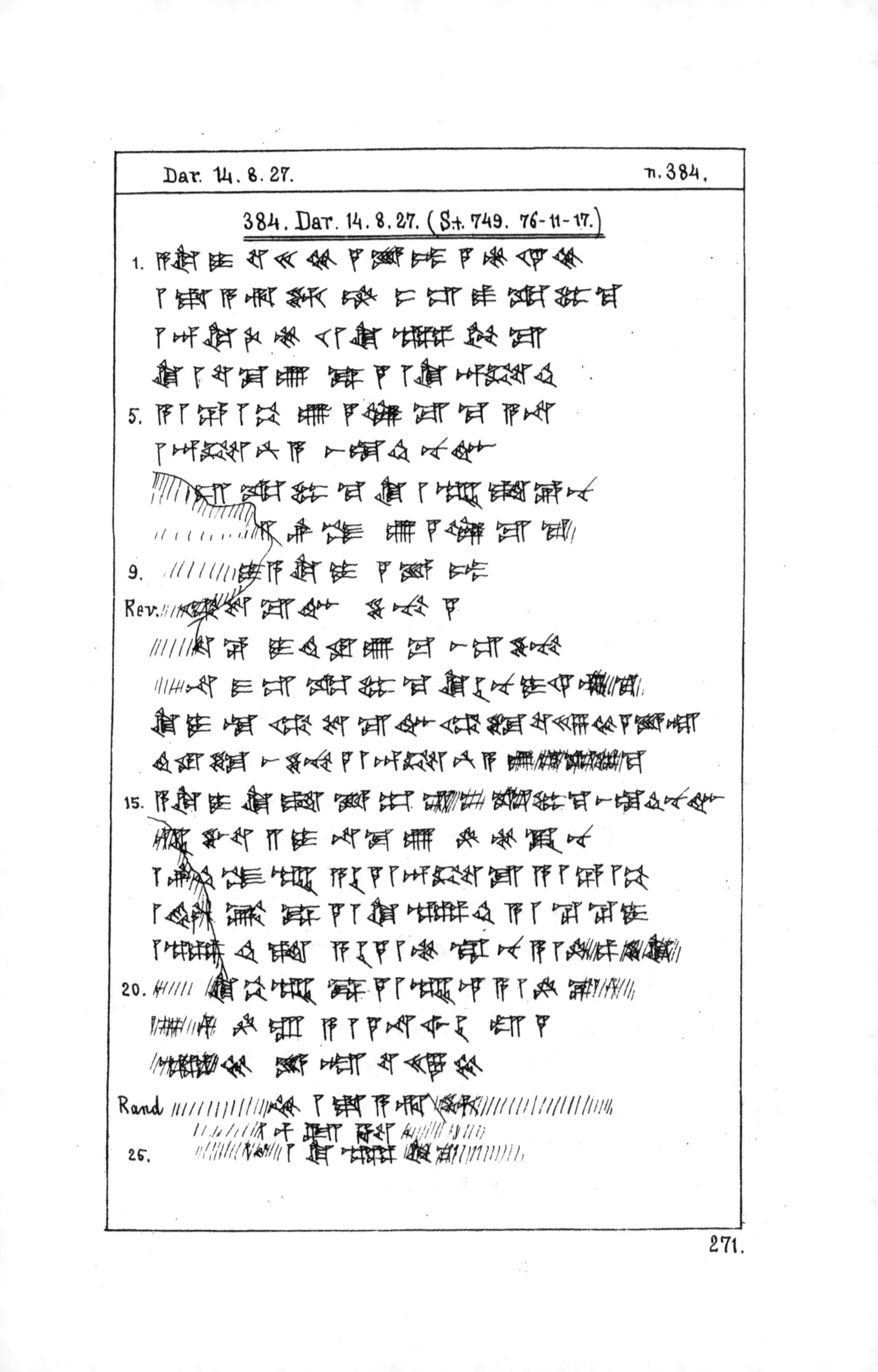

384. Dar. 14. 8. 27. (Str. 749. 76-11-17.)

Rev.

Rand

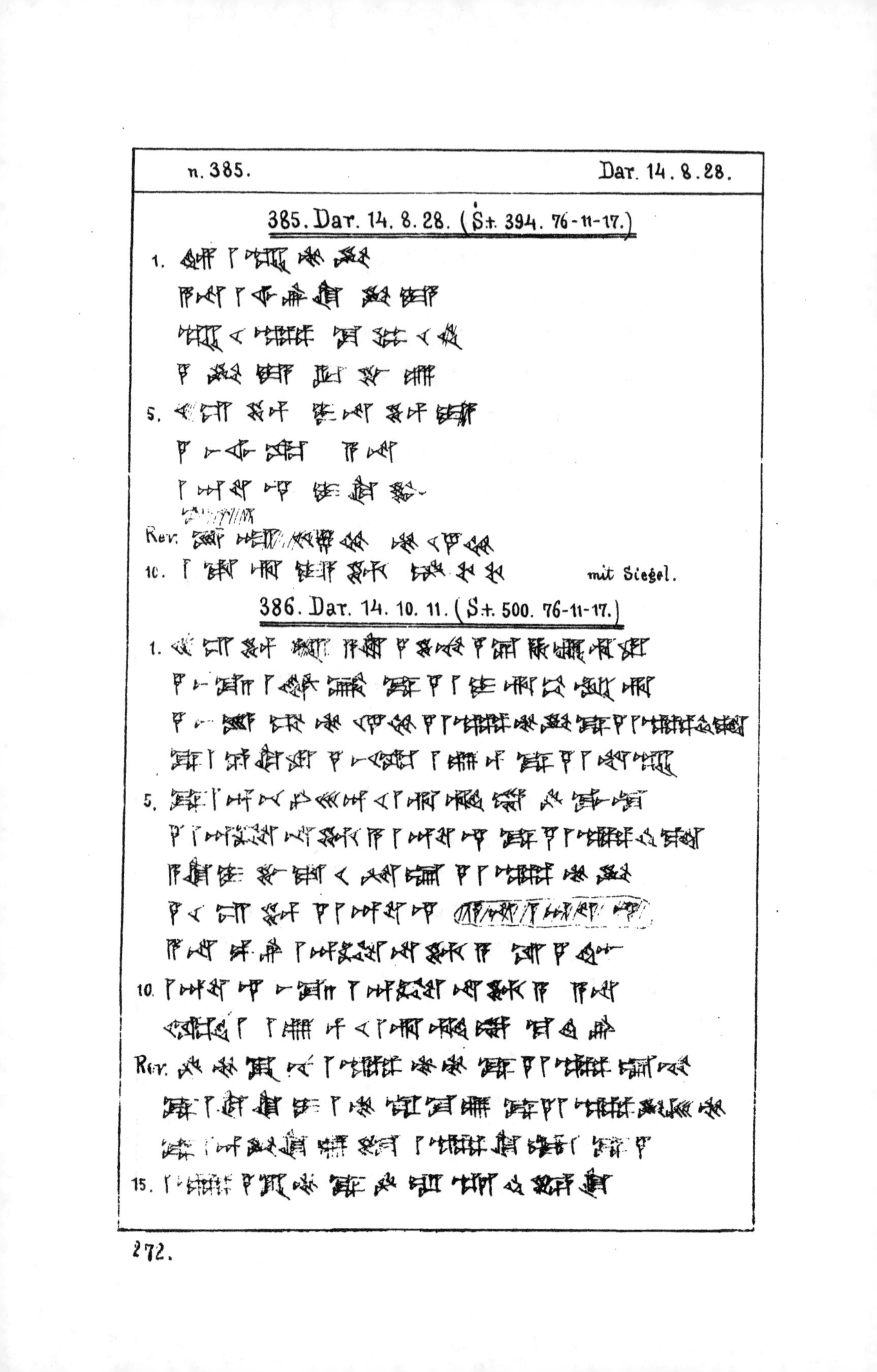

385. Dar. 14. 8. 28. (Sp. 394. 76-11-17.)

Rev.

mit Siegel.

386. Dar. 14. 10. 11. (Sp. 500. 76-11-17.)

Rev.

387. Dar. 14. 11. 1. (n. 3. 76-10-16.)

388. Dar. 14. 11. 14. (Sp. 51.)

Rev.

389. Dar. 14. 11. 15. (S+. 584. 76-11-17.)

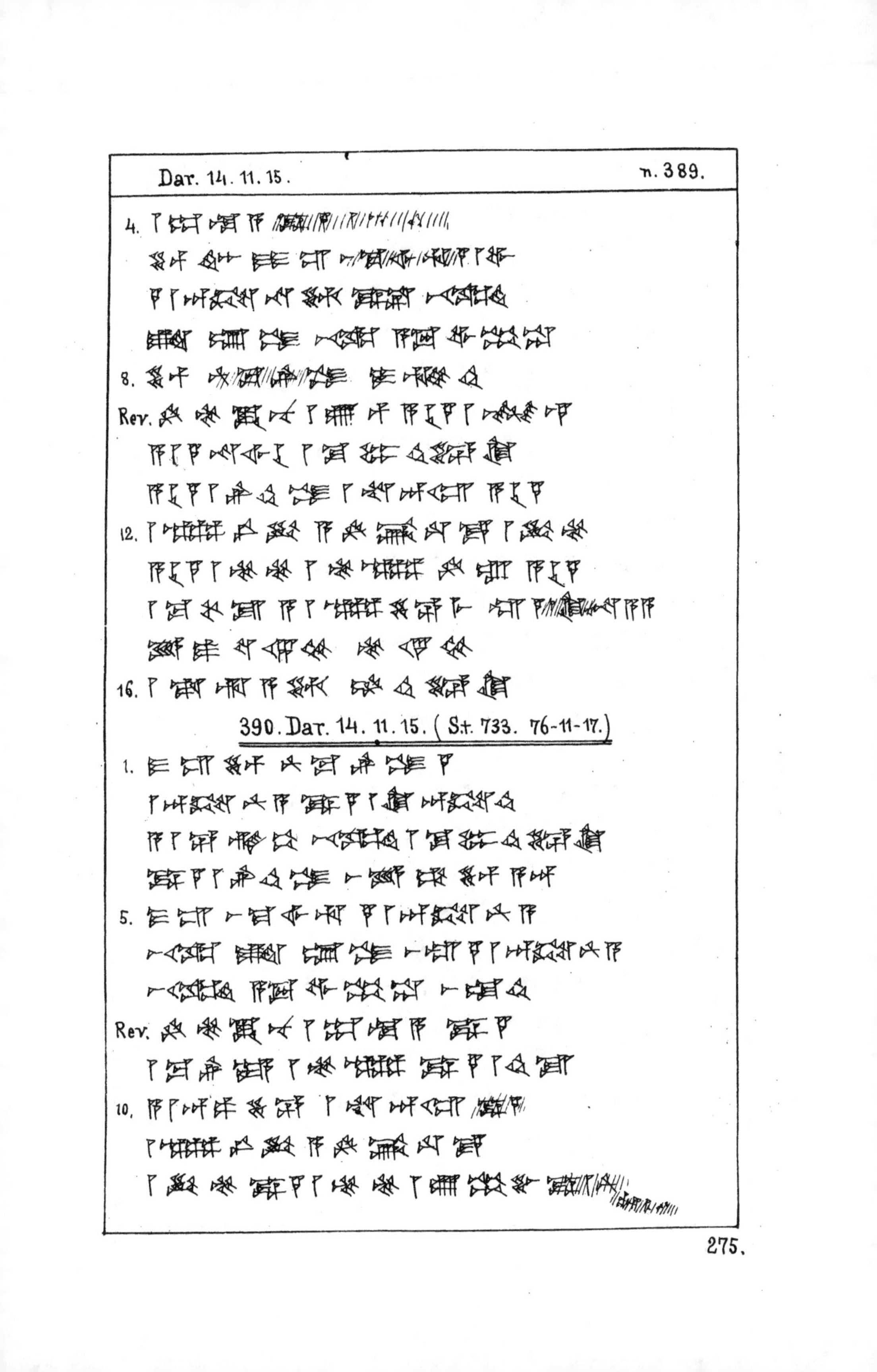

4.

8.

Rev.

12.

16.

390. Dar. 14. 11. 15. (S+. 733. 76-11-17.)

1.

5.

Rev.

10.

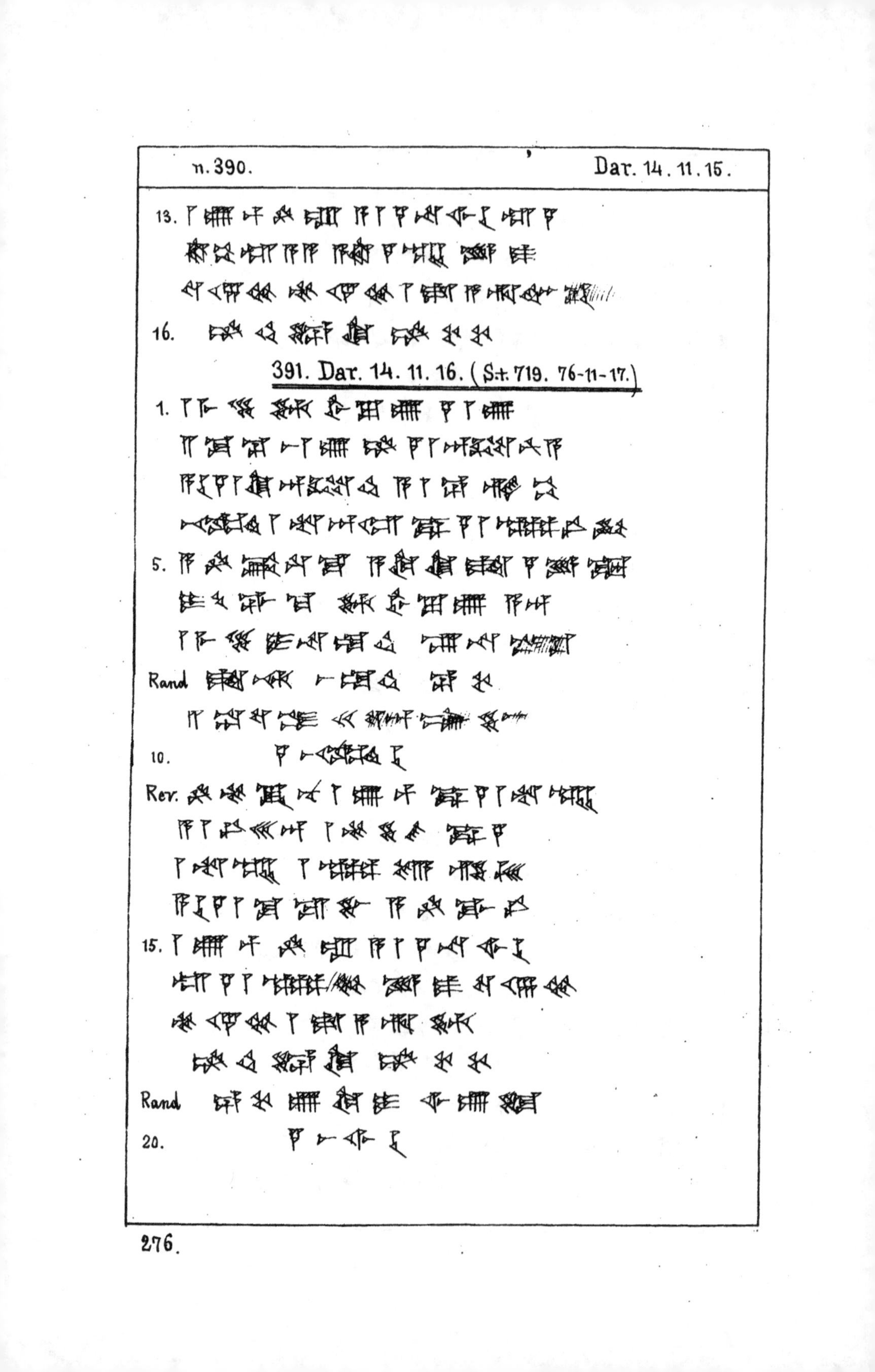

13.

16.

391. Dar. 14. 11. 16. (Sp. 719. 76-11-17.)

1.

5.

Rand

10.

Rev.

15.

Rand

20.

392. Dar. 14. 11. 20. (S+. 787. 76-11-17.)

Rand

Rev.

26.

Rand:

393. Dar. 14. 12. 2. (Bu. 25. 88-5-12.)

Rev.

23.

Rand, Siegel:

28.

394. Dar. 14. 12. 20. (AH. 611. 83-1-18.)

1.

5.

Rev.

10.

13.

395. Dar. 14. 0. 2. (n. 67. 81-6-25.)

1.

5.

Rev.

(sic)

Rand:

396. Dar. 14. O. 3. (St. 93. 76-11-17.)

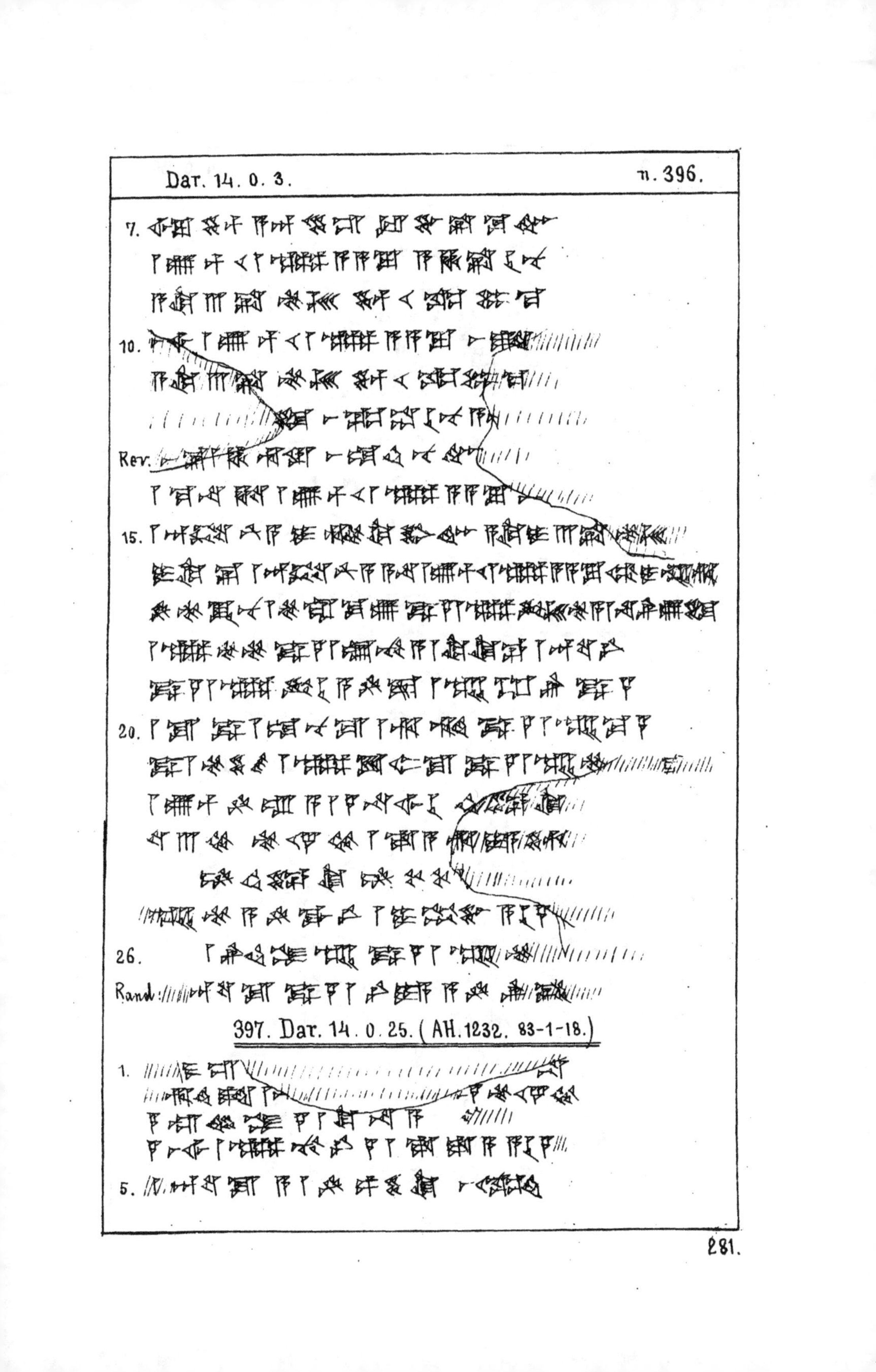

Rev.

Rand:

397. Dar. 14. 0. 25. (AH. 1232. 83-1-18.)

6.

10.

Rev.

15.

21.

398. Dar. 15. 1. 4. (S+. 1439. 76-11-17.)

1.

Rev.

6.

9.

399. Dar. 15. 3. 25. (n. 127. 84-2-11.)

1.

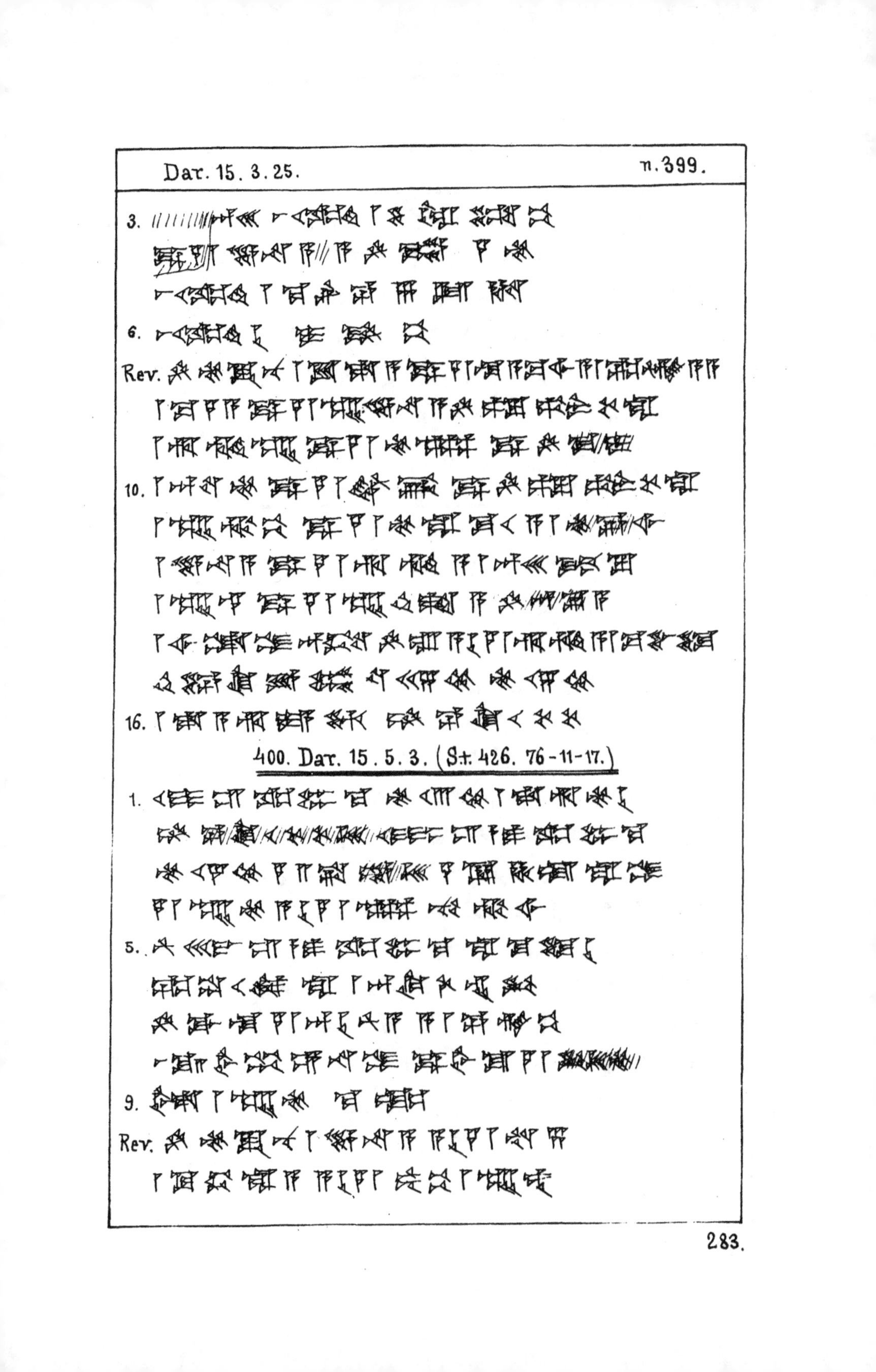

3.

6.

Rev.

10.

16.

400. Dar. 15. 5. 3. (Sp. 426. 76-11-17.)

1.

5.

9.

Rev.

12.

15.

18.

401. Dar. 15. 5. 29. (St. 958. 76-11-17.)

1.

5.

Rev.

10.

14.

17.

402. Dar. 15. 6. 10. (St. 414. 76-11-17.)

Rand

Rev.

Rand

403. Dar. 15. 6. 22. (St. 229. 76-11-16.)

n. 403. Dar. 15. 6. 22.

4.

Rev.

10.

15.

Rand

18.

404. Dar. 15. 6. 23. (n. 49. 79-7-30.)

1.

5.

10.

Rev.

12.

15.

20.

Rand

405. Dar. 15. 7. 4. (St. 552. 76-11-17.)

1.

5.

9.

Rev.

14.

406. Dar. 15. 7. 17. (Sp. 52.)

407. Dar. 15. 7. 19. (n. 334. 84-2-11.)

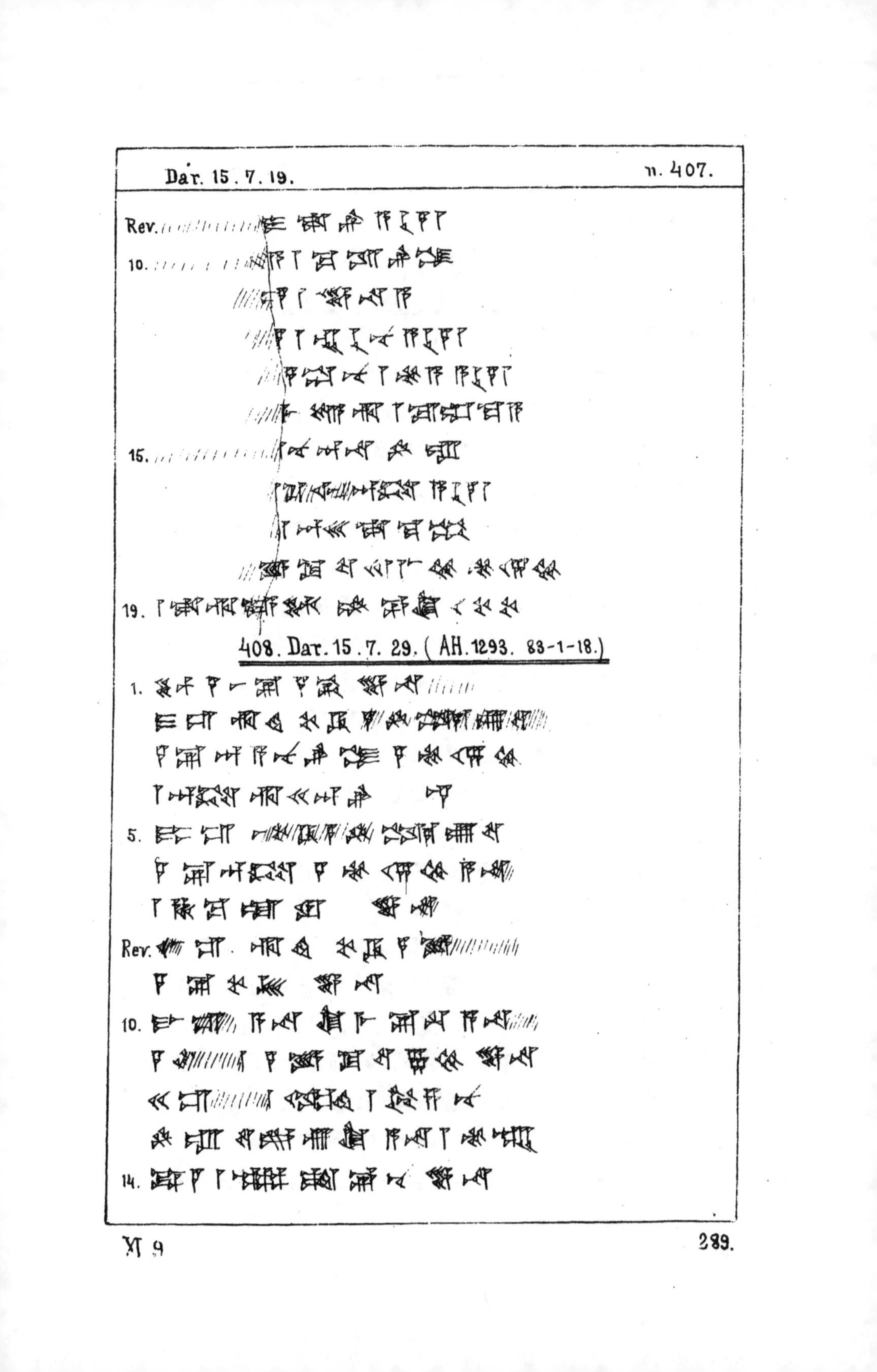

Rev.

10.

15.

19.

408. Dar. 15. 7. 29. (AH. 1293. 83-1-18.)

1.

5.

Rev.

10.

14.

n. 408. Dar. 15. 7. 29.

409. Dar. 15. 8. 5. (n. 43. 81-6-25.)

Rev.

410. Dar. 15. 8. 10. (Sp. 1772. 76-11-17.)

Rev.

411. Dar. 15. 8. 22. (n. 22. 76-10-16.)

Rev.

412. Dar. 15. 8. 28. (Sp. 1446. 76-11-17.)

(sic)

Rev.

(sic)

413. Dar. 15. 9. 5. (Sp. 480. 76-11-17.)

Rev.

Rand

Seitenrand:

414. Dar. 15. 9. 0. (AH. 673. 83-1-18.)

Rev.

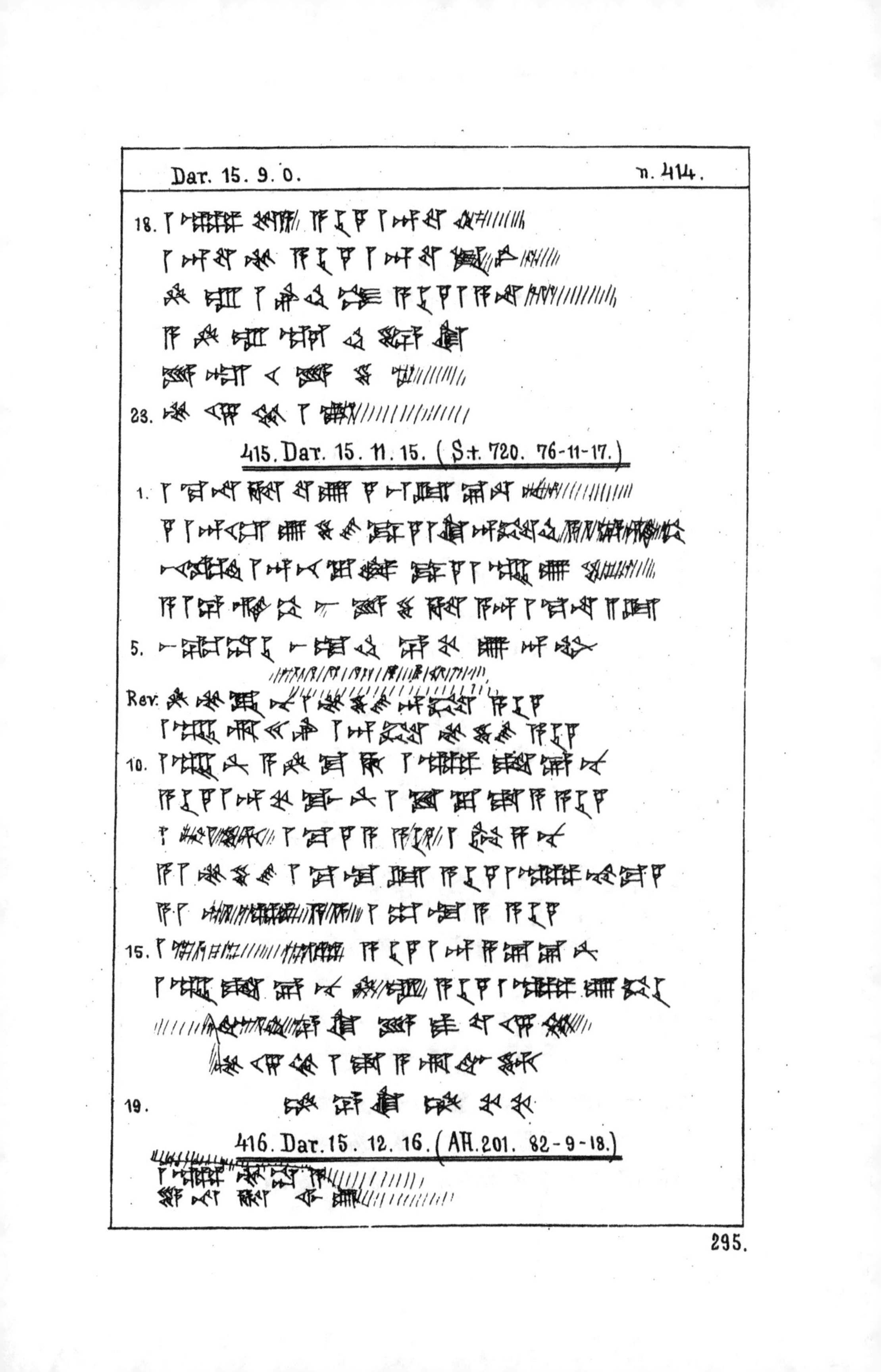

415. Dar. 15. 11. 15. (S+. 720. 76-11-17.)

Rev.

416. Dar. 15. 12. 16. (AH. 201. 82-9-18.)

3.

Rev.

12.

417. Dar. 15. 12. 21. (Str. 13. 76-11-17.)

1.

5.

9.

Rev.

15.

20.

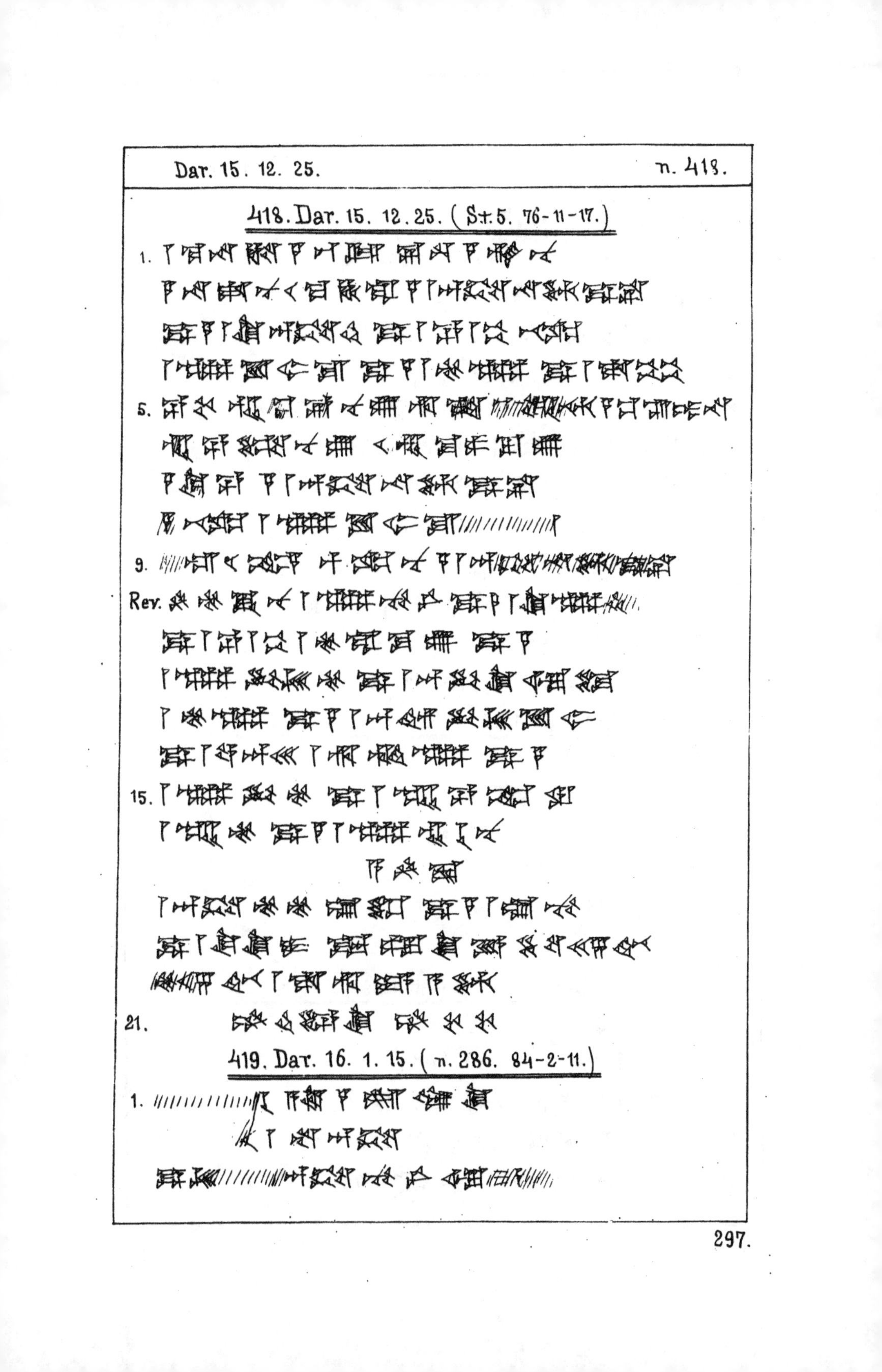

418. Dar. 15. 12. 25. (Sp. 5. 76-11-17.)

419. Dar. 16. 1. 15. (n. 286. 84-2-11.)

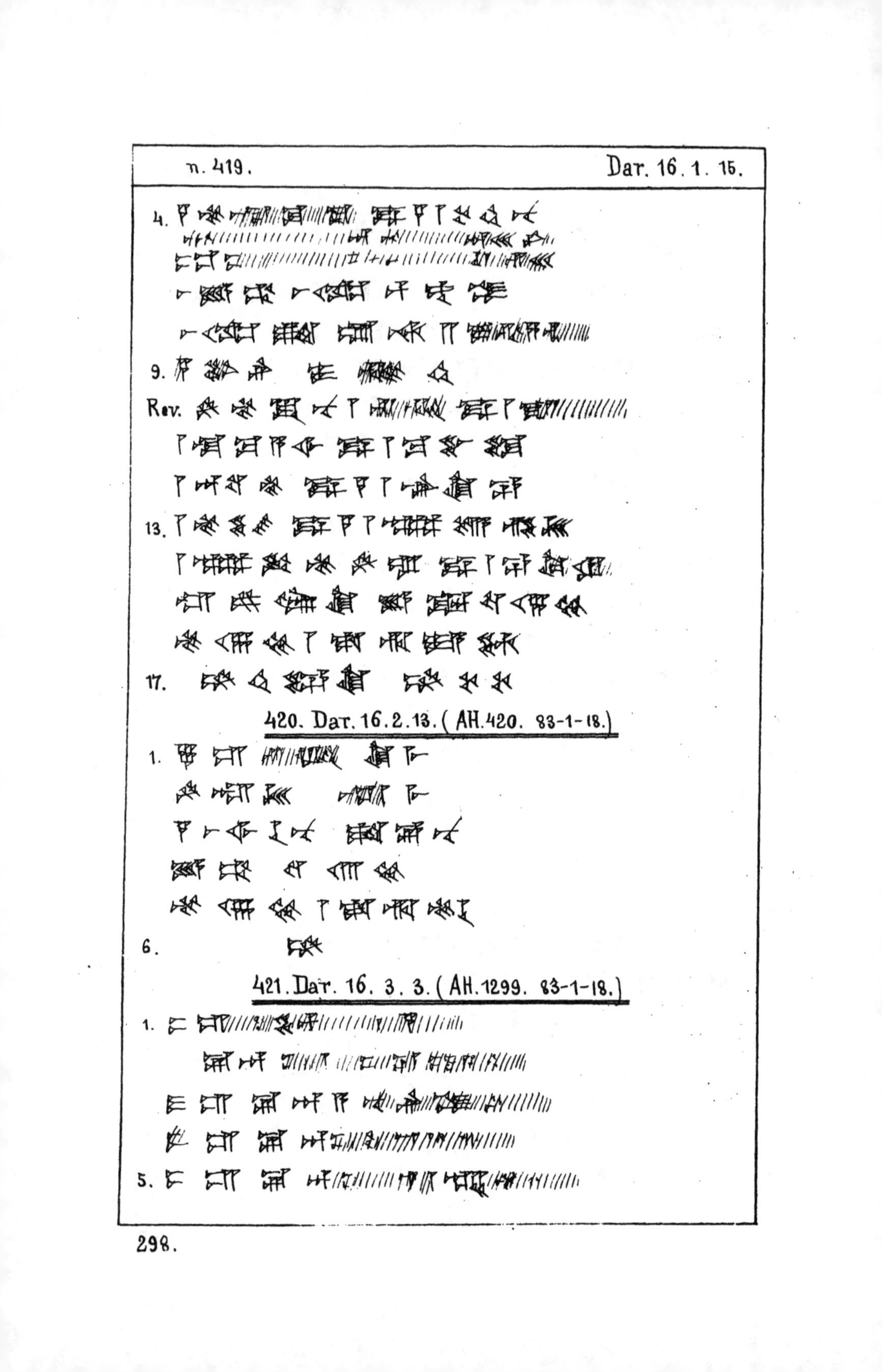

4.

9.

Rev.

13.

17.

420. Dar. 16. 2. 13. (AH. 420. 83-1-18.)

1.

6.

421. Dar. 16. 3. 3. (AH. 1299. 83-1-18.)

1.

5.

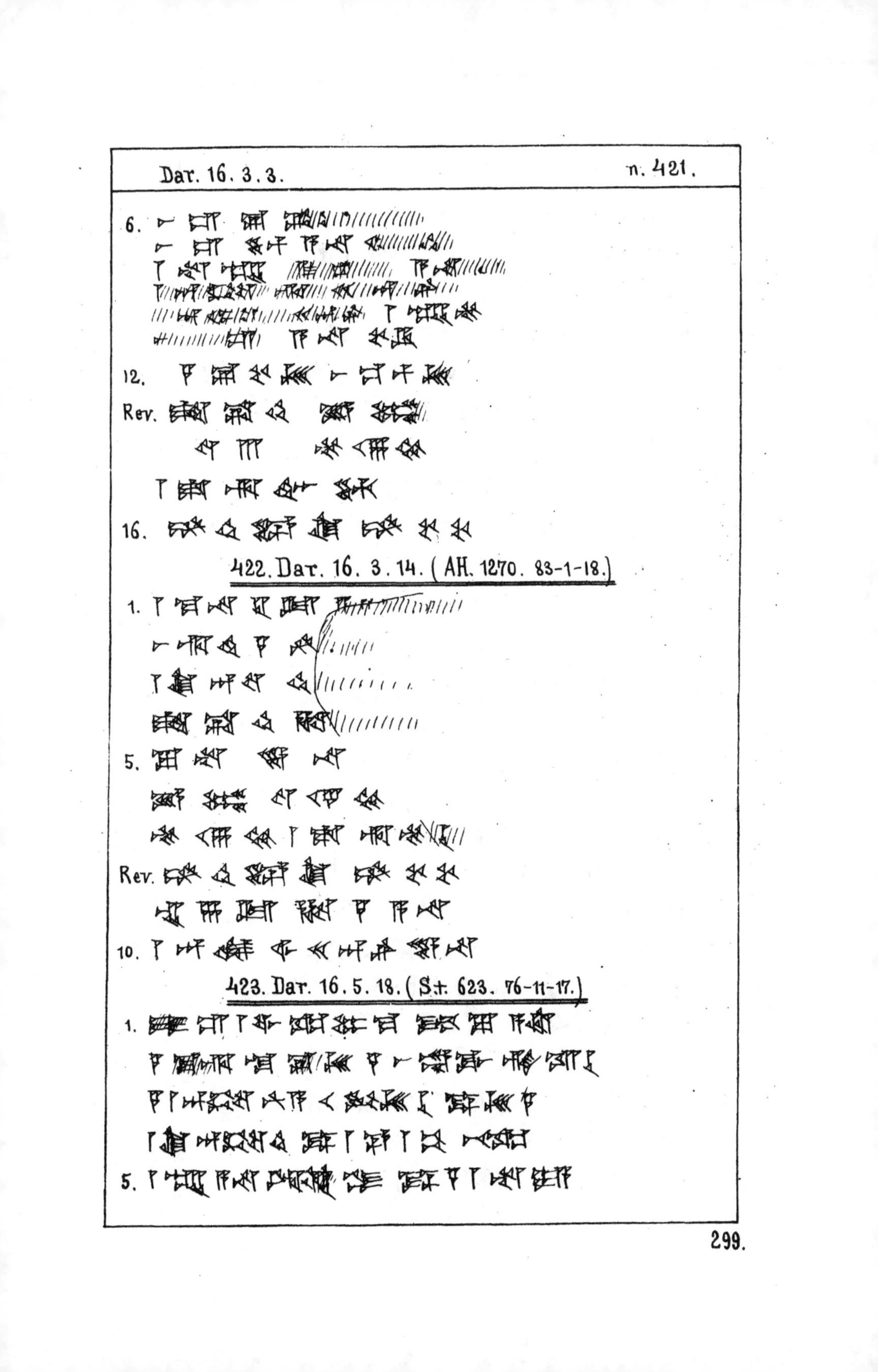

6.

12.

Rev.

16.

422. Dar. 16. 3. 14. (AH. 1270. 83-1-18.)

1.

5.

Rev.

10.

423. Dar. 16. 5. 18. (S.+ 623. 76-11-17.)

1.

5.

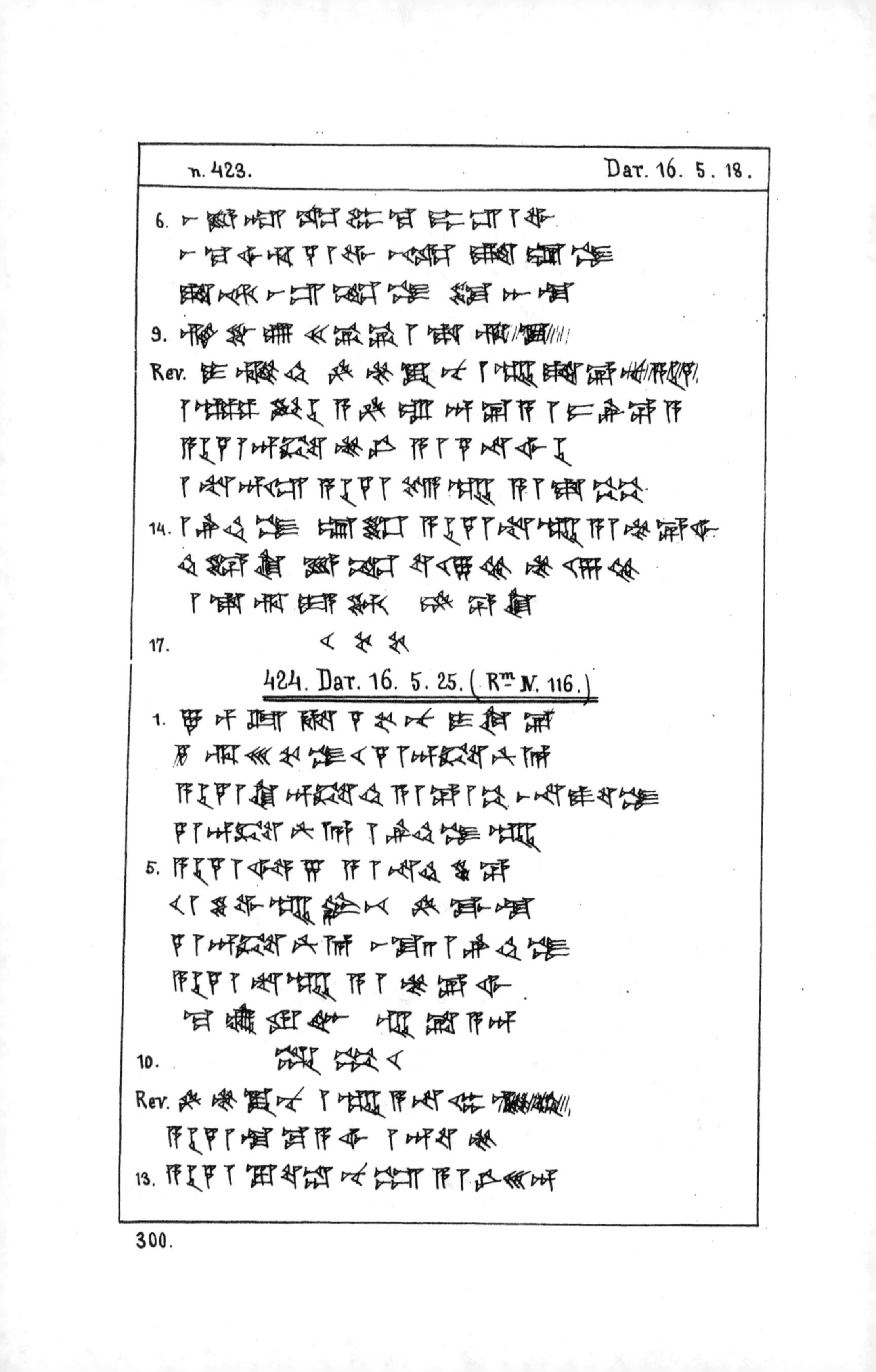

6.

9.

Rev.

14.

17.

424. Dar. 16. 5. 25. (Rm IV. 116.)

1.

5.

10.

Rev.

13.

425. Dar. 16. 6. 1. (St. 1298. 76-11-17.)

Rev.

426. Dar. 16. 6. 2. (S+. 433. 76-11-17.)

427. Dar. 16. 6. 27. (AH. 1155. 83-1-18.)

Rev.

16.

26.

428. Dar. 16. 6. 28. (S+. 843. 76-11-17.)

1.

5.

Rev.

10.

14.

17.

429. Dar. 16. 6. 28. (S+. 1274. 76-11-17.)

1.

6.

Rev.

430. Dar. 16. 6. 30. (n. 10. 77-4-17.)

Rev.

431. Dar. 16. 7. 7. (n. 31. 85-4-30.)

9.

Rev.

15.

20.

26.

432. Dar. 16. 7. 13. (AH. 219. 82-9-18.)

1.

4.

Rev.

8.

433. Dar. 16. 8. 19. (n. 12. 85-4-30.)

Rev.

434. Dar. 16. 12. 17. (n. 23. 85-4-30.)

Rev.

Rand:

435. Dar. 16. 12.b. 10. (St. 1702. 76-11-17.)

Rev.

7.

10.

Rand mit Siegel:

16.

436. Dar. 16. 12.b. 27. (AH.535. 82-9-18.)

1.

5.

Rev.

(sic)

12.

437. Dar. 16. 0. 0. (St. 215. 76-11-17.)

1.

3.

5.

Rev.

11.

15.

21.

Rand

438. Dar. 16. 0. 0. (n. 22. 78-5-31.)

1.

(sic)

5.

439. Dar. 17. 1. 24. (n. 12. 77-11-15.)

440. Dar. 17. 3. 10. (n. 47. 81-6-25.)

Rev.

441. Dar. 17. 3. 23. (Sp. 357. 76-11-17.)

n. 441. Dar. 17. 3. 23.

2.

5.

Rev.

10.

14.

17.

442. Dar. 17. 4. 22. (AH. 1254. 83-1-18.)

1.

5.

Rev.

10.

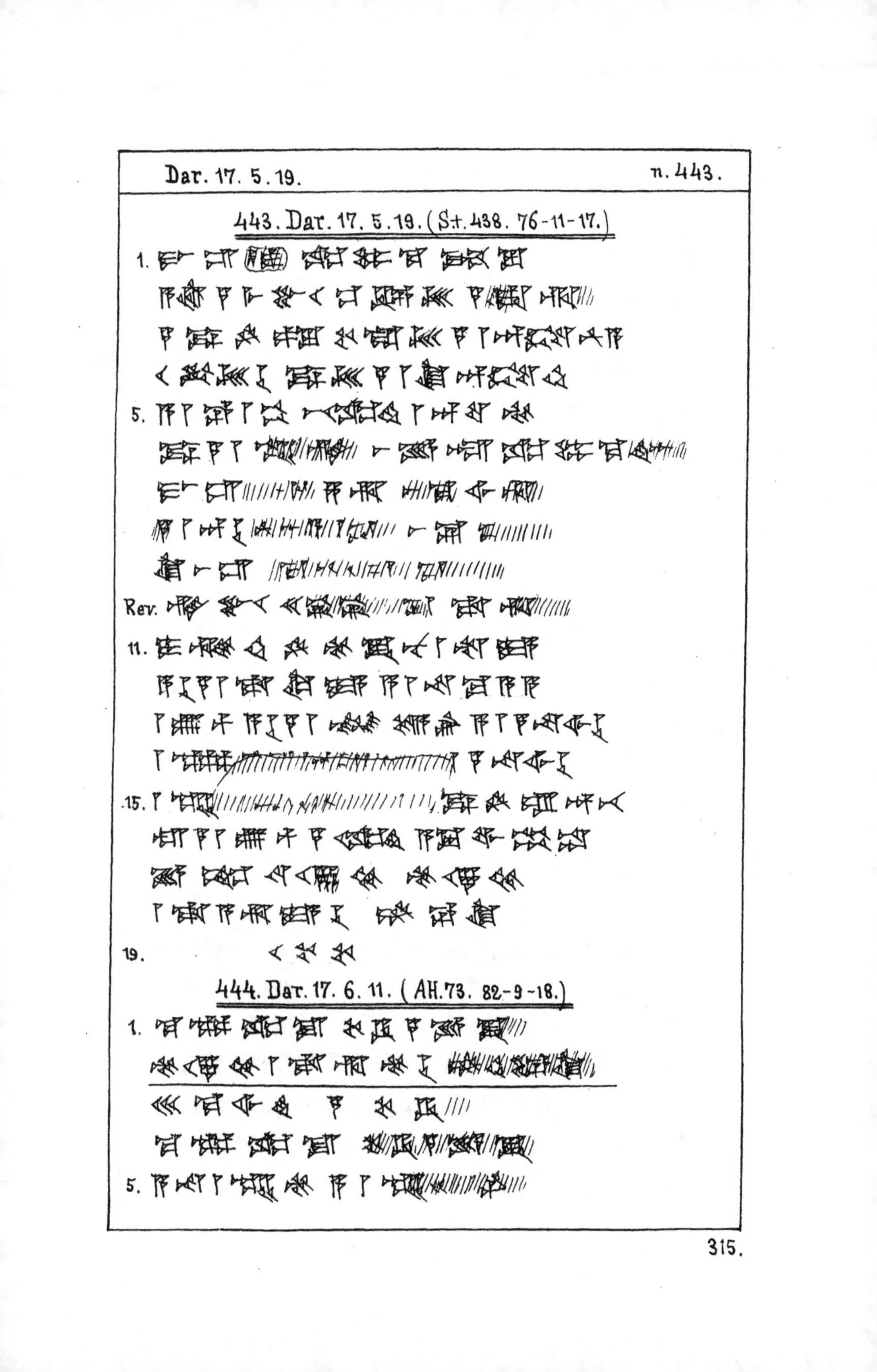

443. Dar. 17. 5. 19. (St. 438. 76-11-17.)

444. Dar. 17. 6. 11. (AH. 73. 82-9-18.)

Rev.

445. Dar. 17. 6. 0. (AH. 704. 82-9-18.)

Rev.

446. Dar. 17. 7(?). 17. (Sp. 90. 76-11-17.)

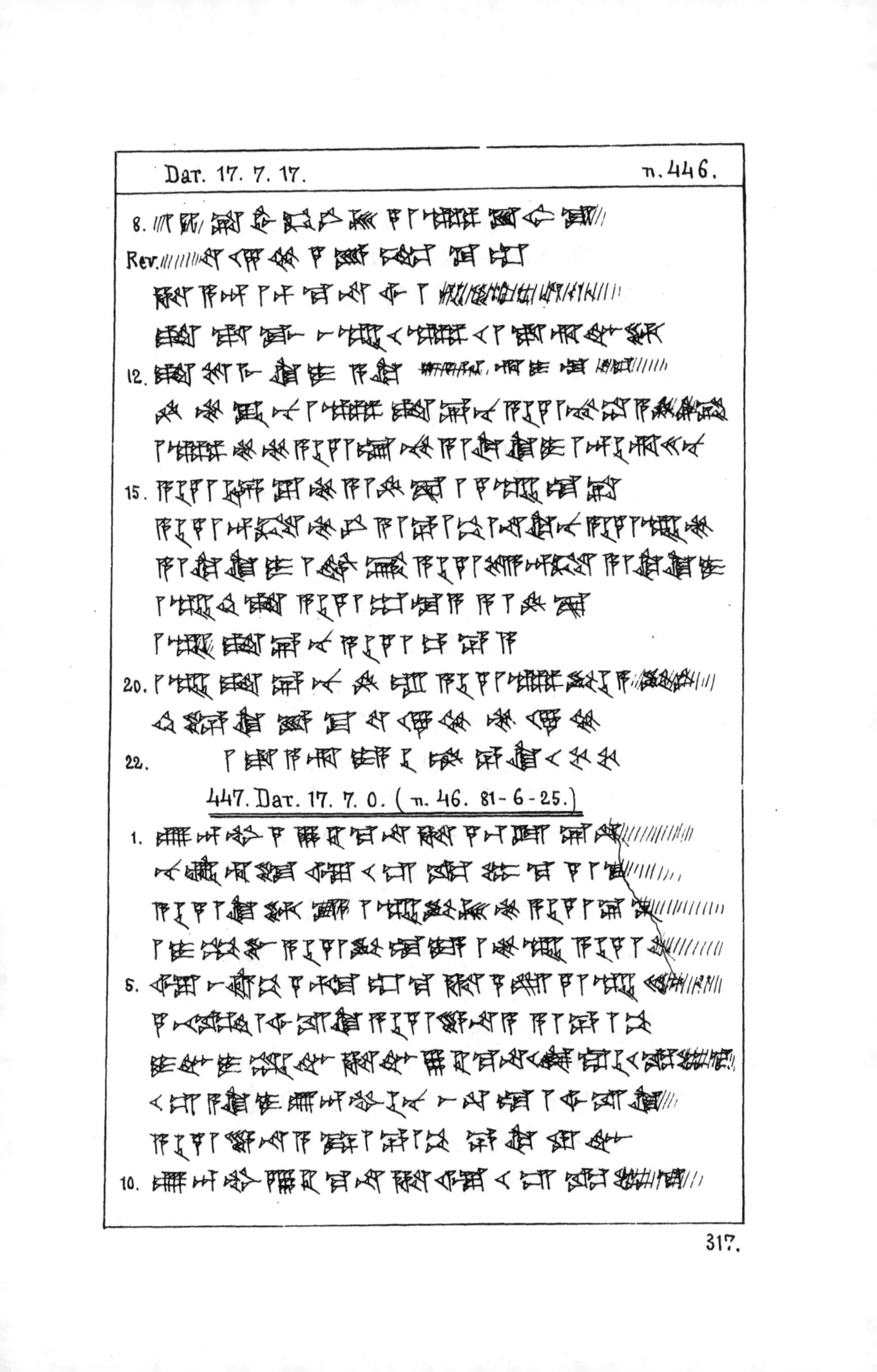

447. Dar. 17. 7. 0. (n. 46. 81-6-25.)

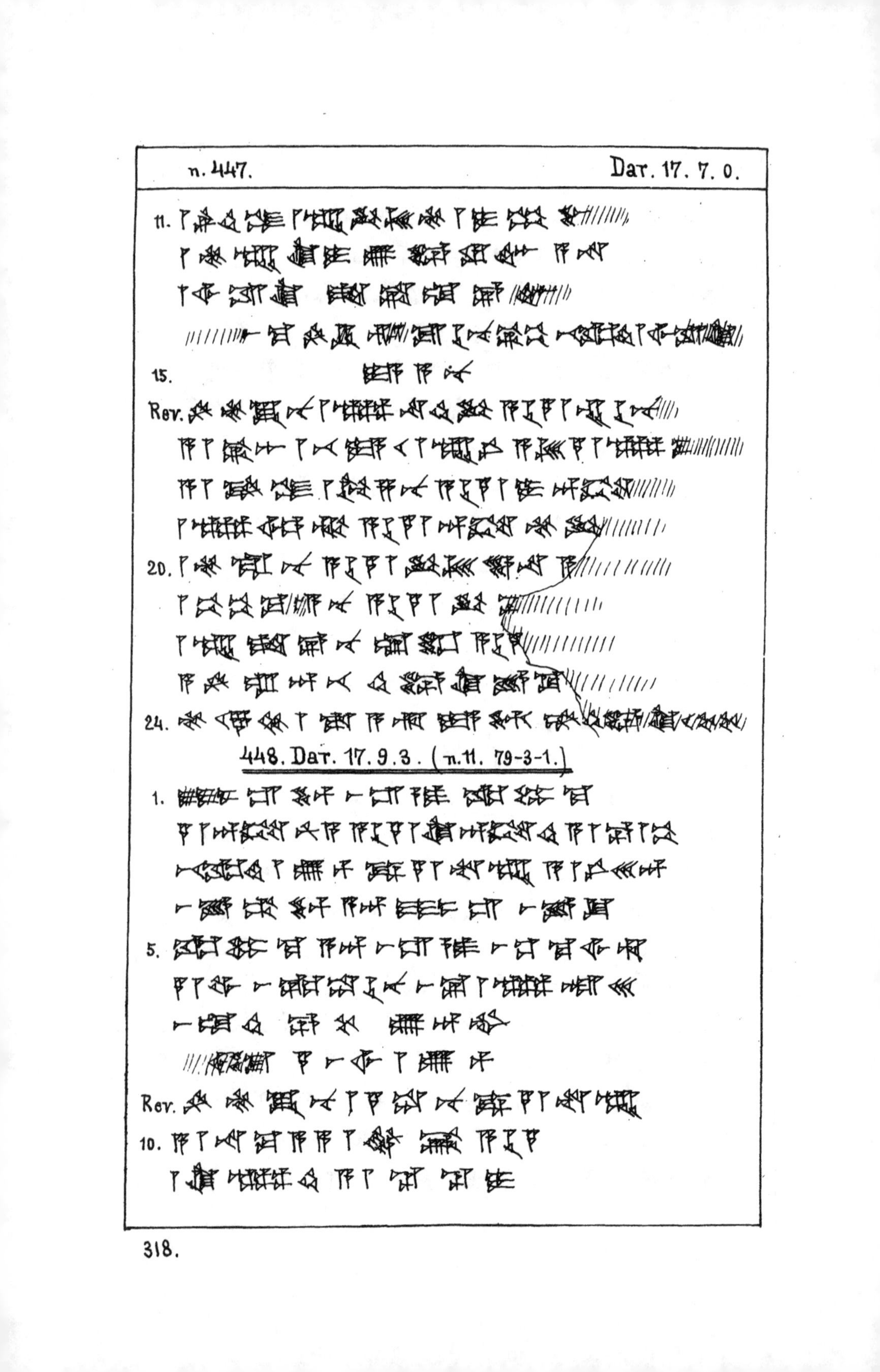

Rev.

448. Dar. 17. 9. 3. (n.11. 79-3-1.)

Rev.

12.

16.

449. Dar. 17. 10. 4. (St. 393. 76-11-17.)

1.

4.

Rev.

8.

11.

450. Dar. 17. 10. 20. (St. 29. 76-11-17.)

1.

5.

9.

Rev.

11.

15.

18.

Rand mit Siegel:

451. Dar. 17. 10. 21. (AH. 1204. 83-1-18.)

1.

5.

Rev.

10.

14.

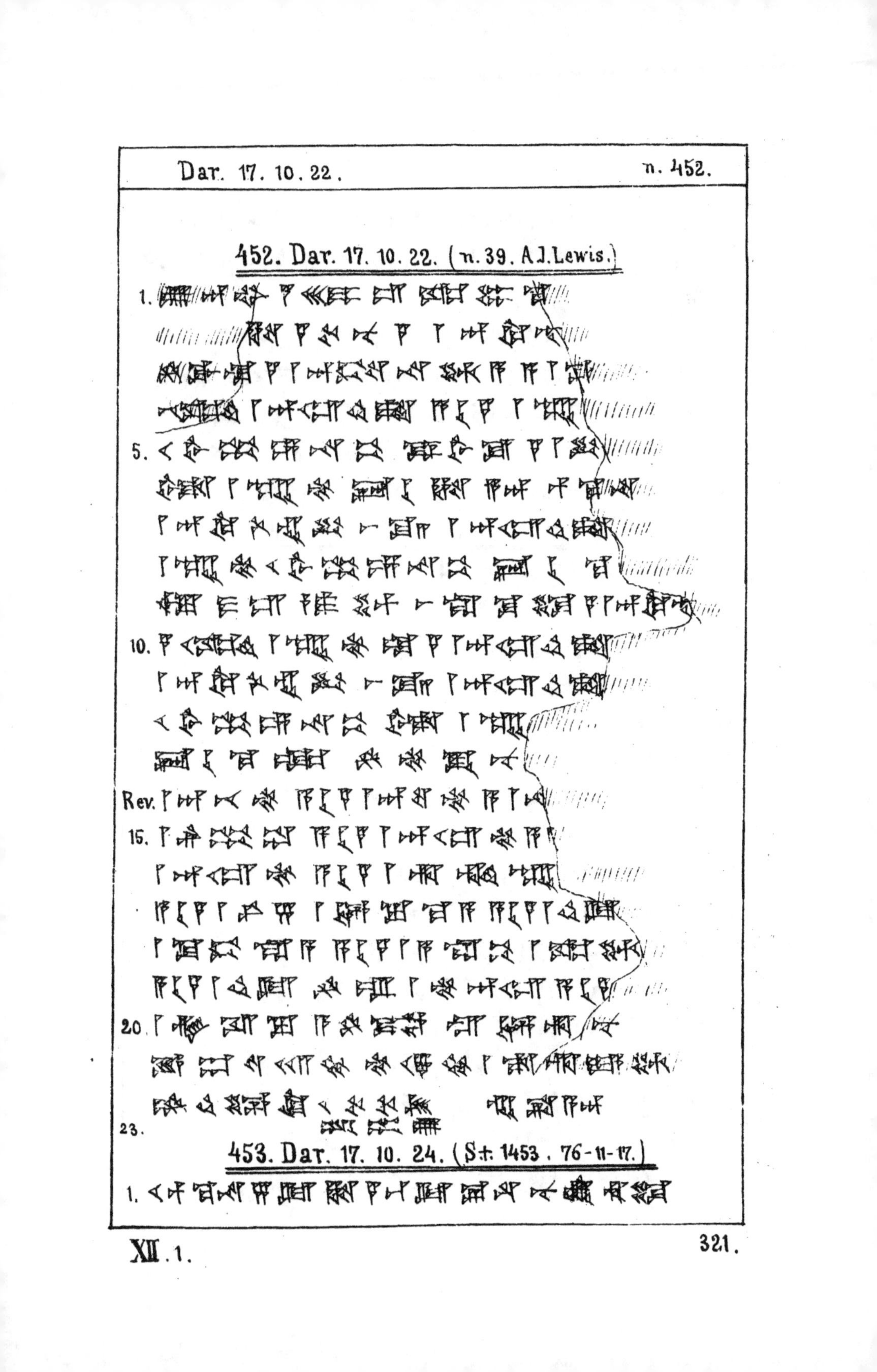

452. Dar. 17. 10. 22. (n. 39. A.J. Lewis.)

Rev.

453. Dar. 17. 10. 24. (S+. 1453. 76-11-17.)

n. 453. Dar. 17. 10. 24.

2.

Rev.

6.

9.

Rand mit Siegel:

454. Dar. 17. 11. 21. (n. 122. 76-11-16.)

1.

5.

9.

Rev.

15.

(sic)

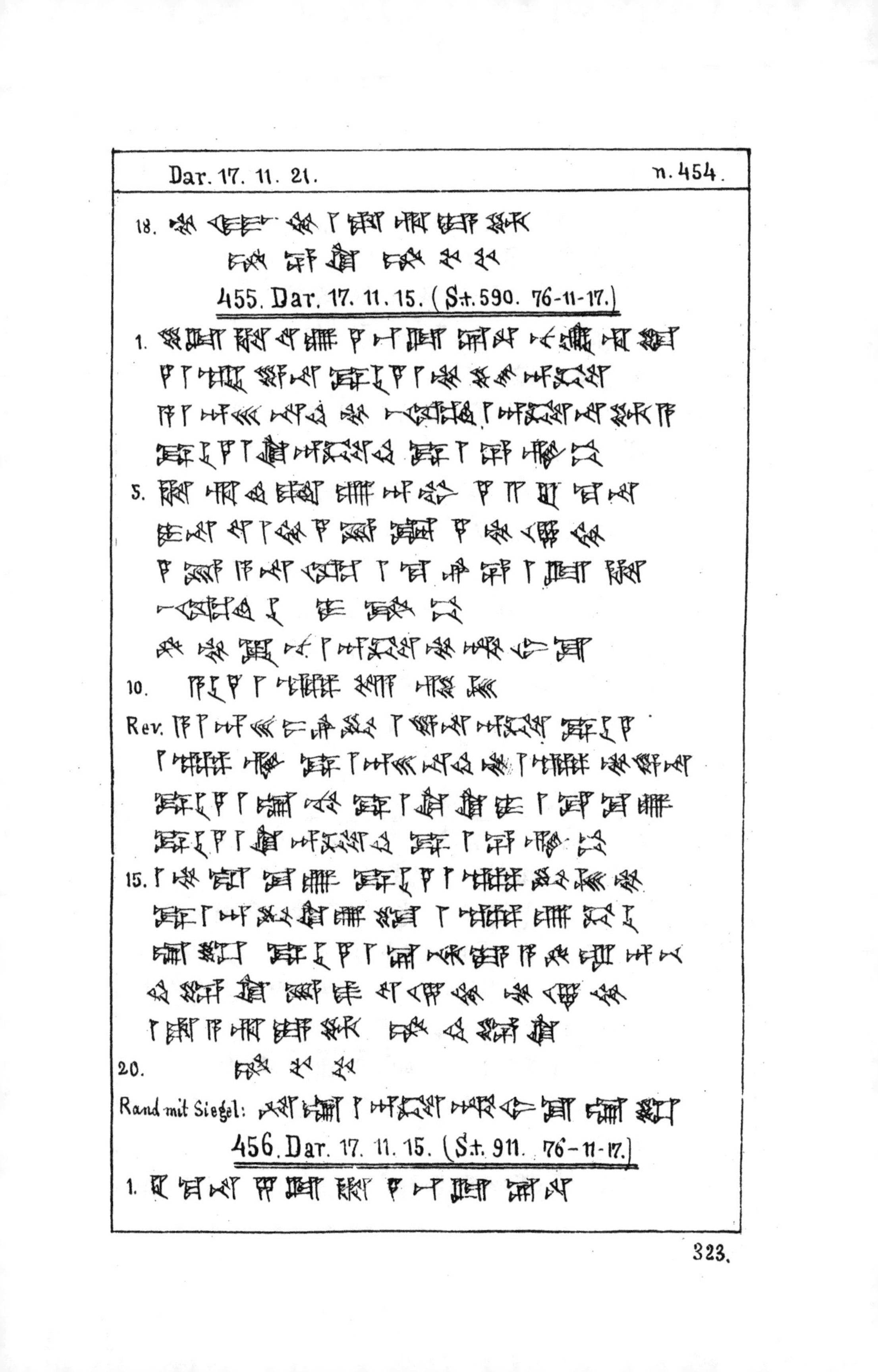

455. Dar. 17. 11. 15. (St. 590. 76-11-17.)

Rev.

Rand mit Siegel:

456. Dar. 17. 11. 15. (St. 911. 76-11-17.)

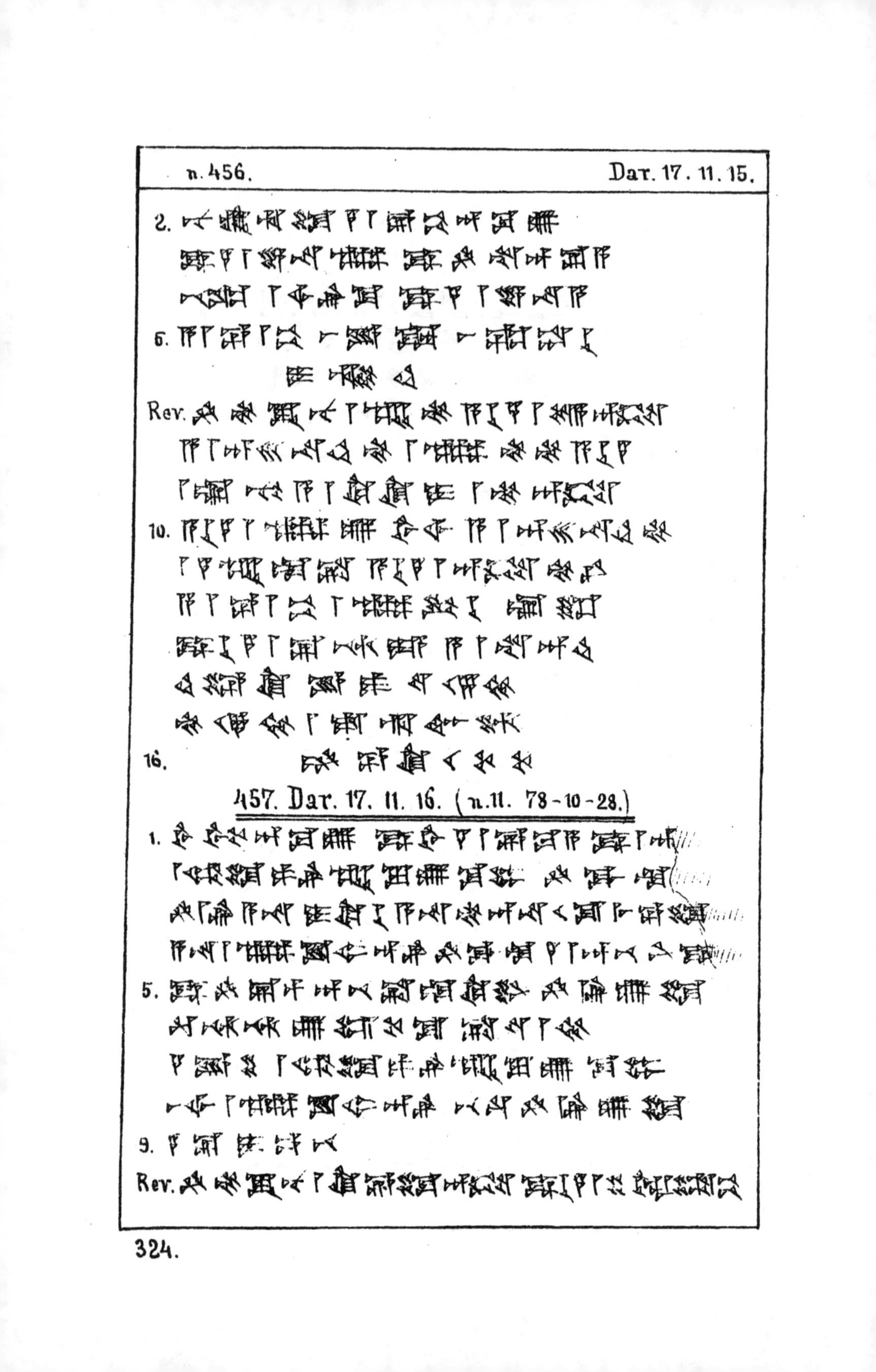

2.

6.

Rev.

10.

16.

457. Dar. 17. 11. 16. (n.11. 78-10-28.)

1.

5.

9.

Rev.

11.

15.

20.

Rand:

458. Dar. 17. 11. 23. (S+. 912. 76-11-17.)

1.

5.

10.

Rev.

14.

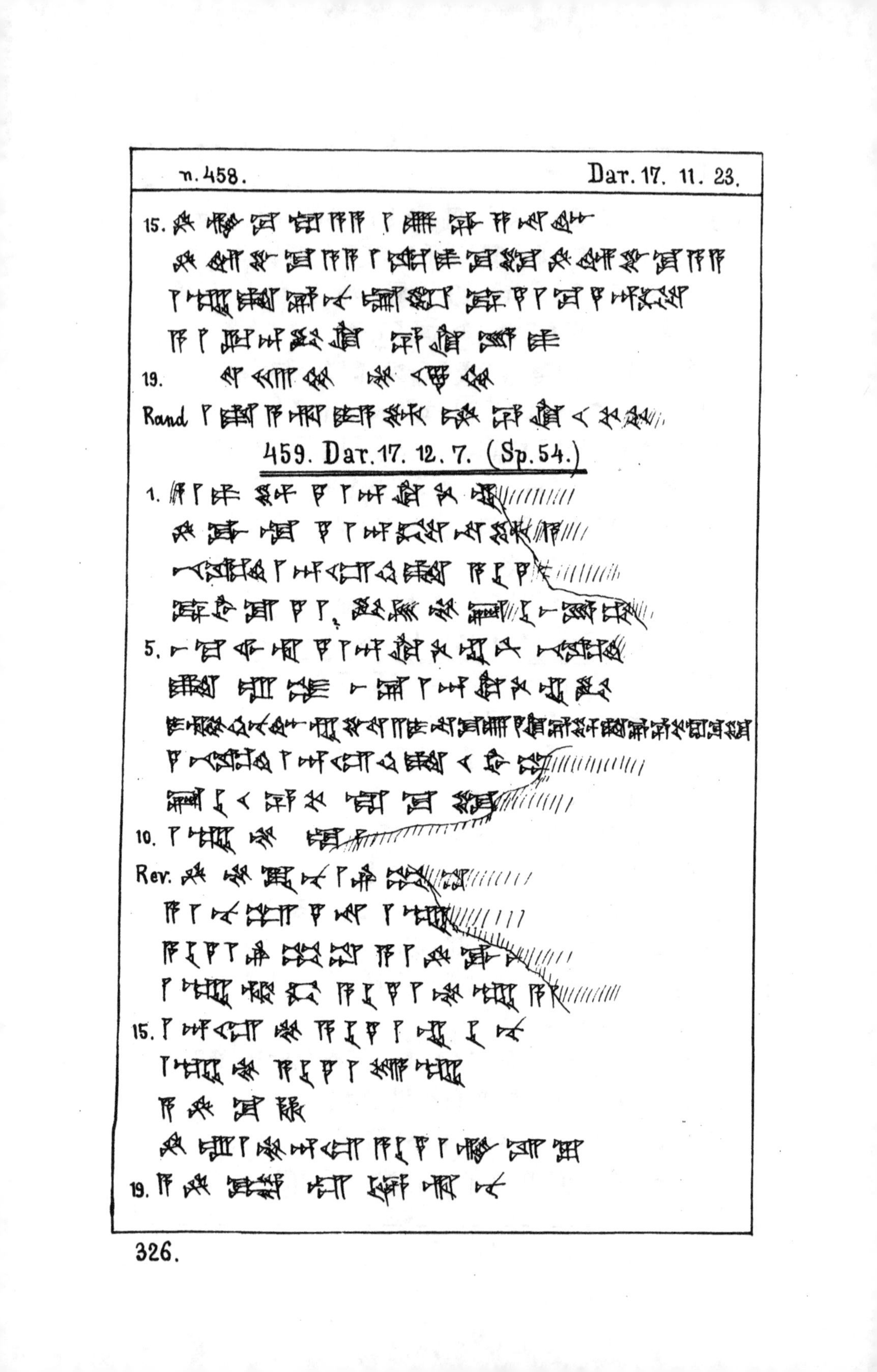

Rand

459. Dar. 17. 12. 7. (Sp. 54.)

Rev.

460. Dar. 17. 12. 14. (AH. 85. 82-9-18.)

Rev.

461. Dar. 17. 0. 20. (Sp. 73.)

Rev.

Rand:

462. Dar. 17. 0. 0. (Sp. II. 912.)

Rev.

Rand

21.

463. Dar. 18. 1. 3. (n. 129. 84-2-11.)

1.

5.

Rand

11.

Rev.

15.

20.

(sic)

24.

Rand:

28.

464. Dar. 18. 1. 21. (n. 54. 79-7-30.)

1.

5.

Rev.

11.

15.

20.

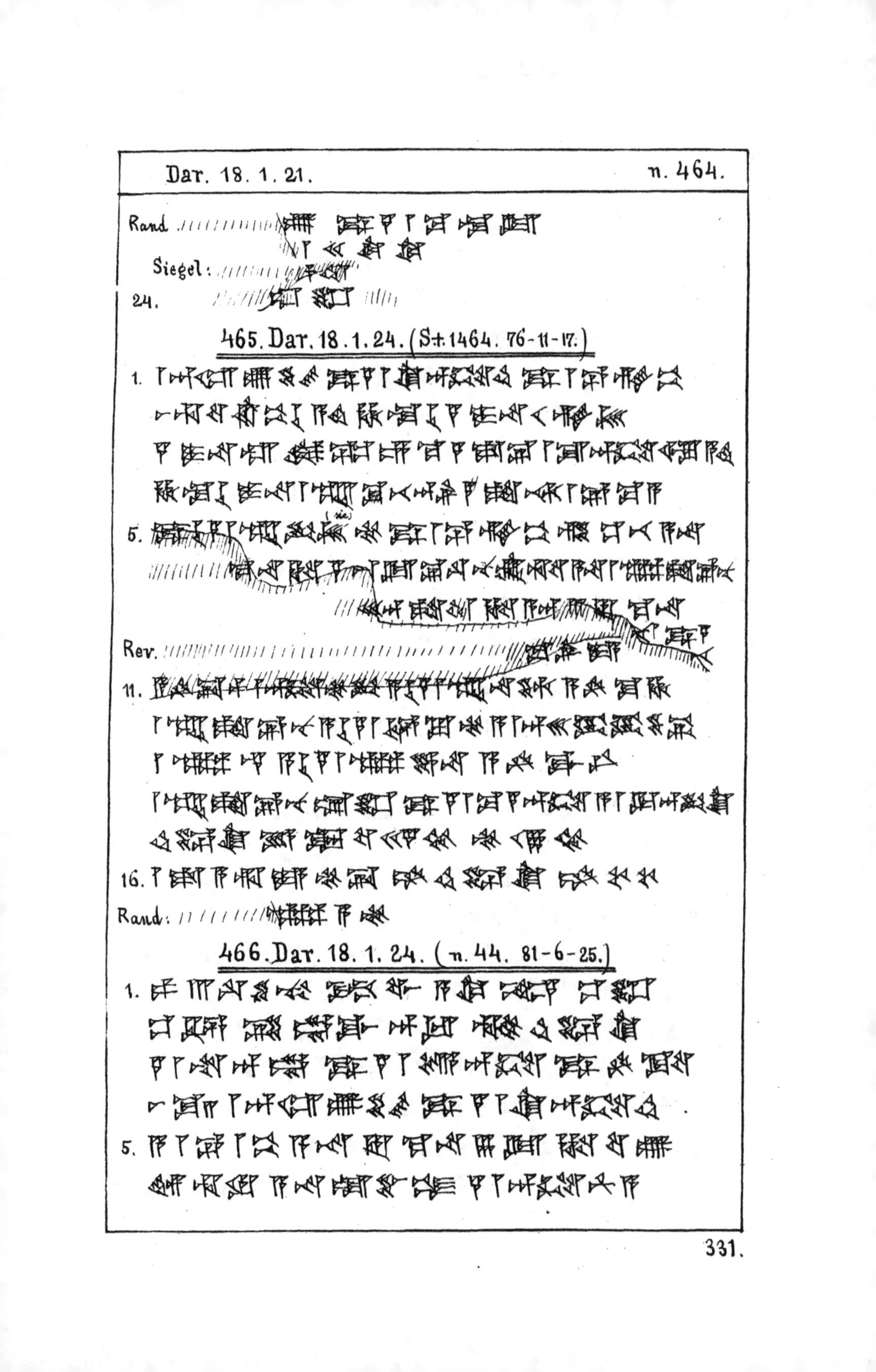

Rand

Siegel:

465. Dar. 18. 1. 24. (S+. 1464. 76-11-17.)

(sic)

Rev.

Rand:

466. Dar. 18. 1. 24. (n. 44. 81-6-25.)

n. 466. Dar. 18. 1. 24.

7.

Rand

Rev.

12.

15.

21.

467. Dar. 18. 1. 24. (St. 364. 76-11-17.)

1.

5.

9.

Rev.

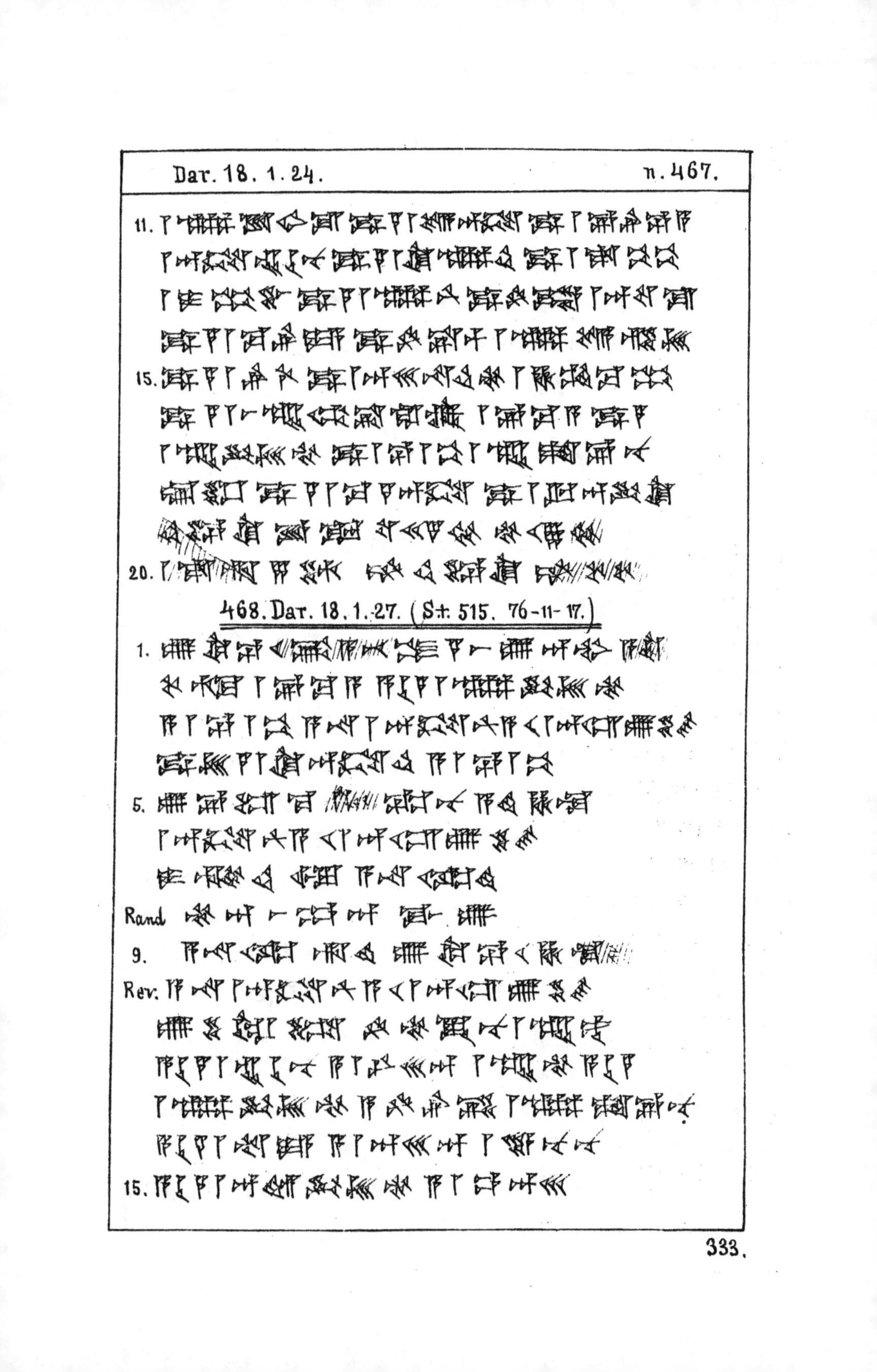

468. Dar. 18. 1. 27. (St. 515. 76-11-17.)

Rand

Rev.

Rand

469. Dar. 18.1.29. (S+.2267. 76-11-17.)

(sic)

Rand

Rev.

(sic)

18.

21.

25.

470. Dar. 18.6.4. (Sp. 781. 76-11-17.)

1.

5.

Rand

10.

Rev.

15.

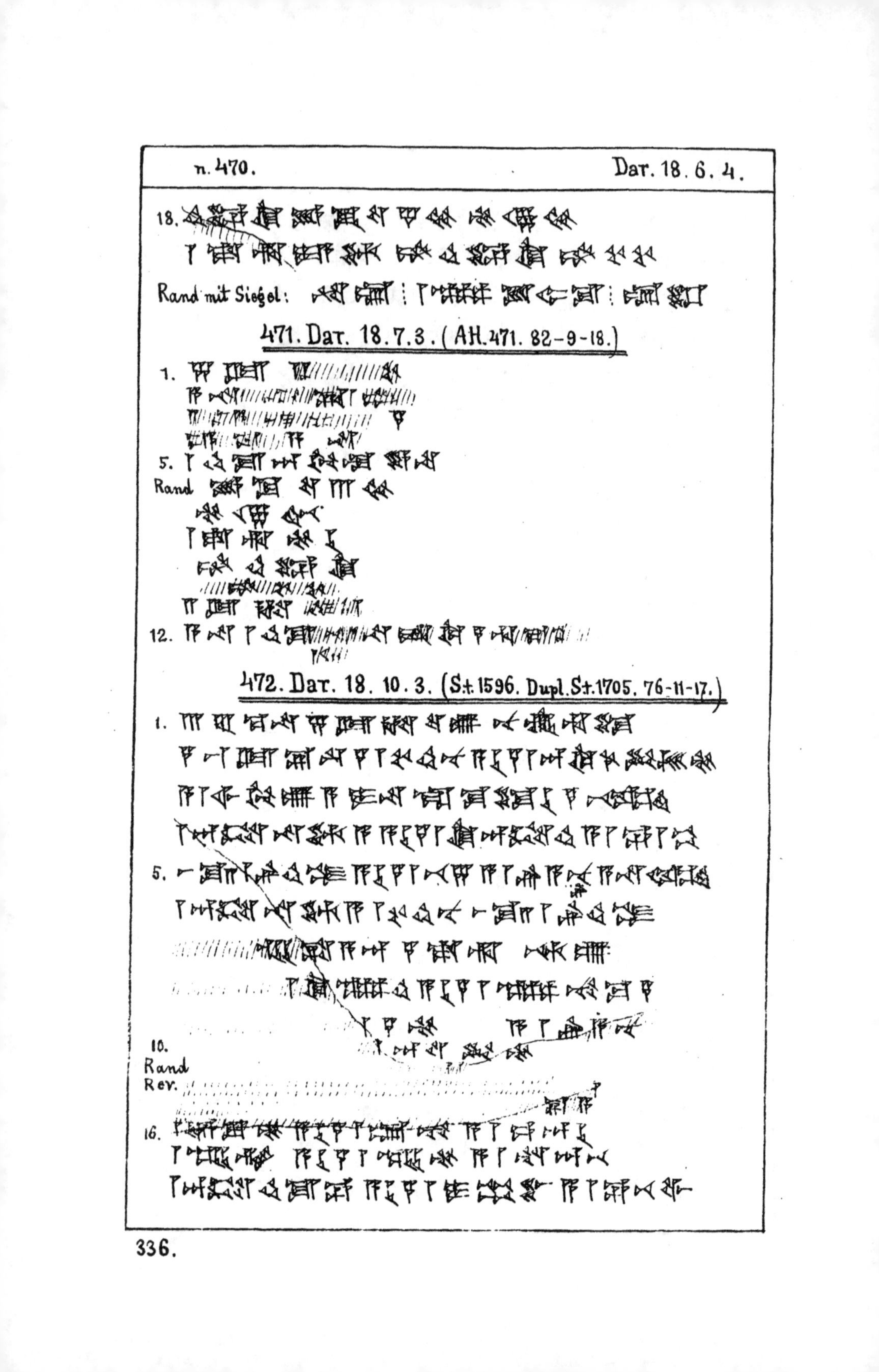

18.

Rand mit Siegel:

471. Dar. 18. 7. 3. (AH. 471. 82-9-18.)

1.

5.

Rand

12.

472. Dar. 18. 10. 3. (St. 1596. Dupl. St. 1705. 76-11-17.)

1.

5.

10.

Rand

Rev.

16.

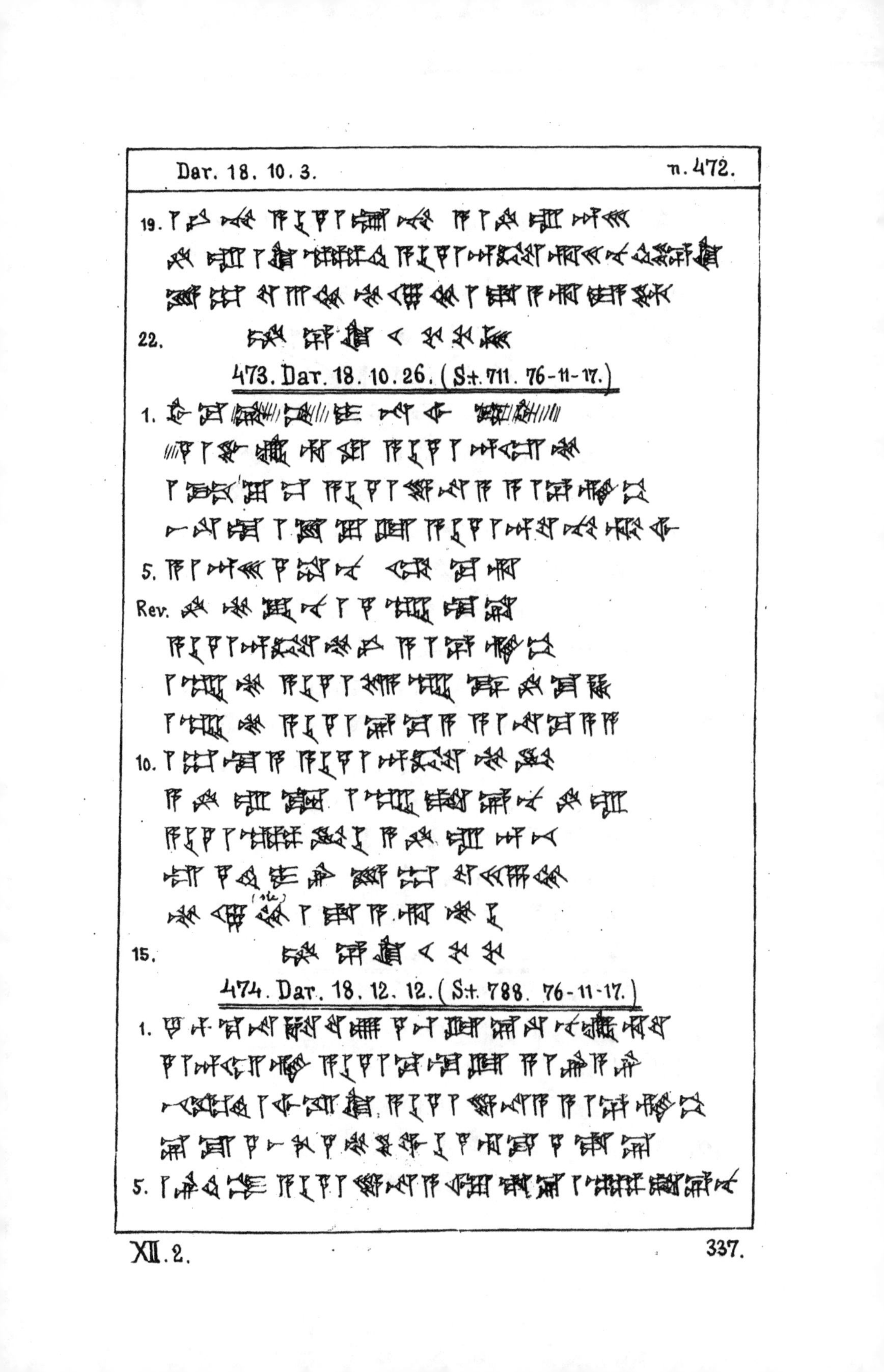

19.

22.

473. Dar. 18. 10. 26. (Sp. 711. 76-11-17.)

1.

5.

Rev.

10.

(sic)

15.

474. Dar. 18. 12. 12. (Sp. 788. 76-11-17.)

1.

5.

Rev.

475. Dar. 18. 12. 18. (n. 23. 78-5-31.)

7.

10.

Rev.

14.

17.

476. Dar. 18.12. 0. (R.........)

1.

5.

Rev.

11.

16.

Rand

Rev.

477. Dar. 18. 0. 19. (St. 1694. 76-11-17.)

Rev.

478. Dar. 18. 0. 27. (St. 418. 76-11-17.)

Rand

Rev.

13.

16.

20.

Rand

22.

479. Dar. 18. 0. 0. (AH. 352. 82-9-18.)

1.

5.

Rev.

10.

14.

Rand

18.

480. Dar. 18. 0. 0. (Sp. II. 24.)

1.

3.

6.

Rev.

10.

12.

481. Dar. 19.1.29. (St. 1300. 76-11-17.)

1.

5.

Rev.

10.

15.

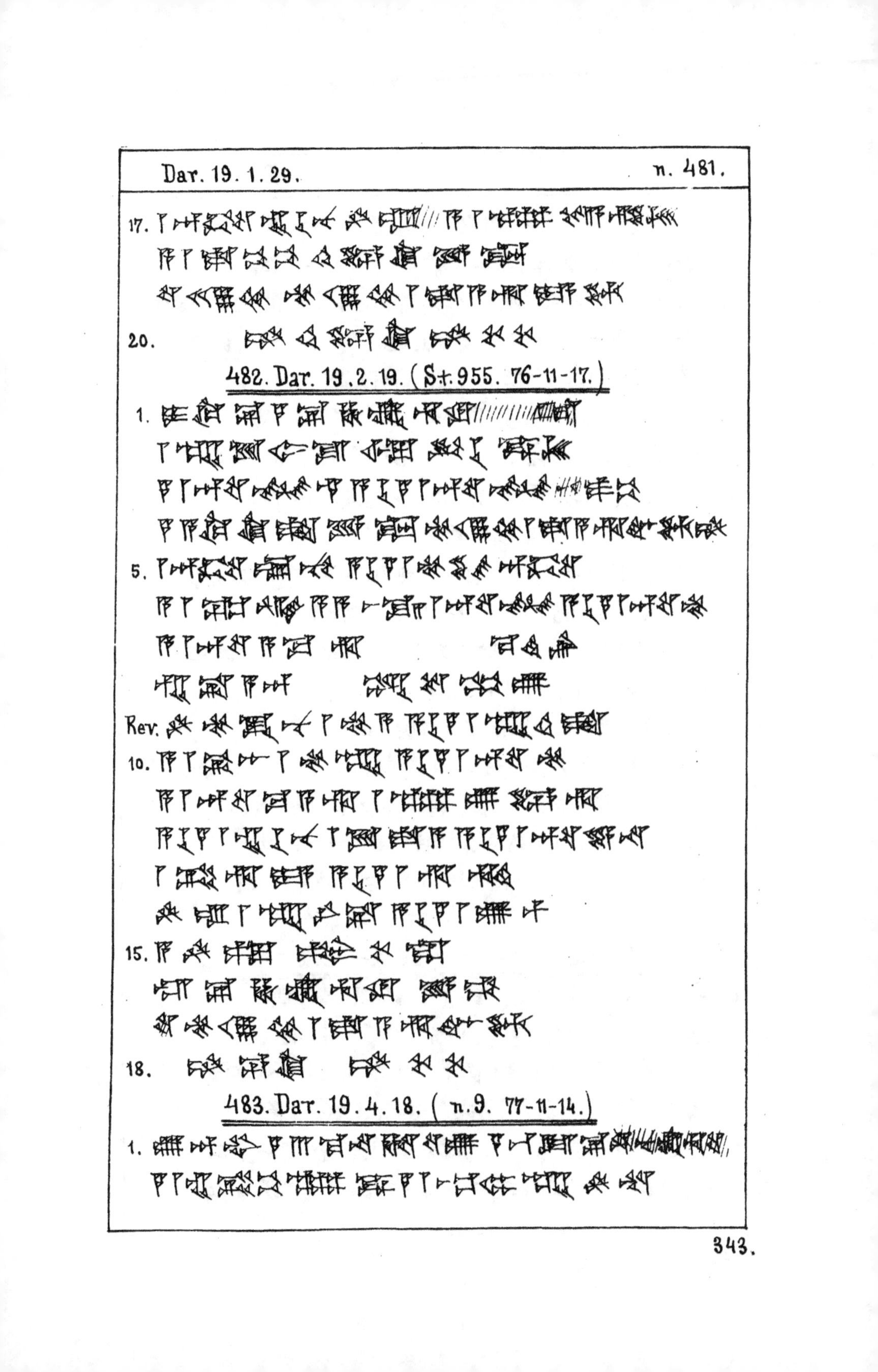

17.

20.

482. Dar. 19. 2. 19. (S+. 955. 76-11-17.)

1.

5.

Rev.

10.

15.

18.

483. Dar. 19. 4. 18. (n. 9. 77-11-14.)

1.

3.

5.

Rand

11.

Rev.

15.

21.

484. Dar. 19. 4. 26. (Bu. 88-5-12. 625.)

1.

5.

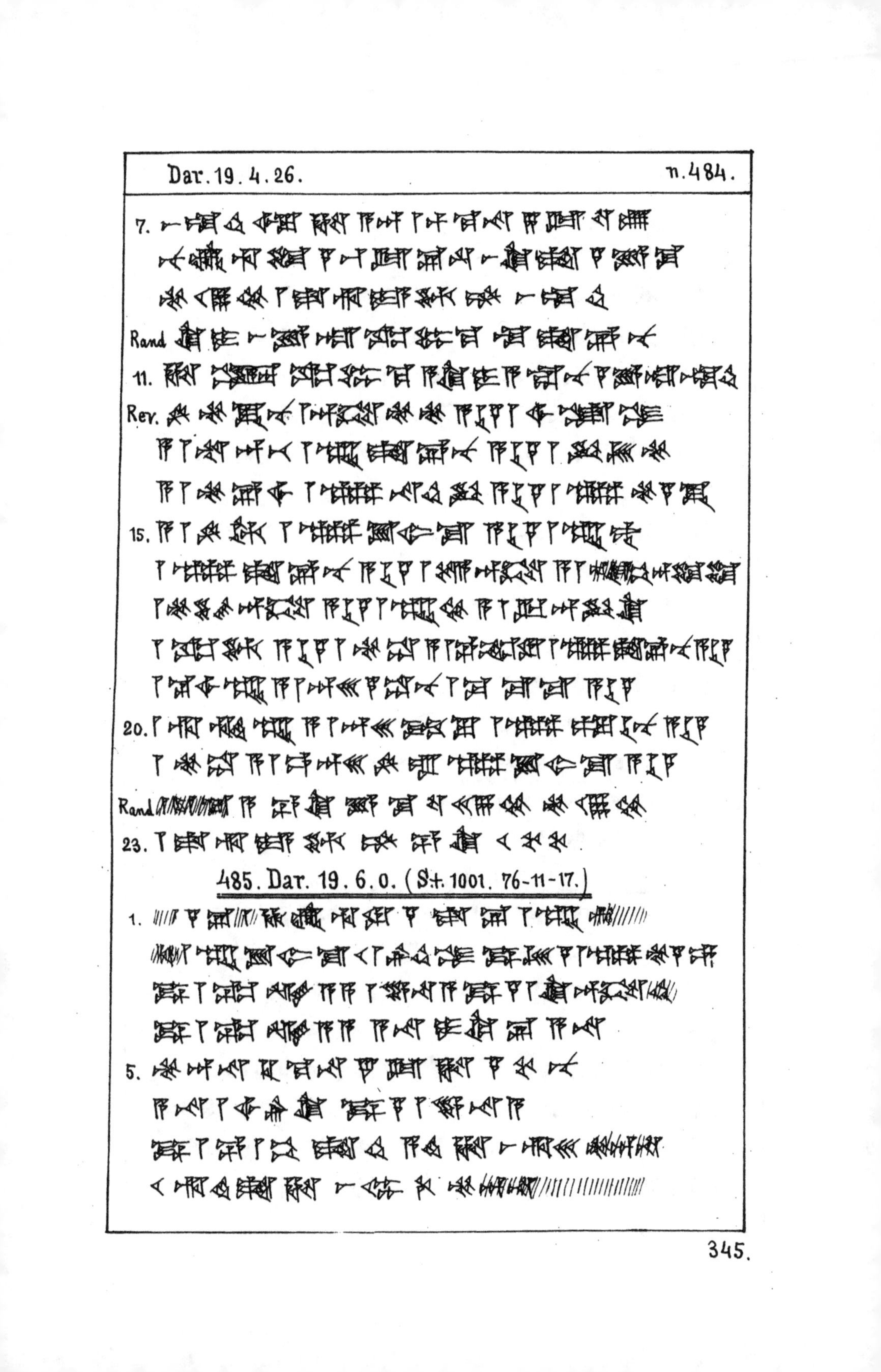

Dar. 19. 4. 26. n. 484.

7.

Rand

11.

Rev.

15.

20.

Rand

23.

485. Dar. 19. 6. 0. (S+. 1001. 76-11-17.)

1.

5.

n. 485. Dar. 19. 6. 0.

Rand

Rev.

Rand

486. Dar. 19. 8. 16. (n. 6. 77-11-15.)

Dar. 19. 8. 16. n. 486.

9.

Rand

12.

Rev.

16.

20.

24.

27.

487. Dar. 19. 8. 24. (n. 131. 84-2-11.)

1.

5.

n. 487. Dar. 19. 8. 24.

Rev.

8.

11.

14.

(sic)

17.

sic

Rand

488. Dar. 19. 10. 5. (S.t. 776. 76-11-17.)

1.

5.

9.

Rev.

13.

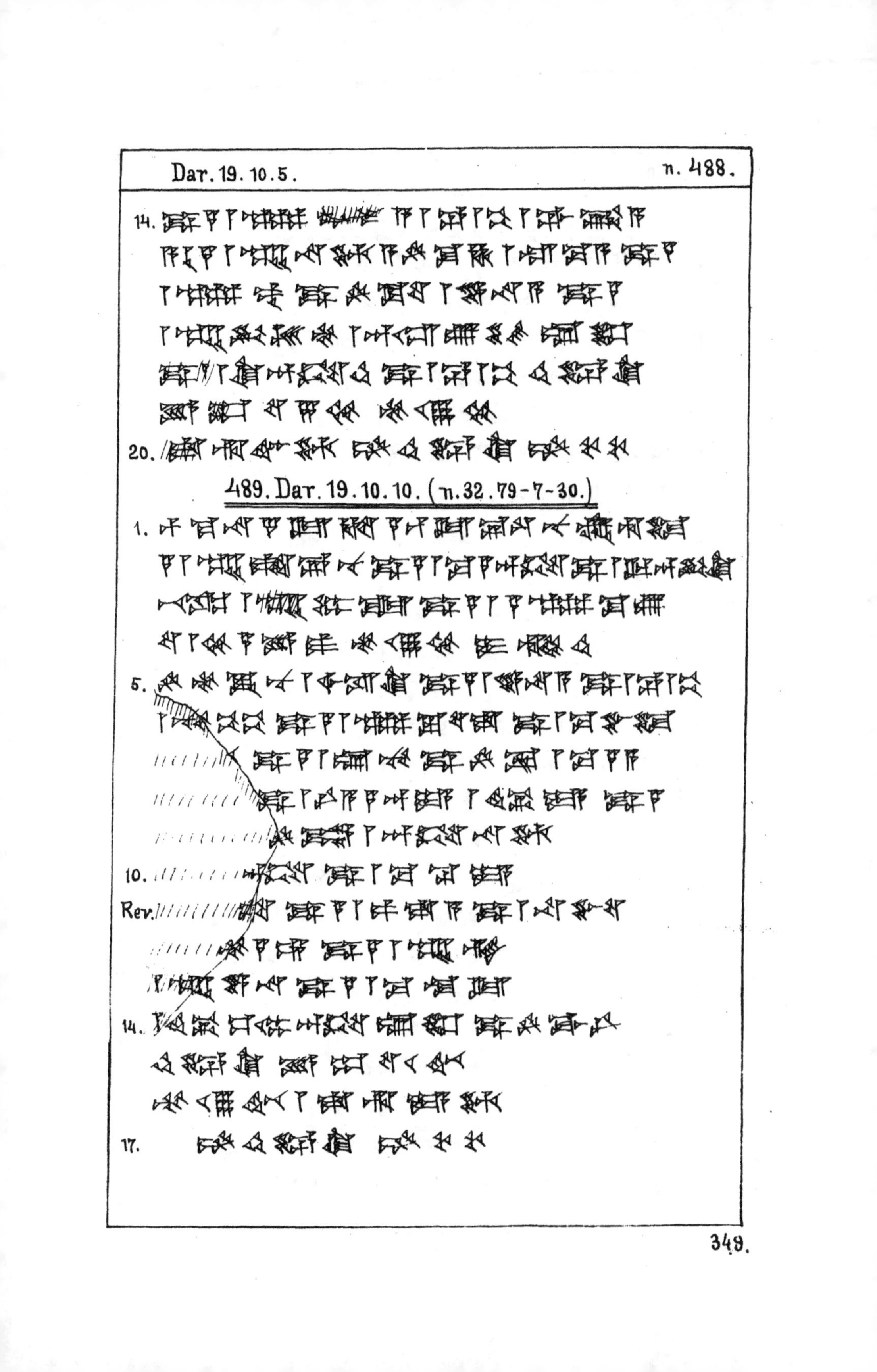

489. Dar. 19. 10. 10. (n. 32. 79-7-30.)

Rev.

490. Dar. 19. 11. 8. (S+. 342. 76-11-17.)

1.

5.

9.

Rev.

(sic)

15.

(sic)

20.

22.

491. Dar. 19. 11. 19. (S+. 952. 76-11-17.)

1.

3.

6.

10.

Rev.

16.

20.

25.

28.

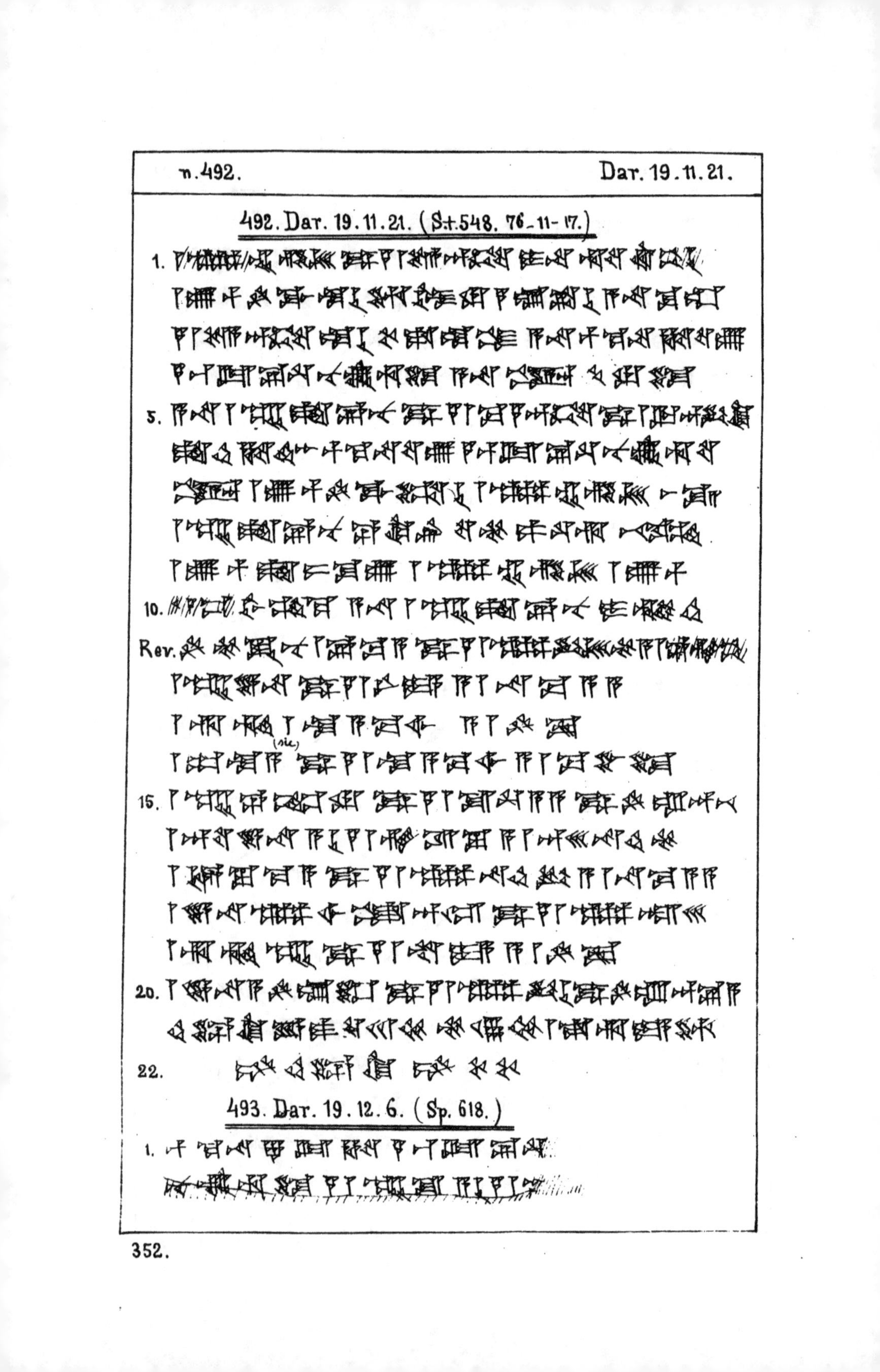

492. Dar. 19. 11. 21. (S+. 548. 76-11-17.)

Rev.

(sic)

493. Dar. 19. 12. 6. (Sp. 618.)

Rev.

494. Dar. 19. 12. 15. (n. 48. 81-6-25.)

Rand

Rev.

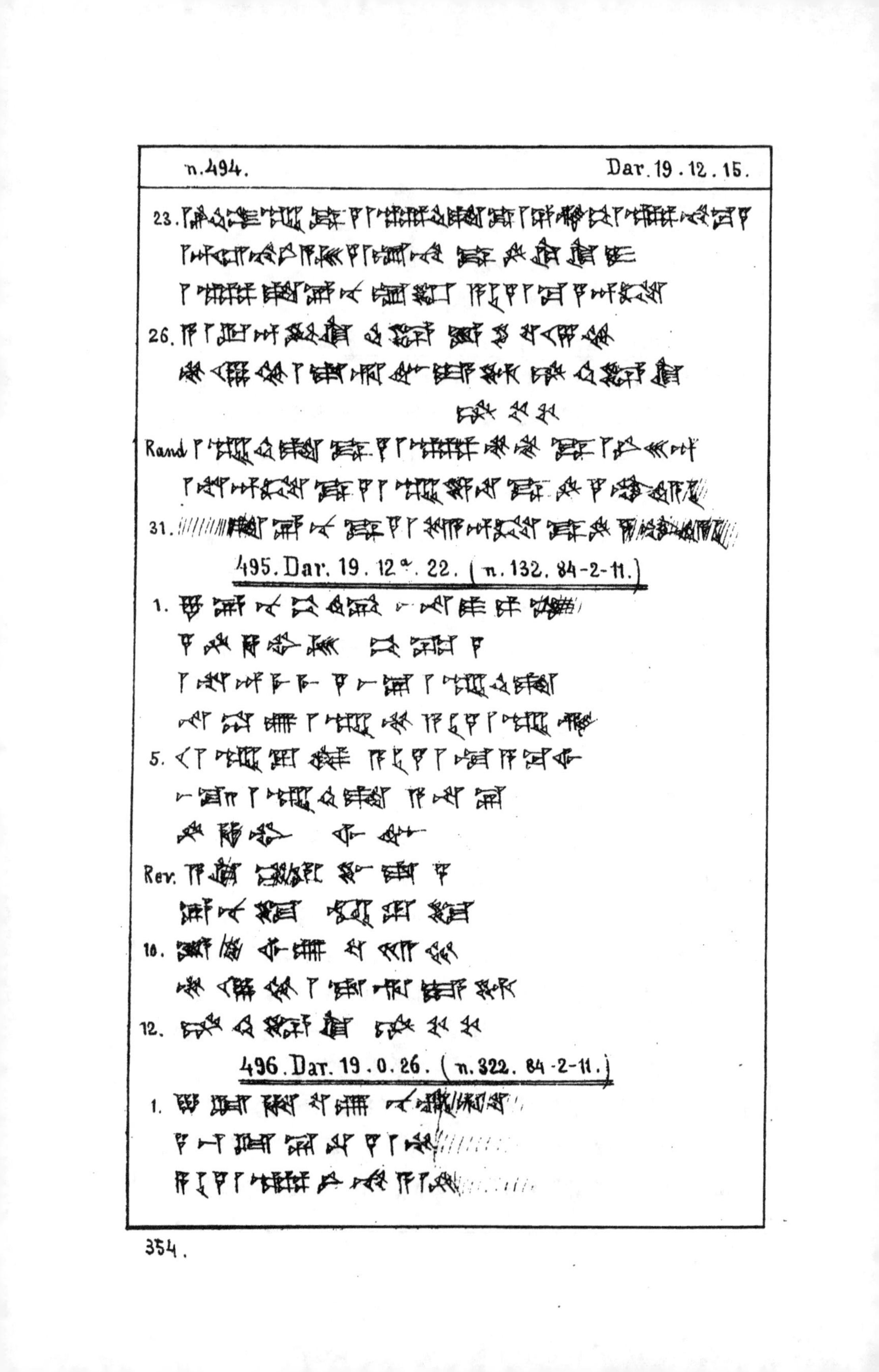

23.

26.

Rand

31.

495. Dar. 19. 12[a]. 22. (n. 132. 84-2-11.)

1.

5.

Rev.

10.

12.

496. Dar. 19. 0. 26. (n. 322. 84-2-11.)

1.

Dar. 19. 0. 26. n. 496.

4.

9.

Rev.

15.

19.

497. Dar. 20. 1. 11. (S+. 67. 76-11-17.)

1.

5.

Rand

10.

Rev.

13.

16.

Rand

20.

Seitenrand:

23.

498. Dar. 20. 1. 14. (St. 218. 76-11-16. Dupl. n. 10. 76-1-10.)

1.

5.

Rand

11.

Rev.

14.

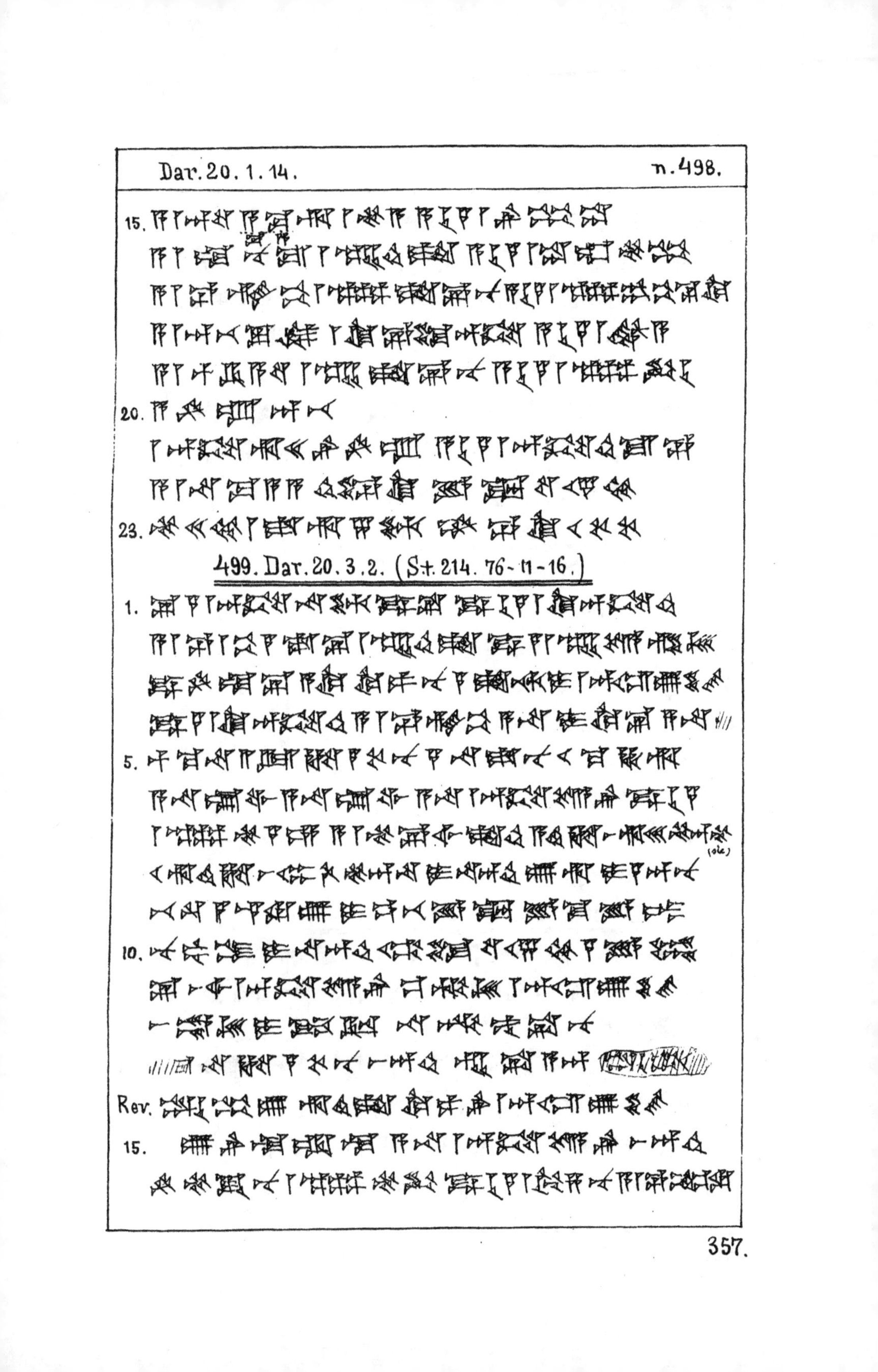

499. Dar. 20. 3. 2. (St. 214. 76-11-16.)

(sic)

Rev.

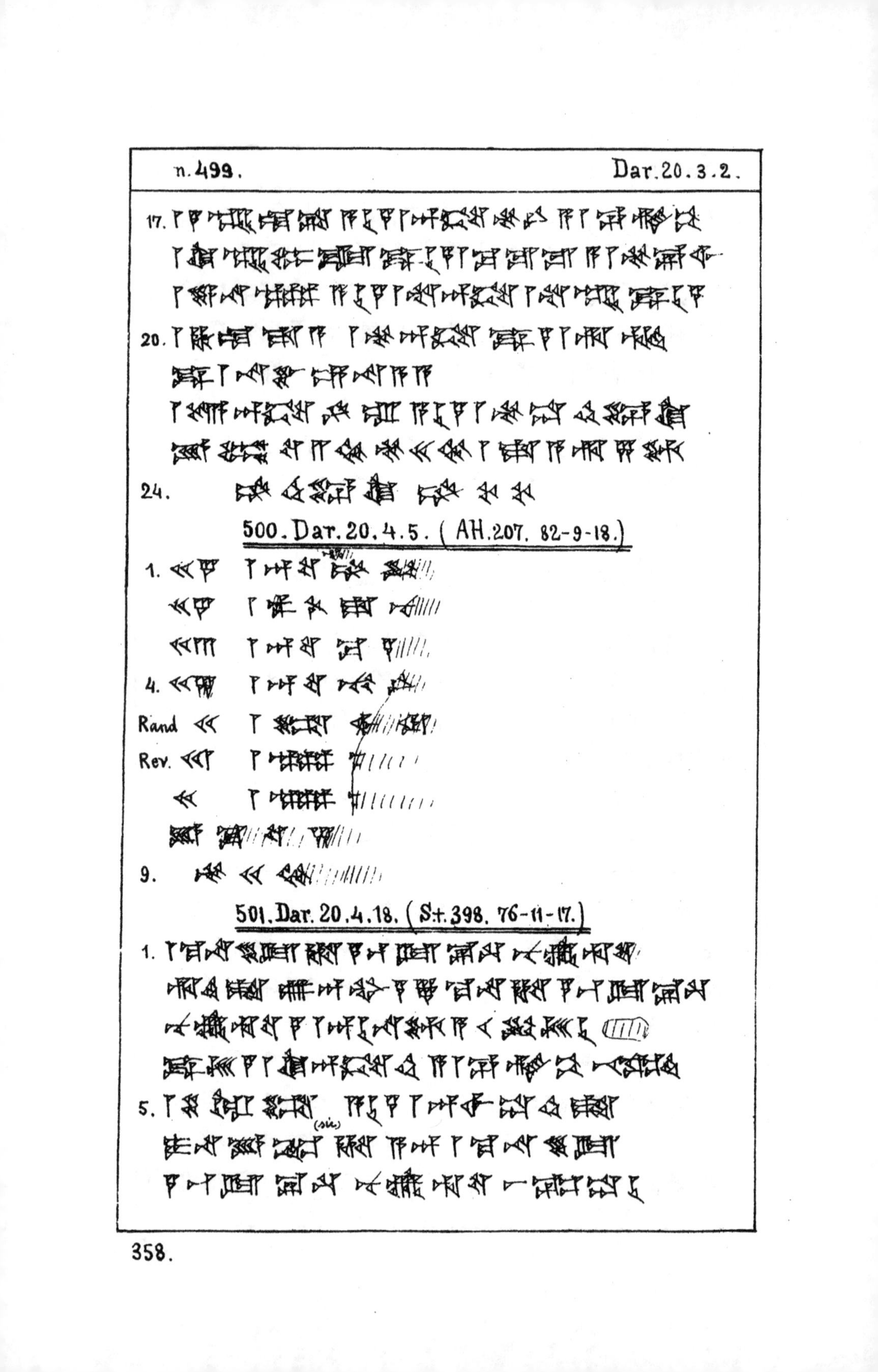

17.

20.

24.

500. Dar. 20.4.5. (AH. 207. 82-9-18.)

1.

4.

Rand

Rev.

9.

501. Dar. 20.4.18. (S+. 398. 76-11-17.)

1.

5. (sic)

8.

Rev.

12.

15.

17.

502. Dar. 20.5.9. (Sp. 701. 76-11-17.)

1.

5.

Rev.

11.

15.

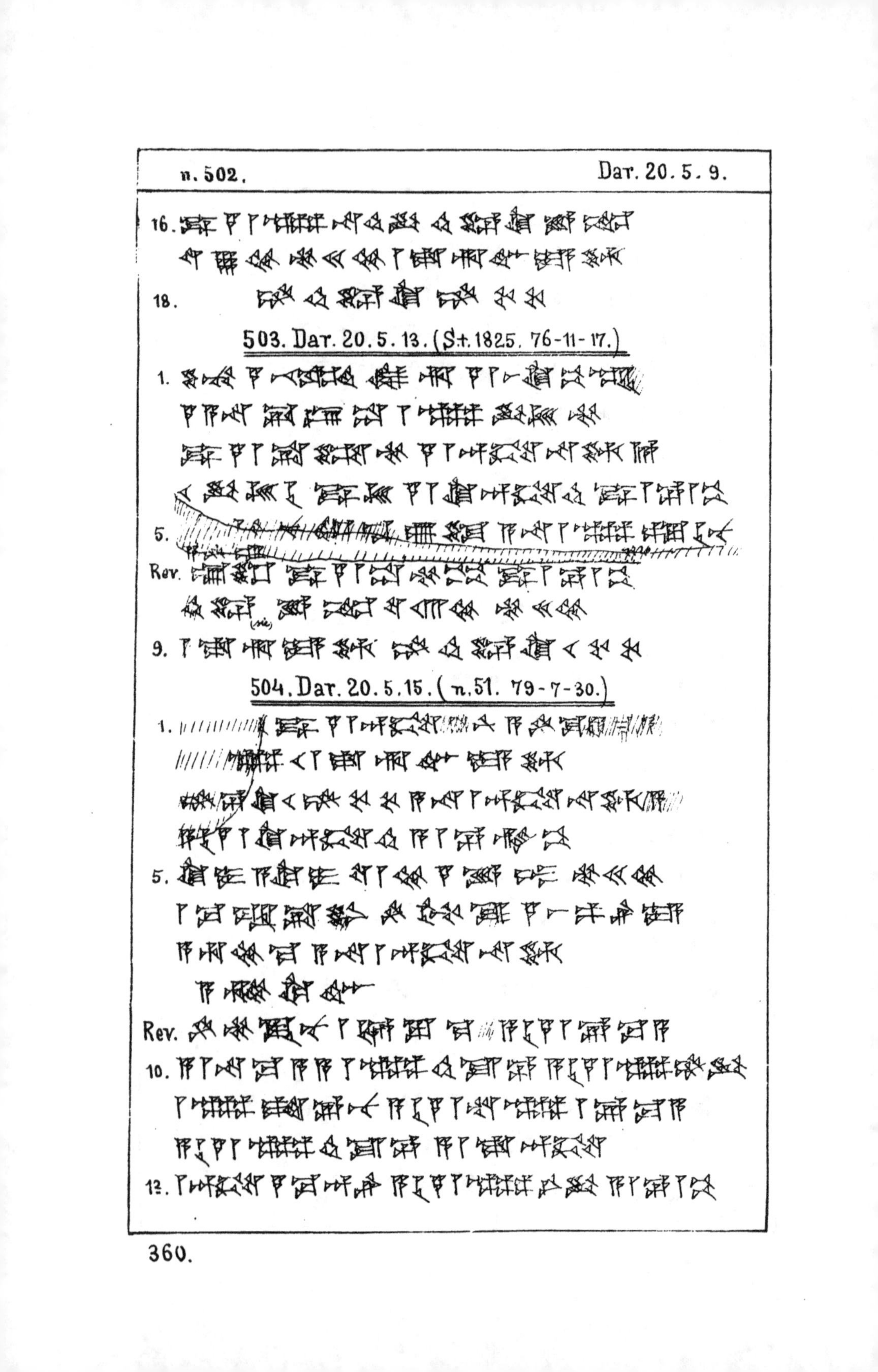

(sic)

503. Dar. 20. 5. 13. (S+. 1825. 76-11-17.)

504. Dar. 20. 5. 15. (n. 51. 79-7-30.)

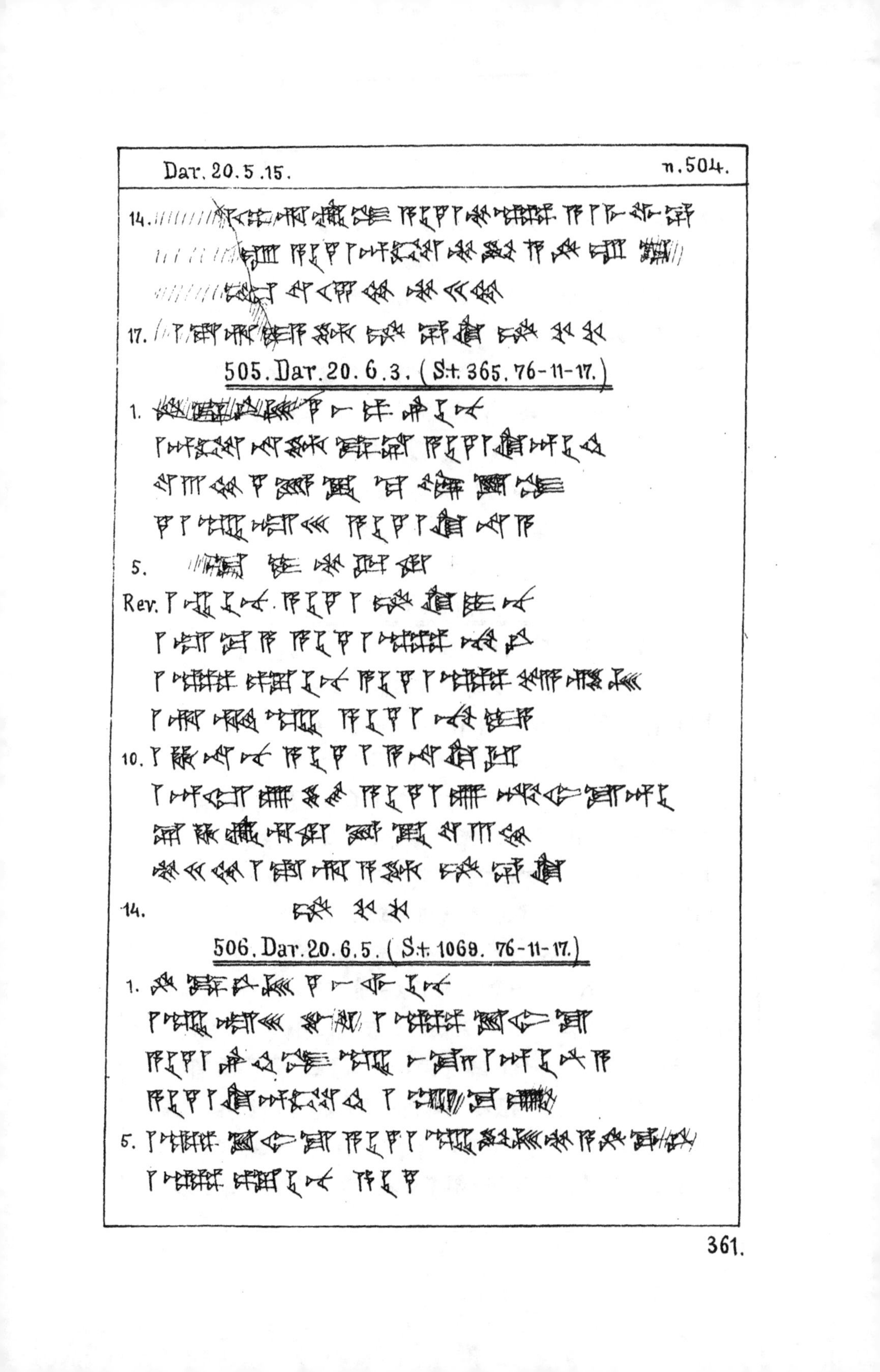

505. Dar. 20. 6. 3. (S+. 365. 76-11-17.)

Rev.

506. Dar. 20. 6. 5. (S+. 1069. 76-11-17.)

Rev.

507. Dar. 20. 8. 6. (Sp. 473. 76-11-17.)

Rand

Rev.

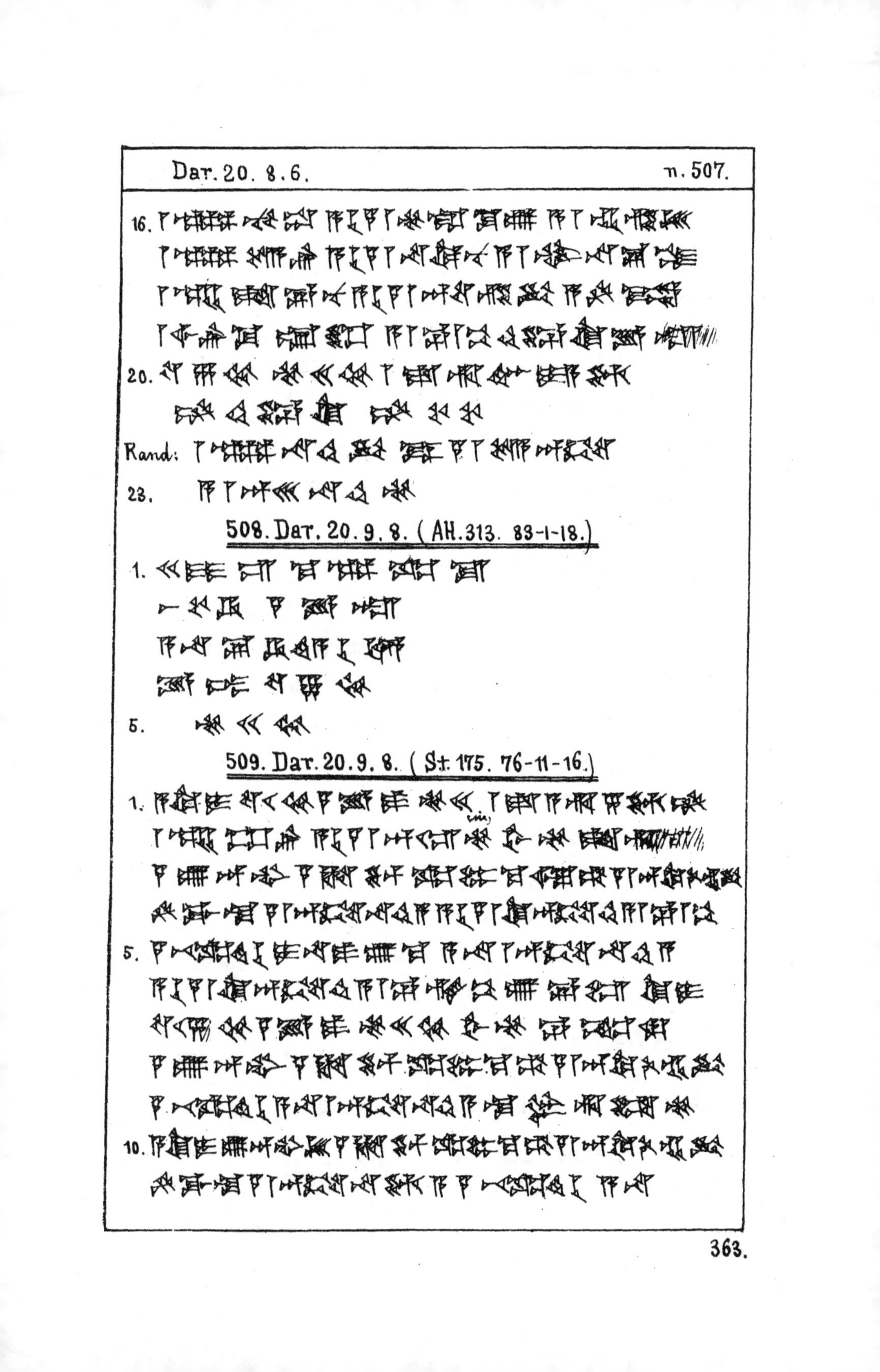

16.

20.

Rand:

23.

508. Dar. 20. 9. 8. (AH. 313. 83-1-18.)

1.

5.

509. Dar. 20. 9. 8. (St. 175. 76-11-16.)

1. ina

5.

10.

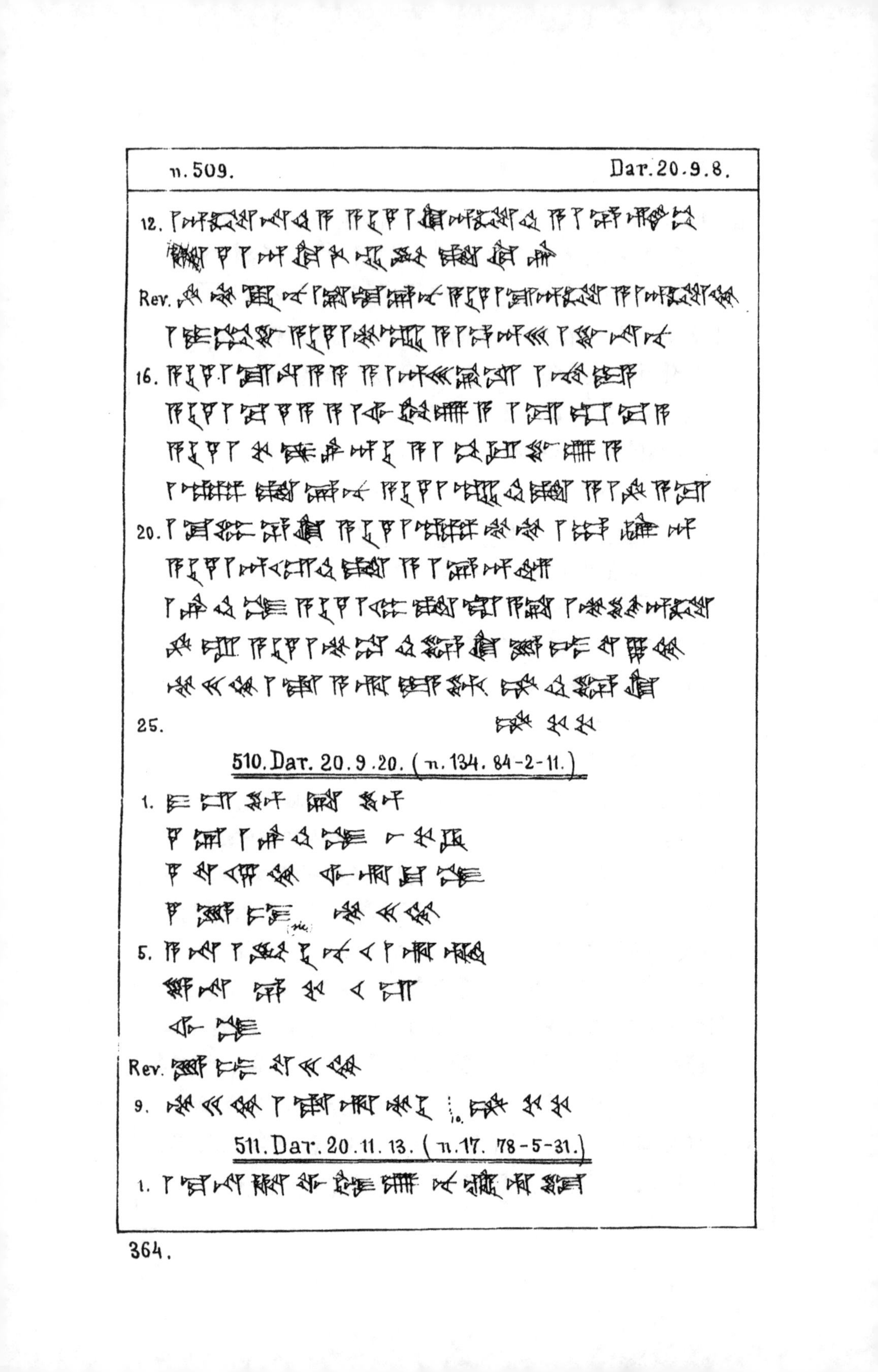

12.

Rev.

16.

20.

25.

510. Dar. 20.9.20. (n. 134. 84-2-11.)

1.

(sic)

5.

Rev.

9. 10.

511. Dar. 20.11.13. (n. 17. 78-5-31.)

1.

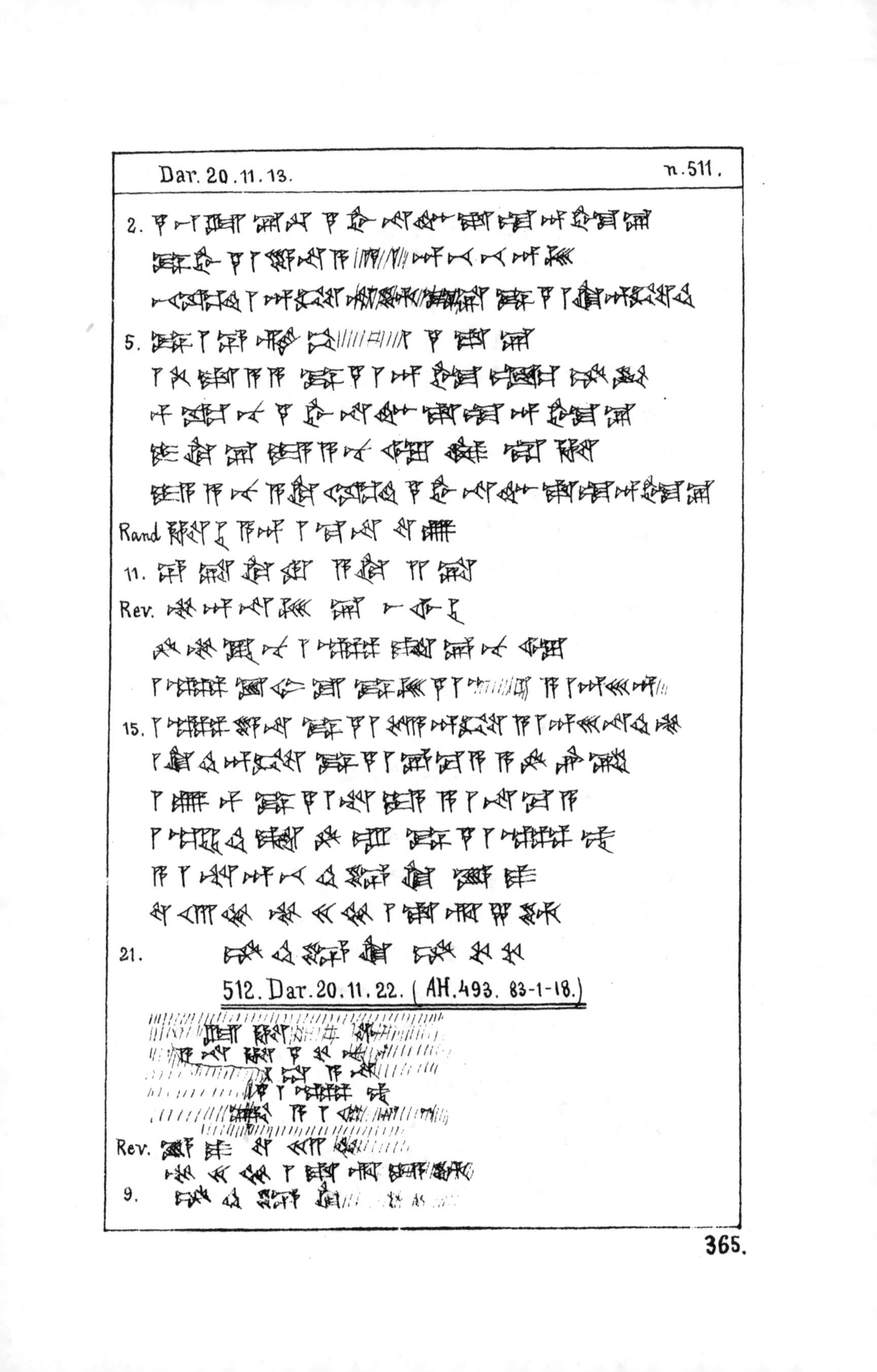

2.

5.

Rand

11.

Rev.

15.

21.

512. Dar. 20.11.22. (AH. 493. 83-1-18.)

Rev.

9.

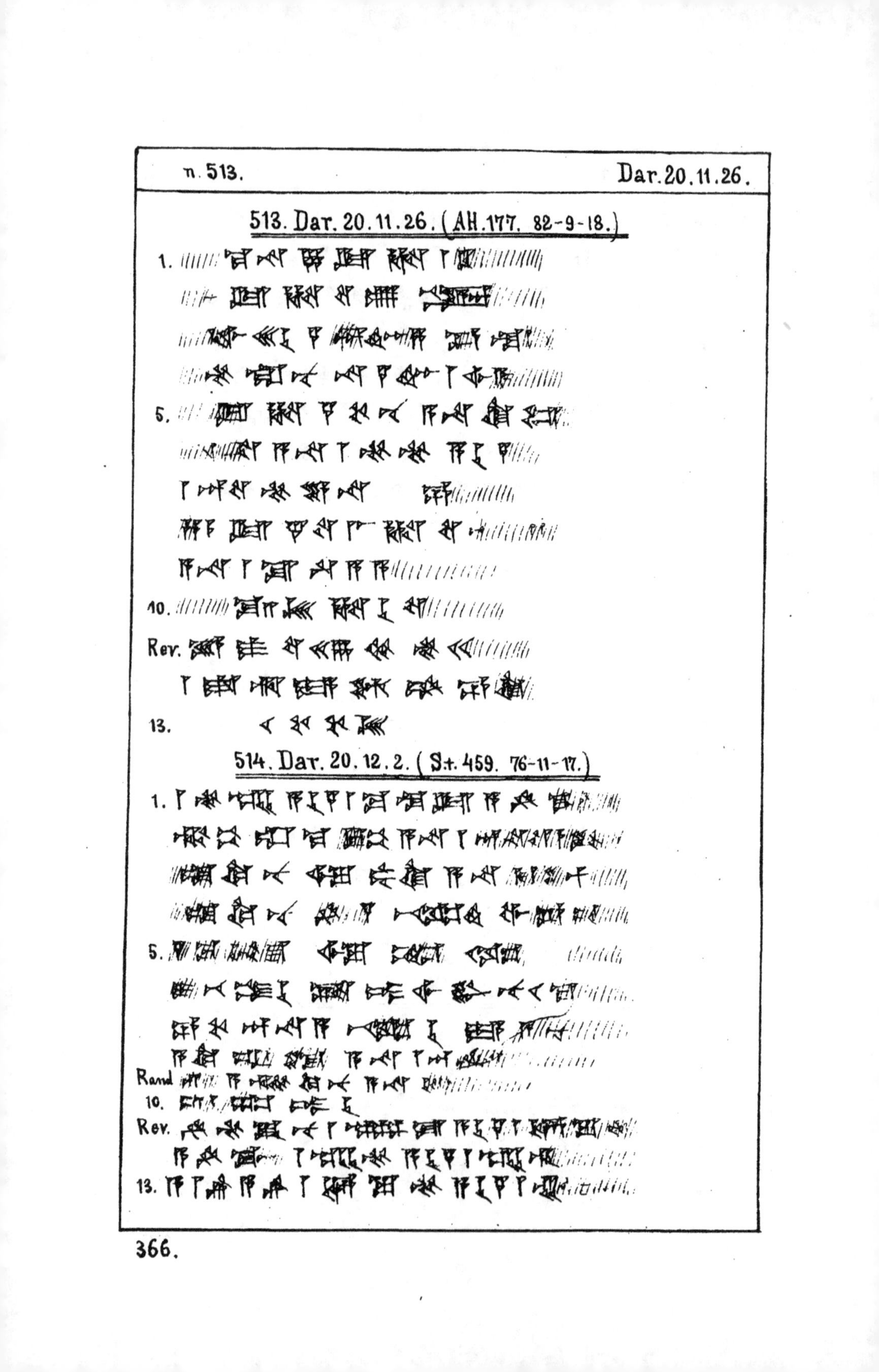

513. Dar. 20. 11. 26. (AH. 177. 82-9-18.)

Rev.

514. Dar. 20. 12. 2. (Sp. 459. 76-11-17.)

Rand

Rev.

14.

Rand

20.

515. Dar. 20. 12. 28. (St. 1305. 76-11-17.)

1.

5. (sic)

10.

Rev.

15.

18.

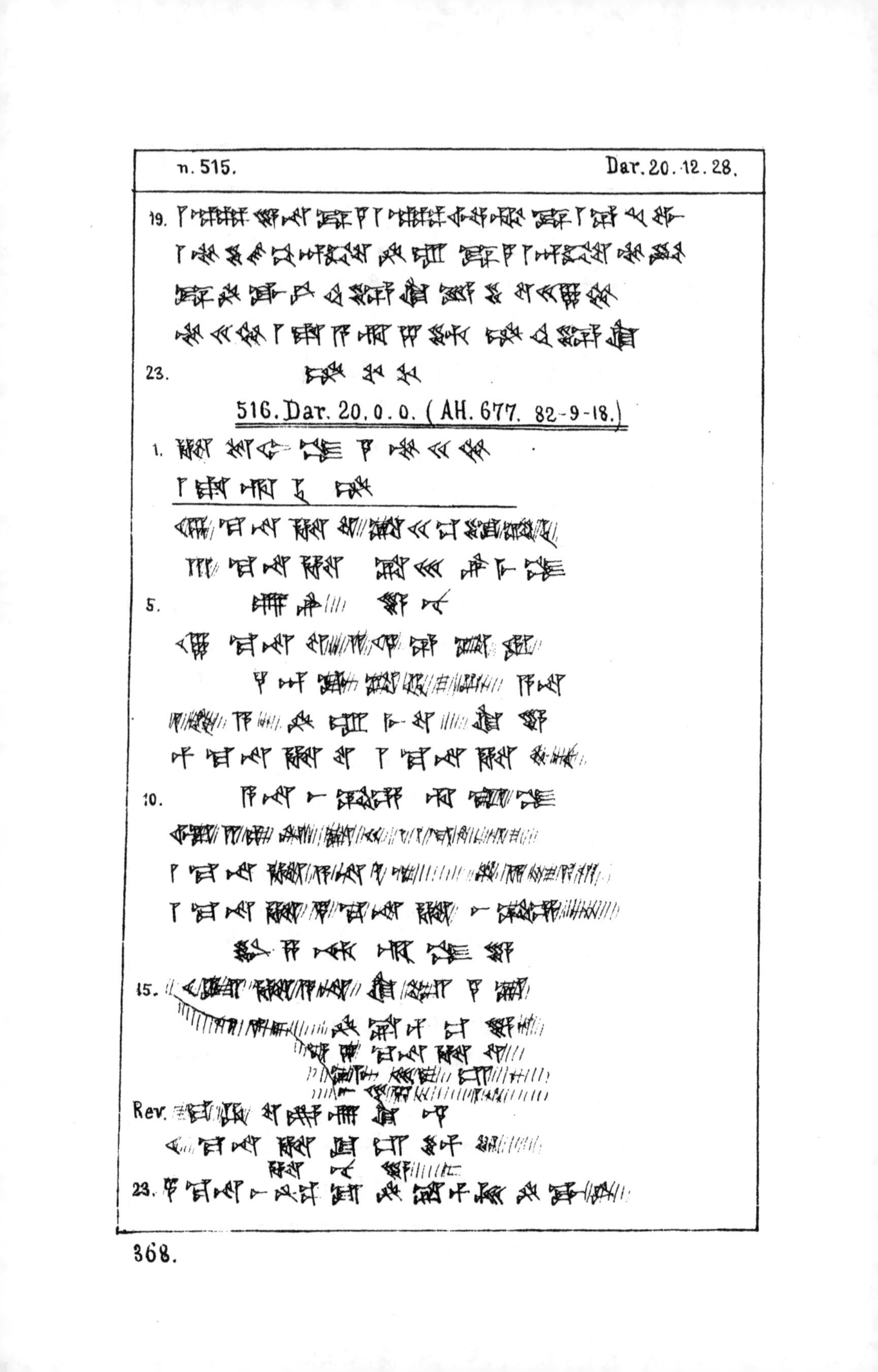

516. Dar. 20. 0. 0. (AH. 677. 82-9-18.)

Rev.

24.

30.

35.

517. Dar. 20. 0. 0. (AH. 314, 82-9-18.)

1.

5.

10.

Rev.

16.

21.

518. Dar. 21. 1. 2. (AH. 35. 82-9-18.)

Rev.

519. Dar. 21. 1. 14. (Sp. 551. 76-11-17.)

(sic)

Rev.

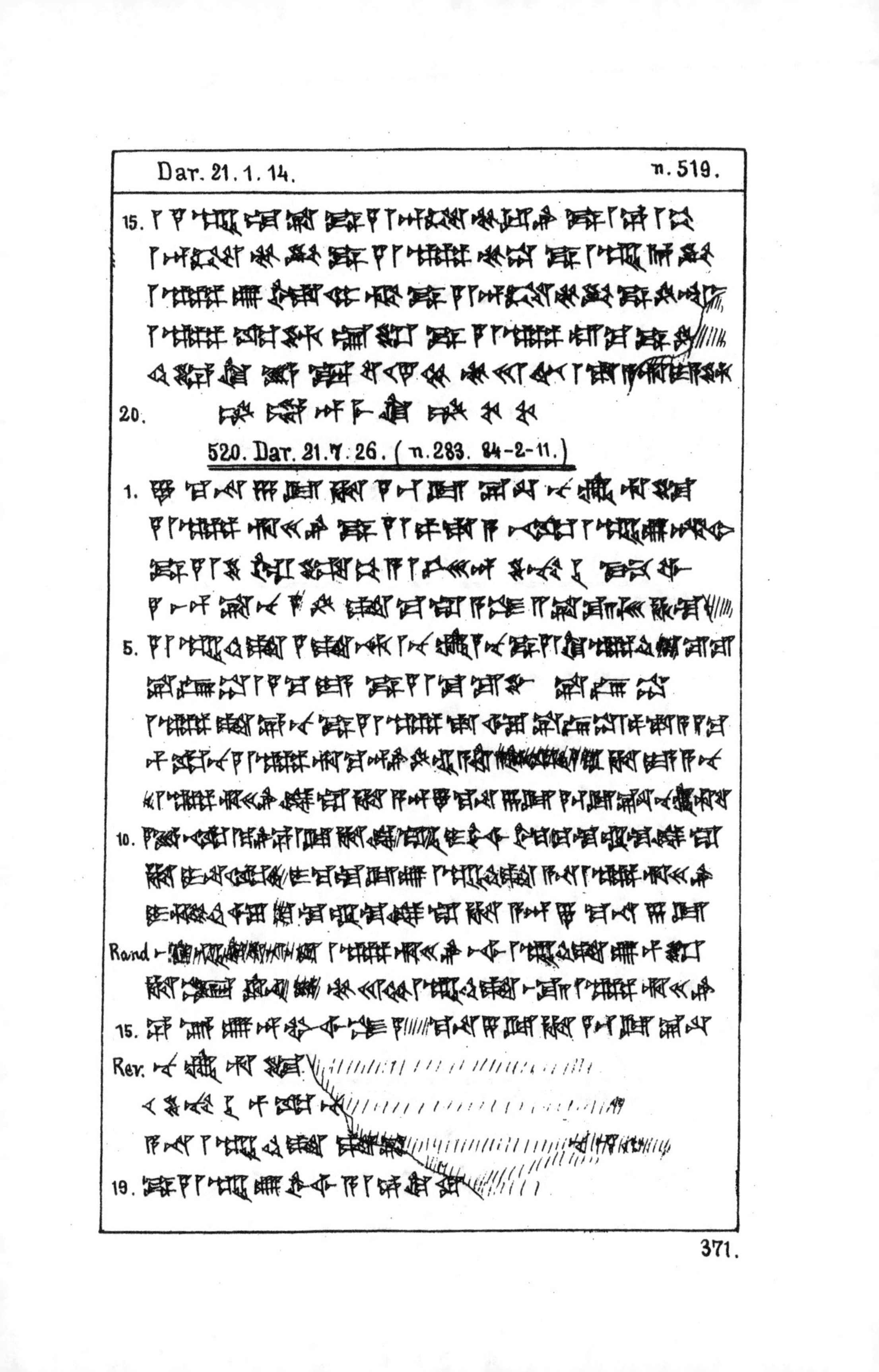

520. Dar. 21. 7. 26. (n. 283. 84-2-11.)

Rand

Rev.

521. Dar. 21. 1. 30. (AH. 594. 83-1-18.)

522. Dar. 21. 3. 5. (n. 137. 84-2-11.)

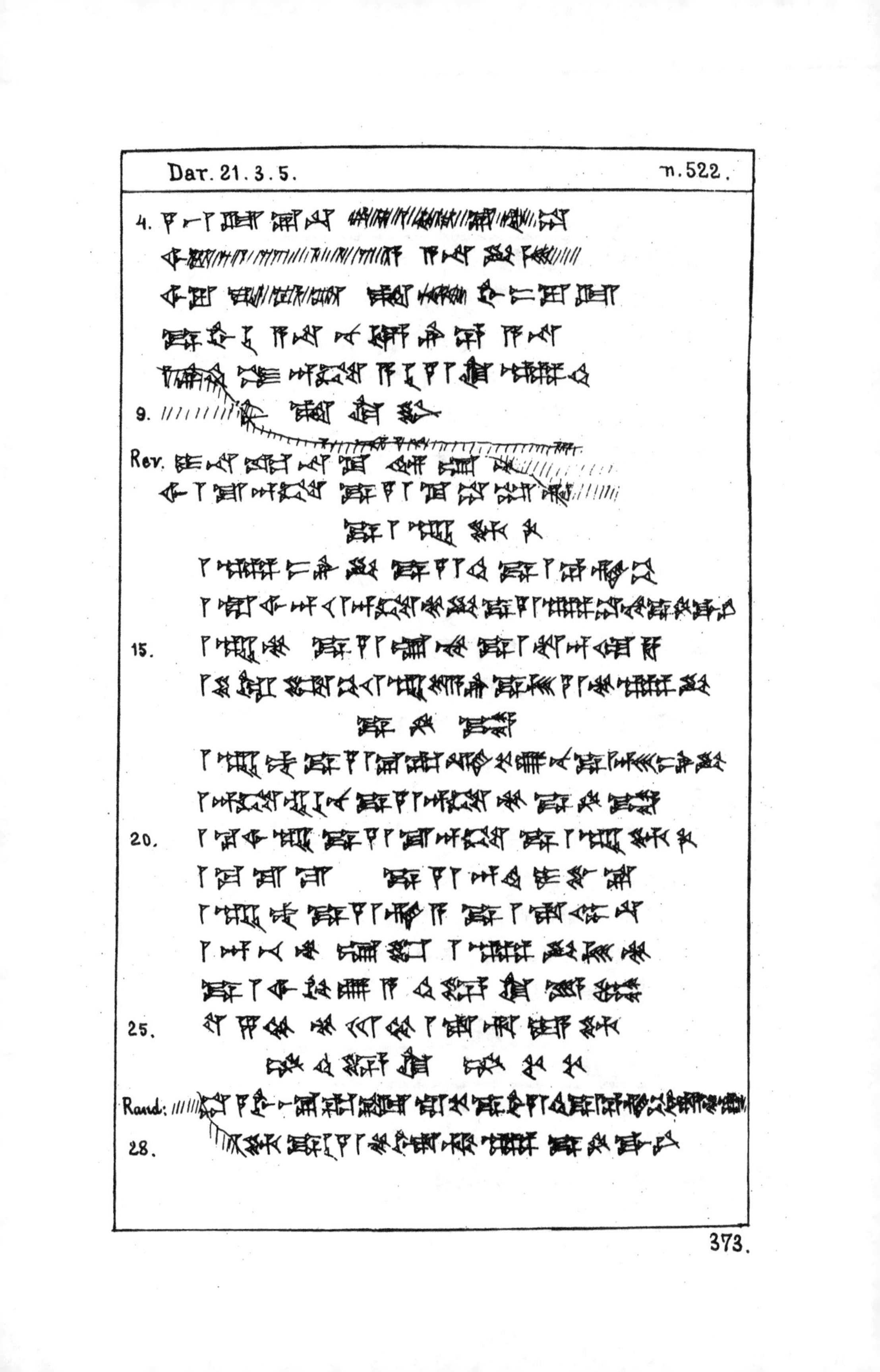

Rev.

Rand:

523. Dar. 21. 4. 8. (S+ 960. 76-11-17.)

(sic)

Rand

Rev.

Rand:

524. Dar. 21. 4. 10. (R.... 51-1-1 ?)

4.

9.

Rev.

15.

19.

525. Dar. 21. 6. 10. (AH.1273. 83-1-18.)

1.

5.

Rev.

9.

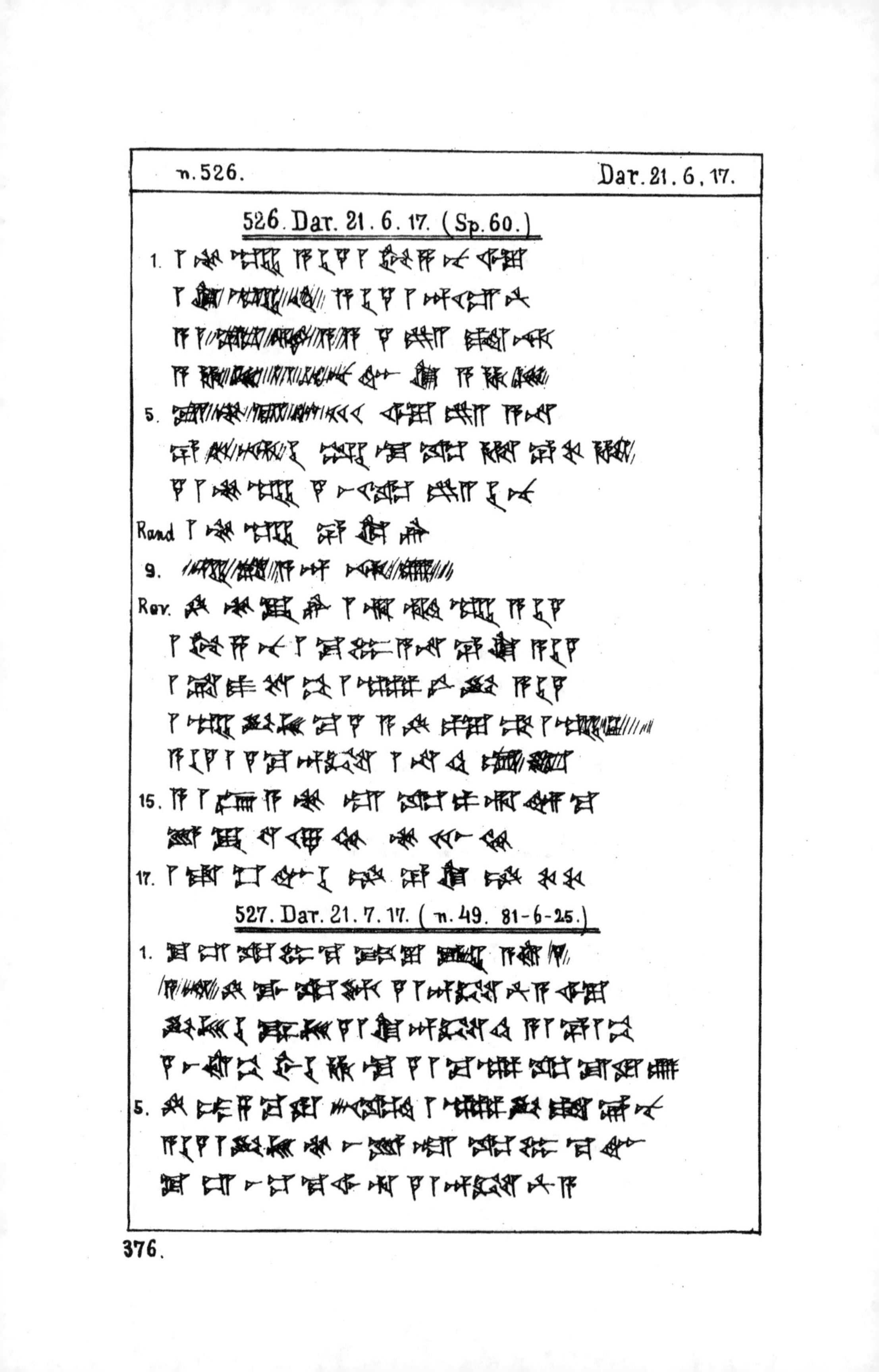

526. Dar. 21. 6. 17. (Sp. 60.)

527. Dar. 21. 7. 17. (n. 49. 81-6-25.)

8.

11.

Rand

Rev.

15.

21.

528. Dar. 21. 9. 21. (AH. 288. 83-1-18.)

1.

5.

Rev.

11.

14.

529. Dar. 21. 10. 16. (Sp. 796. 76-11-17.)

1.

5.

9.

Rev.

16.

19.

530. Dar. 21. 11. 10. (n. 136. 84-2-11.)

1.

5.

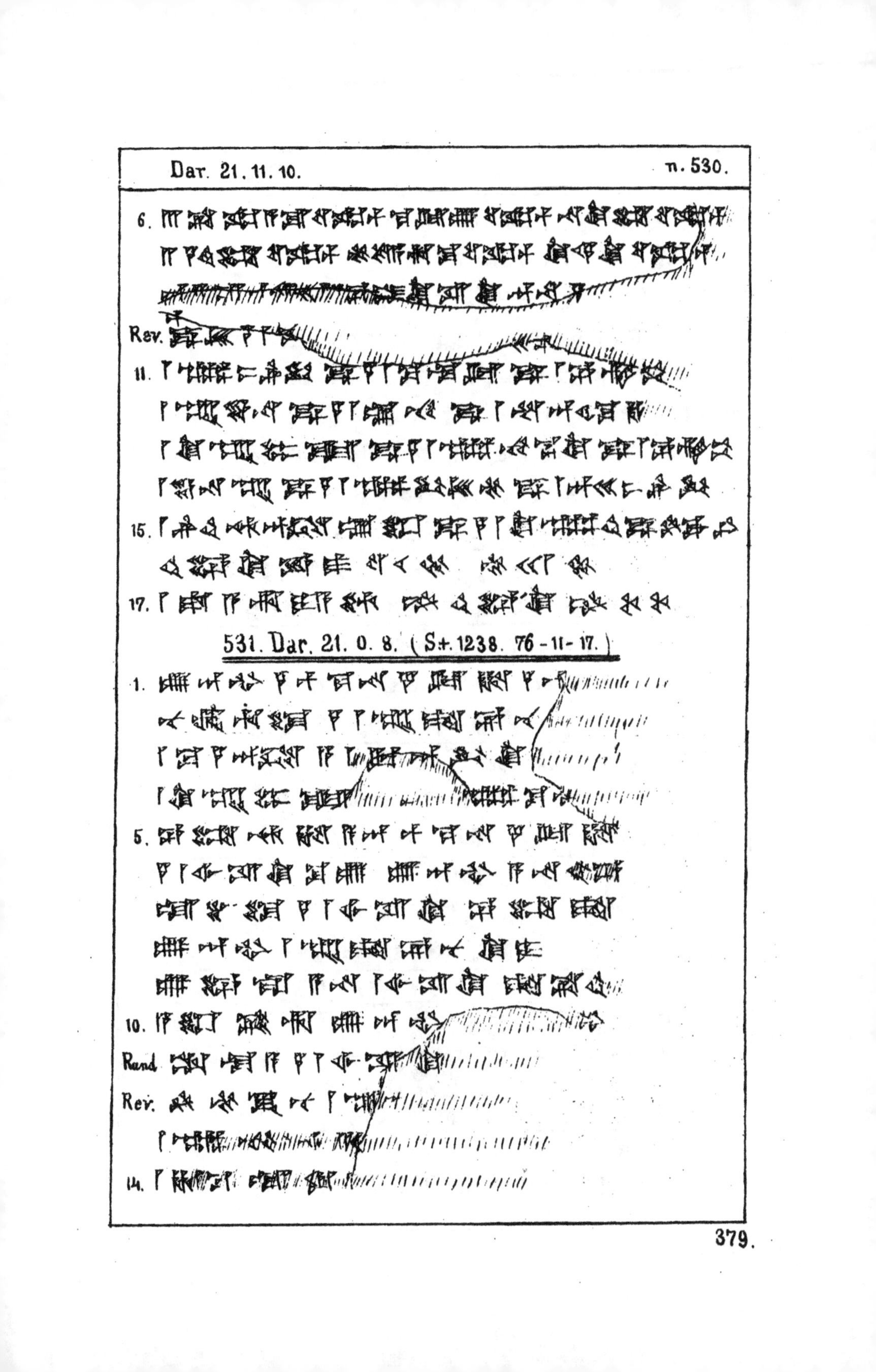

531. Dar. 21. 0. 8. (S+. 1238. 76-11-17.)

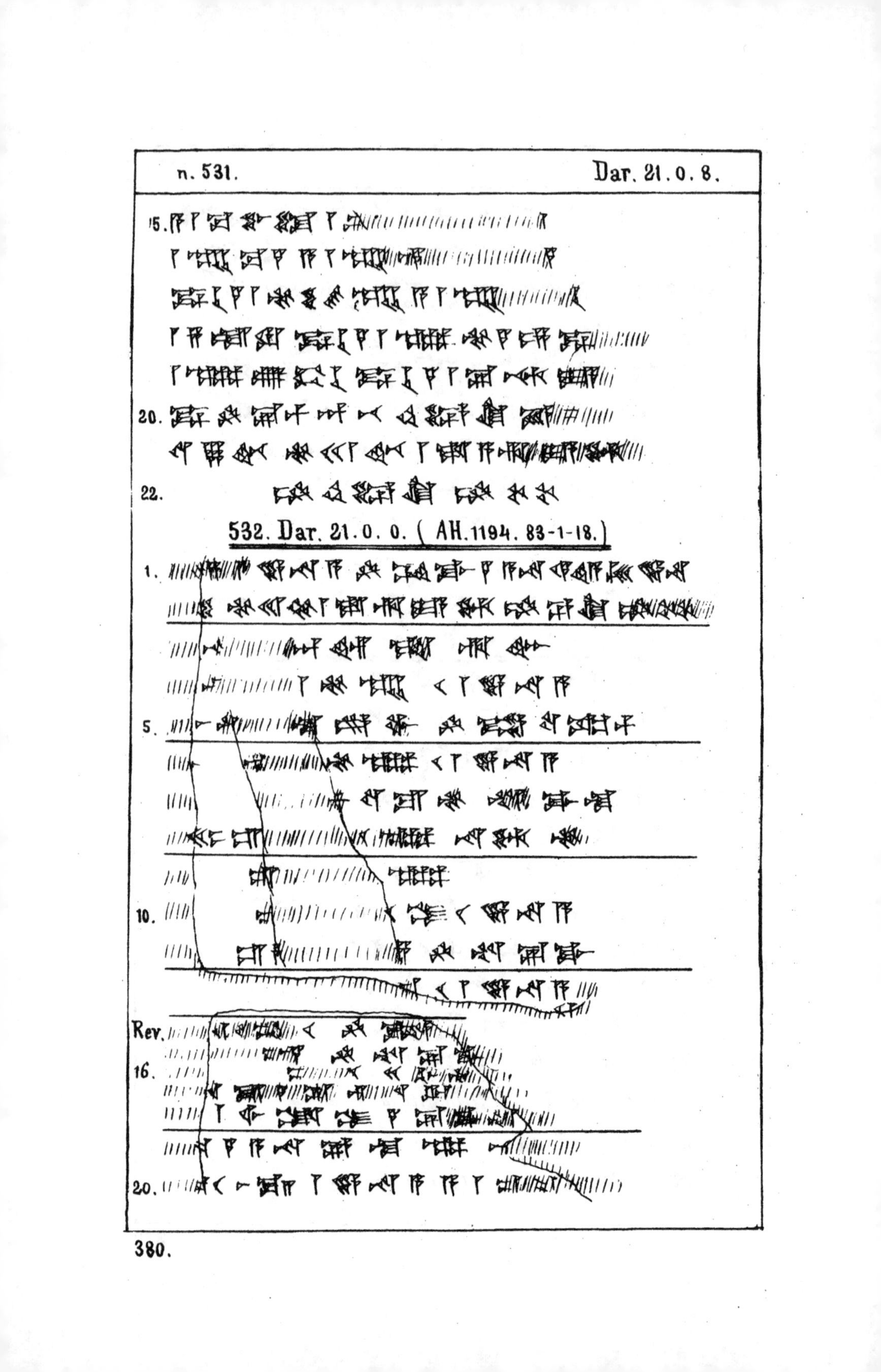

532. Dar. 21.0.0. (AH. 1194. 83-1-18.)

Rev.

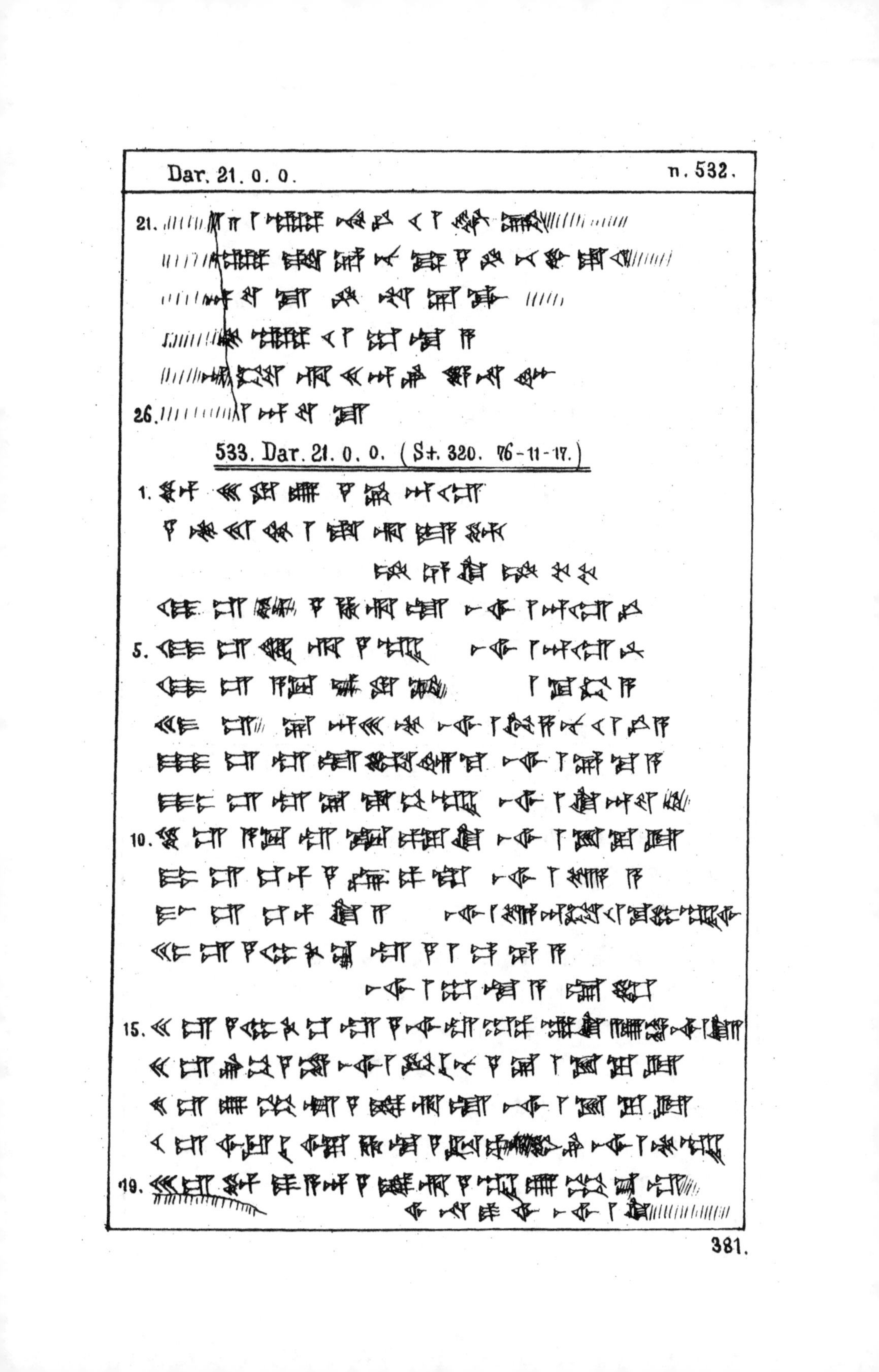

533. Dar. 21. 0. 0. (St. 320. 76-11-17.)

Rand

Rev.

534. Dar. 21. 0. 0. (S+. 395. 76-11-17.)

Rev.

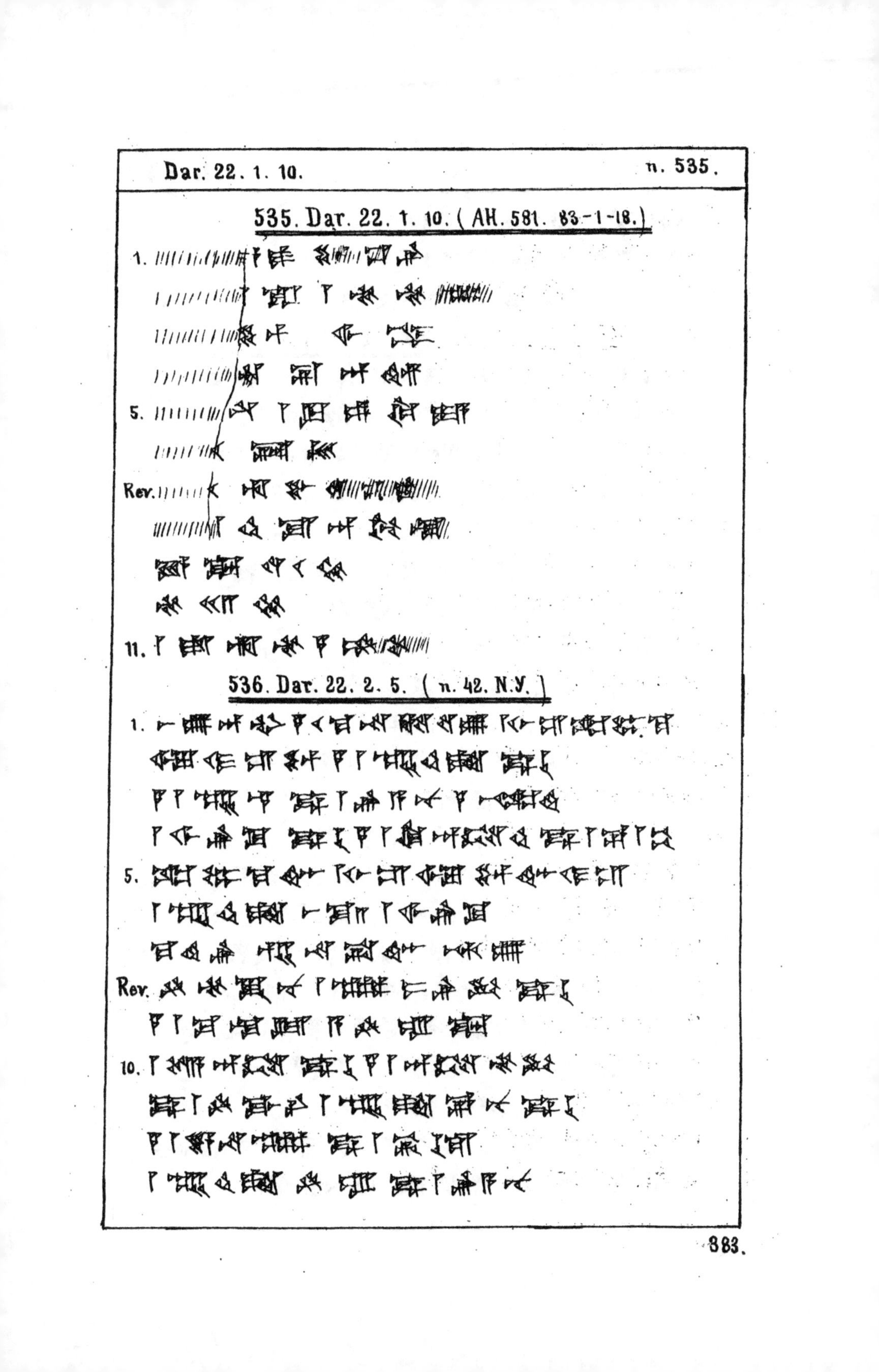

535. Dar. 22. 1. 10. (AH. 581. 83-1-18.)

536. Dar. 22. 2. 5. (n. 42. N.Y.)

537. Dar. 22.2.9. (S+. 1256. 76-11-17.)

(sic)

Rand

Rev.

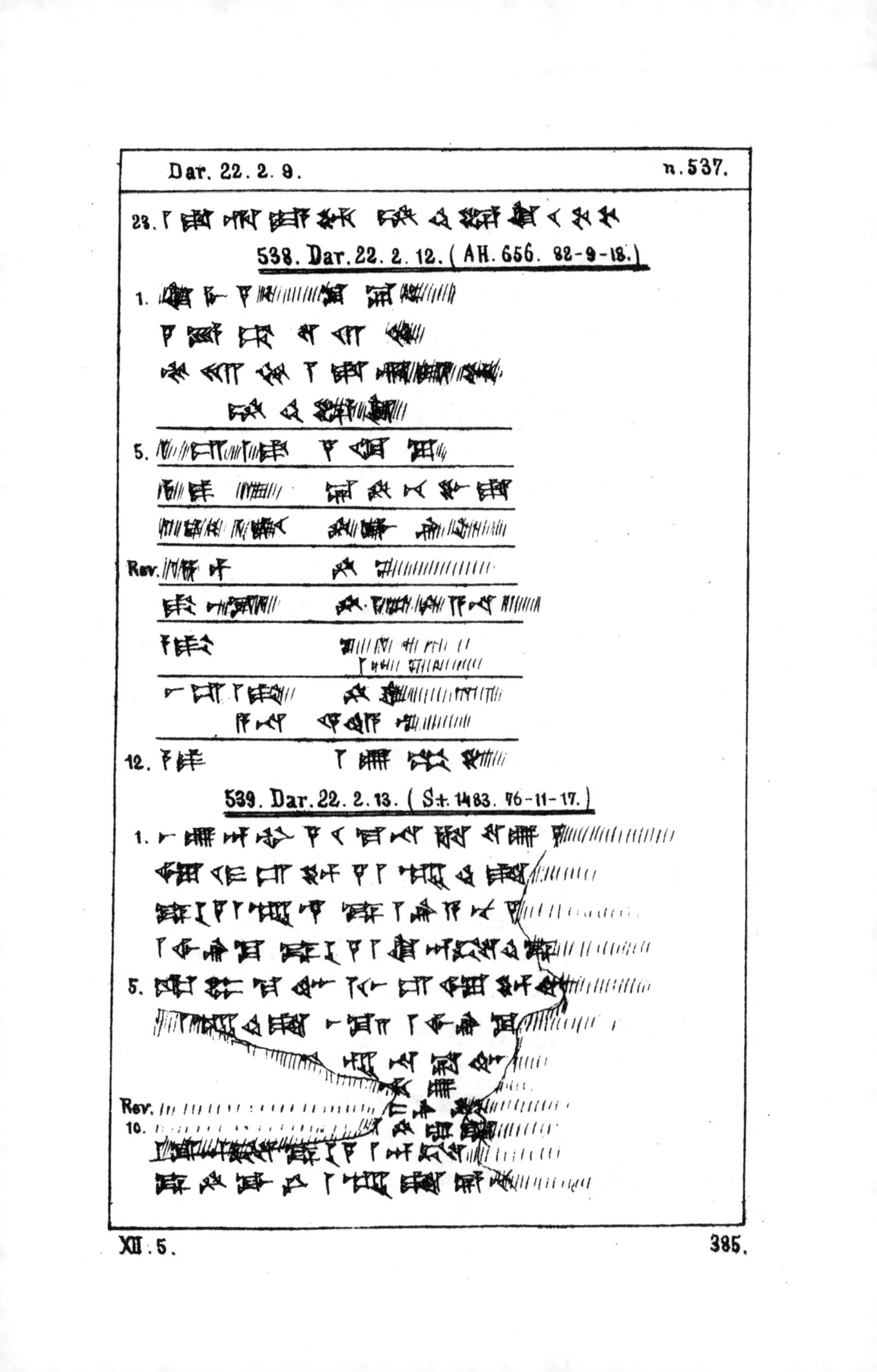

538. Dar. 22. 2. 12. (AH. 656. 82-9-18.)

539. Dar. 22. 2. 13. (Sp. 1483. 76-11-17.)

540. Dar. 22. 2. 26. (AH. 1251. 83-1-18.)

Rand

Rev.

541. Dar. 22. 3. 3. (S+ 549. 76-11-17.)

8.

12.

Rev.

15.

20.

25.

29.

542. Dar. 22. 3. 20. (S+. 665. 76-11-17.)

1.

4.

8.

Rand

Rev.

12.

16.

20.

Rand

543. Dar. 22. 3. 24. (R.... 51-1-1. ?)

1.

5.

7.

10.

Rand

Rev.

16.

27.

Rand

34.

544. Dar. 22. 4. 12. (St. 388. 76-11-17.)

1.

5.

Rev.

545. Dar. 22. 5. 6. (n. 5. 76-10-16.)

Rev.

(sic)

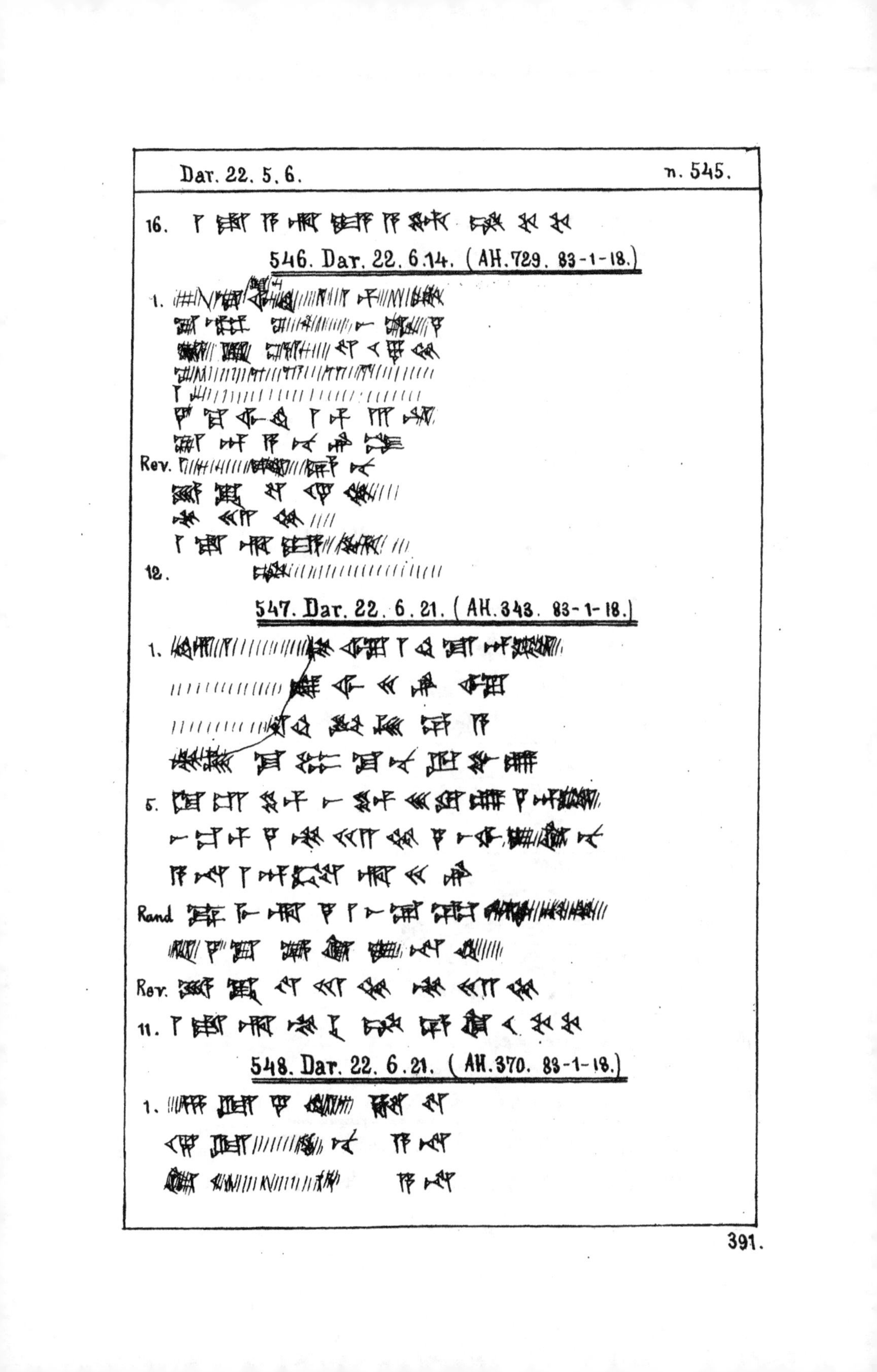

16.

546. Dar. 22. 6. 14. (AH. 729. 83-1-18.)

1.

Rev.

12.

547. Dar. 22. 6. 21. (AH. 343. 83-1-18.)

1.

5.

Rand

Rev.

11.

548. Dar. 22. 6. 21. (AH. 370. 83-1-18.)

1.

4.

Rand

Rev.

12.

549. Dar. 22. 7. 20. (A.H. 691. 83-1-18.)

1.

5.

Rev.

10.

Rand

17.

550. Dar. 22. 9. 7. (n. 50. 81-6-25.)

1.

3.

(sic)

6.

Rand

11.

Rev.

15.

20.

23.

551. Dar. 22. 9. 17. (n. 138. 84-2-11.)

1.

n. 551. Dar. 22.9.17.

31.

Rand:

33.

552. Dar. 22. 10. 1. (S+. 869. 76-11-17.)

1.

5.

Rev.

11.

17.

553. Dar. 22. 10. 5. (AH. 576. 83-1-18.)

1.

5.

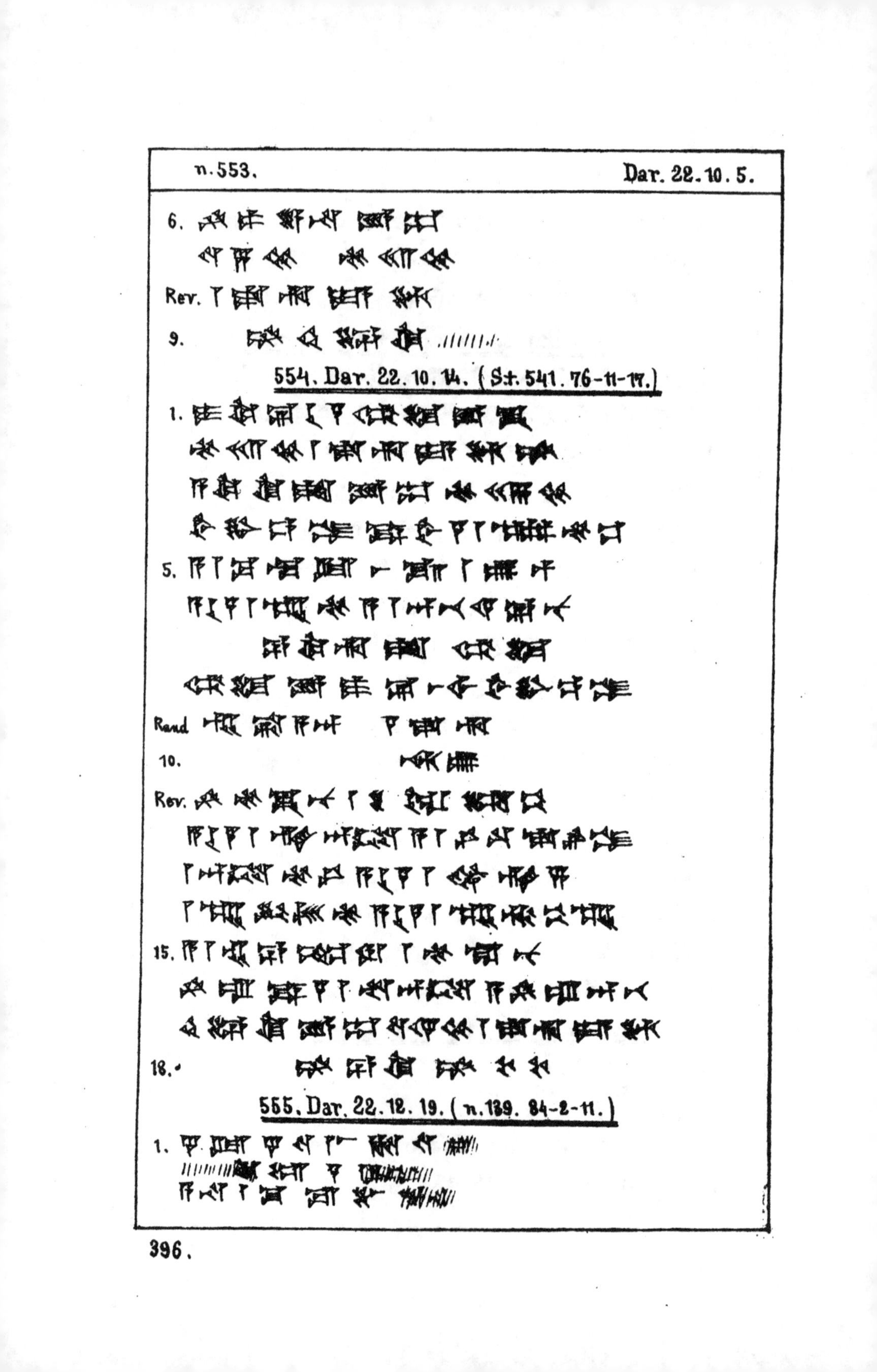

6.

Rev.

9. ///////

554. Dar. 22. 10. 14. (St. 541. 76-11-17.)

1.

5.

Rand

10.

Rev.

15.

18.

555. Dar. 22. 12. 19. (n. 139. 84-2-11.)

1.

4.

Rev.

10.

556. Dar. 22. 12.a 20. (n. 277. 84-2-11.)

1.

5.

Rev.

14.

20.

23.

557. Dar. 22. 12?. 7. (AH. 454. 83-1-18.)

1.

Rand

Rev.

558. Dar. 22. 0. 0. (AH. 1307. 83-1-18.)

Rev.

559. Dar. 22. 0. 5. (n. 356. 84-2-11. AH. 1338. 1339. 83-1-18.)

col. I.

d.

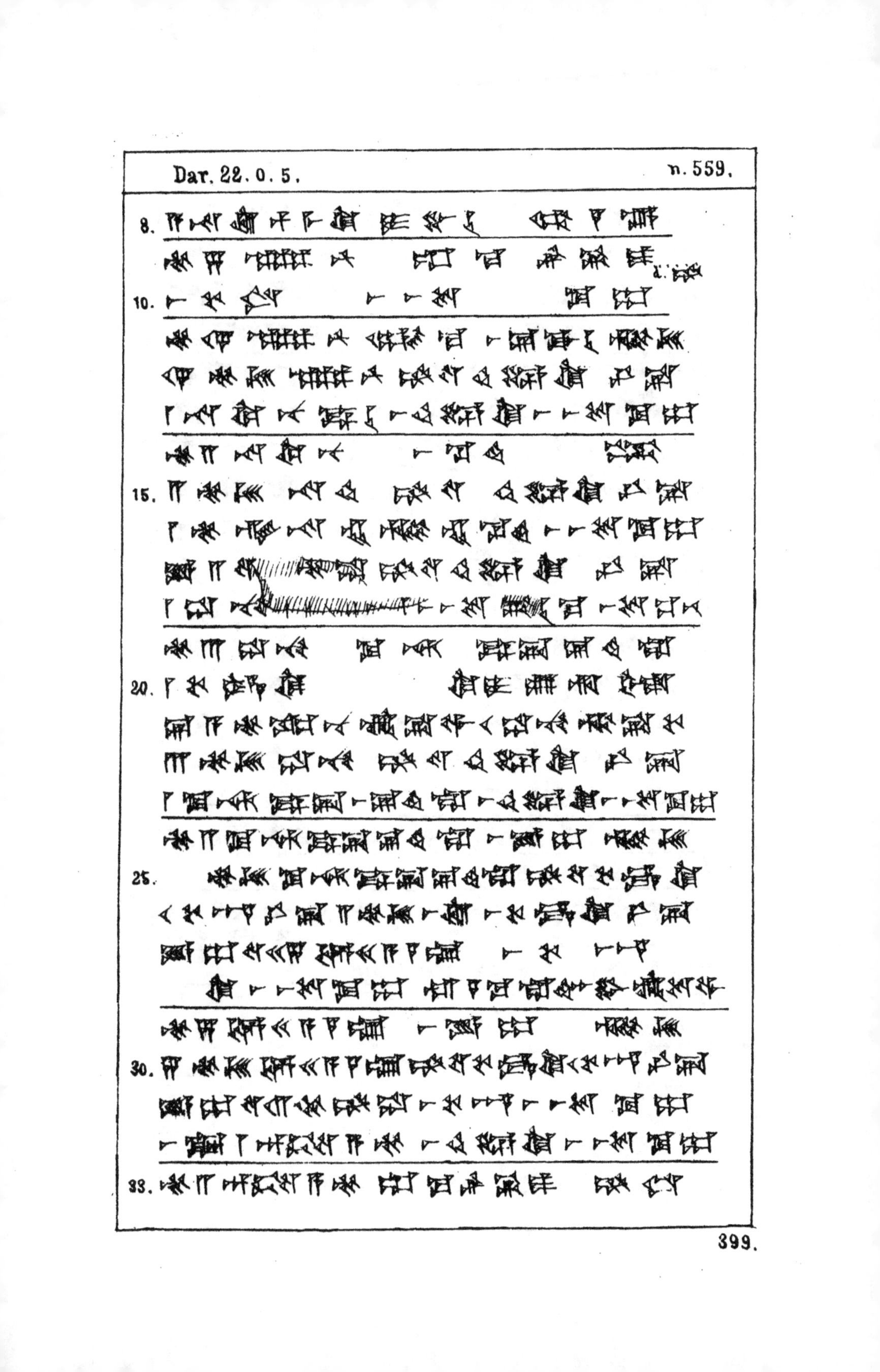

Dar. 22. 0. 5. n. 559.

n. 559. Dar. 22. 0. 5.

34.

40.

44.

Col. II. 1.

5.

8.

12.

17.

Dar. 22. 0. 5. n. 559.

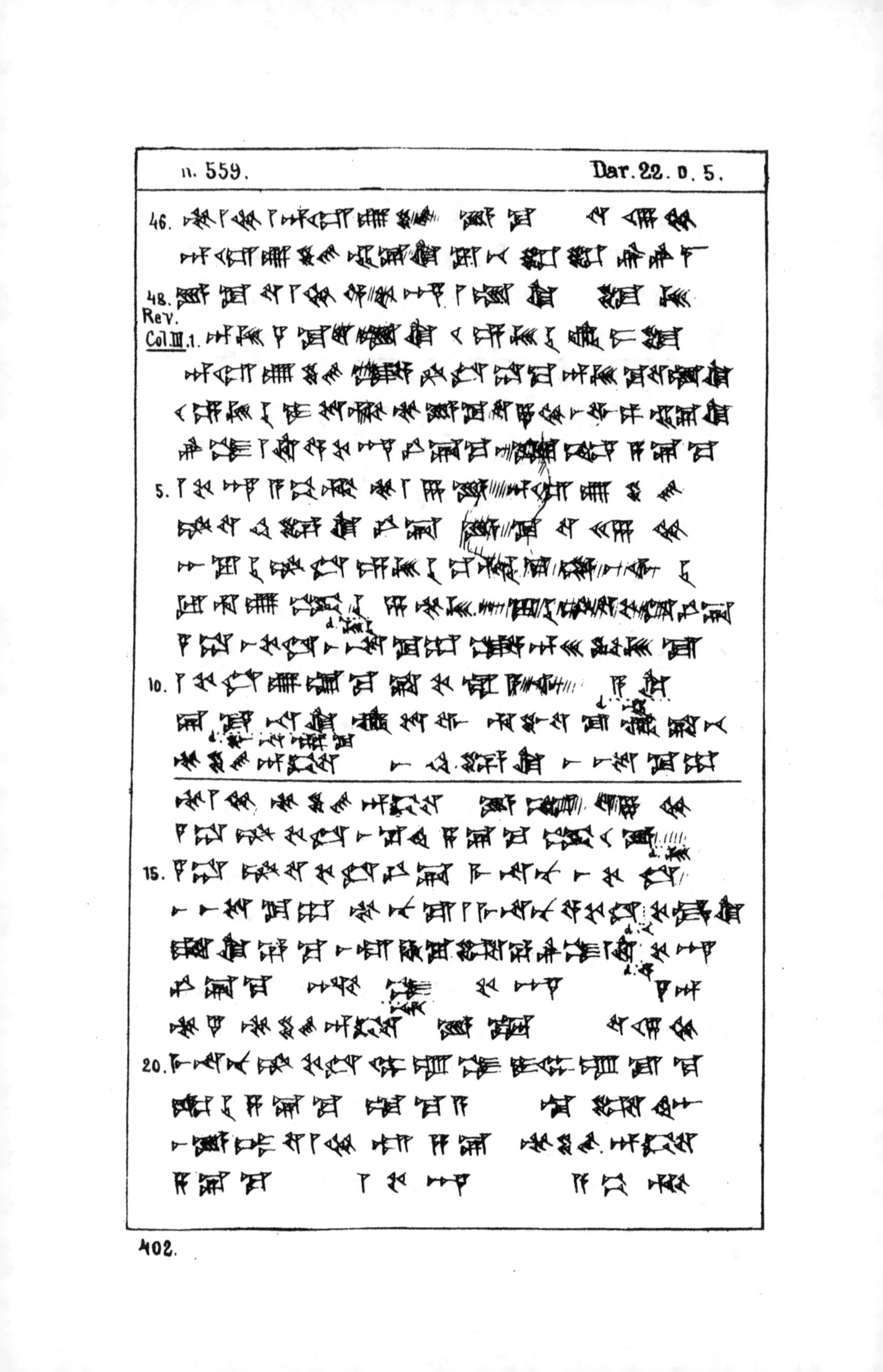

Rev. Col. III.

Col. IV.

25.a. dupl.

560. Dar. 23. 1. 14. (St. 550. 76-11-17.)

6.

Rand

Rev.

10.

15.

17.

561. Dar. 23. 2. 8. (n. 9. 76-10-16.)

1.

5.

Rev.

10.

13.

14.

19.

562. Dar. 23. 2. 17. (AH. 379. 82-9-18.)

1.

5.

Rev.

563. Dar. 23. 3. 8. (n. 33. 82-7-4.)

1.

5.

Rev.

11.

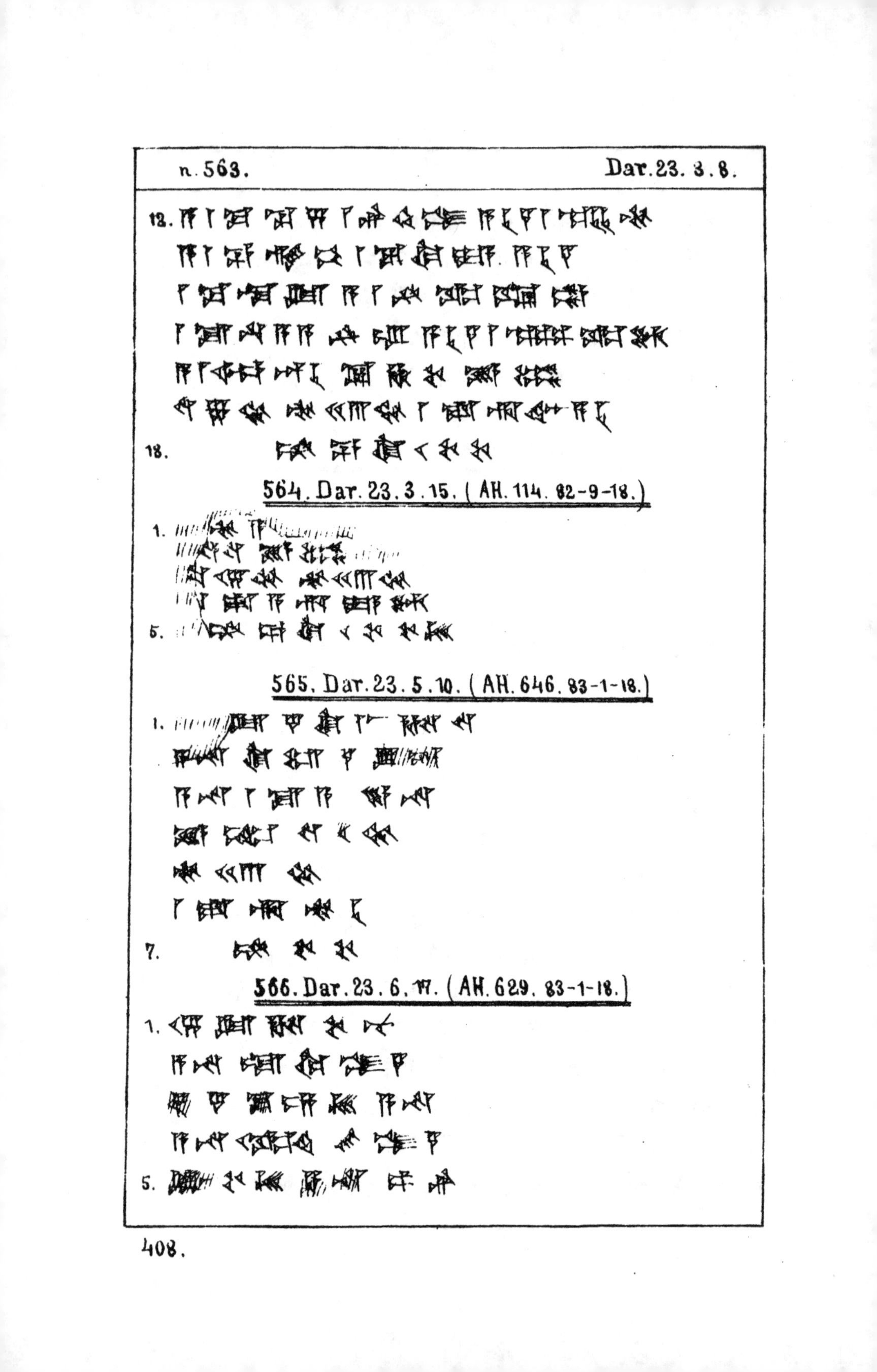

564. Dar. 23. 3. 15. (AH. 114. 82-9-18.)

565. Dar. 23. 5. 10. (AH. 646. 83-1-18.)

566. Dar. 23. 6. 17. (AH. 629. 83-1-18.)

Dar. 23. 6. 17. n. 566.

Rev.

567. Dar. 23. 6. 20. (AH. 642. 83-1-18.)

Rev.

568. Dar. 23. 7. 26. (n. 141. 84-2-11.)

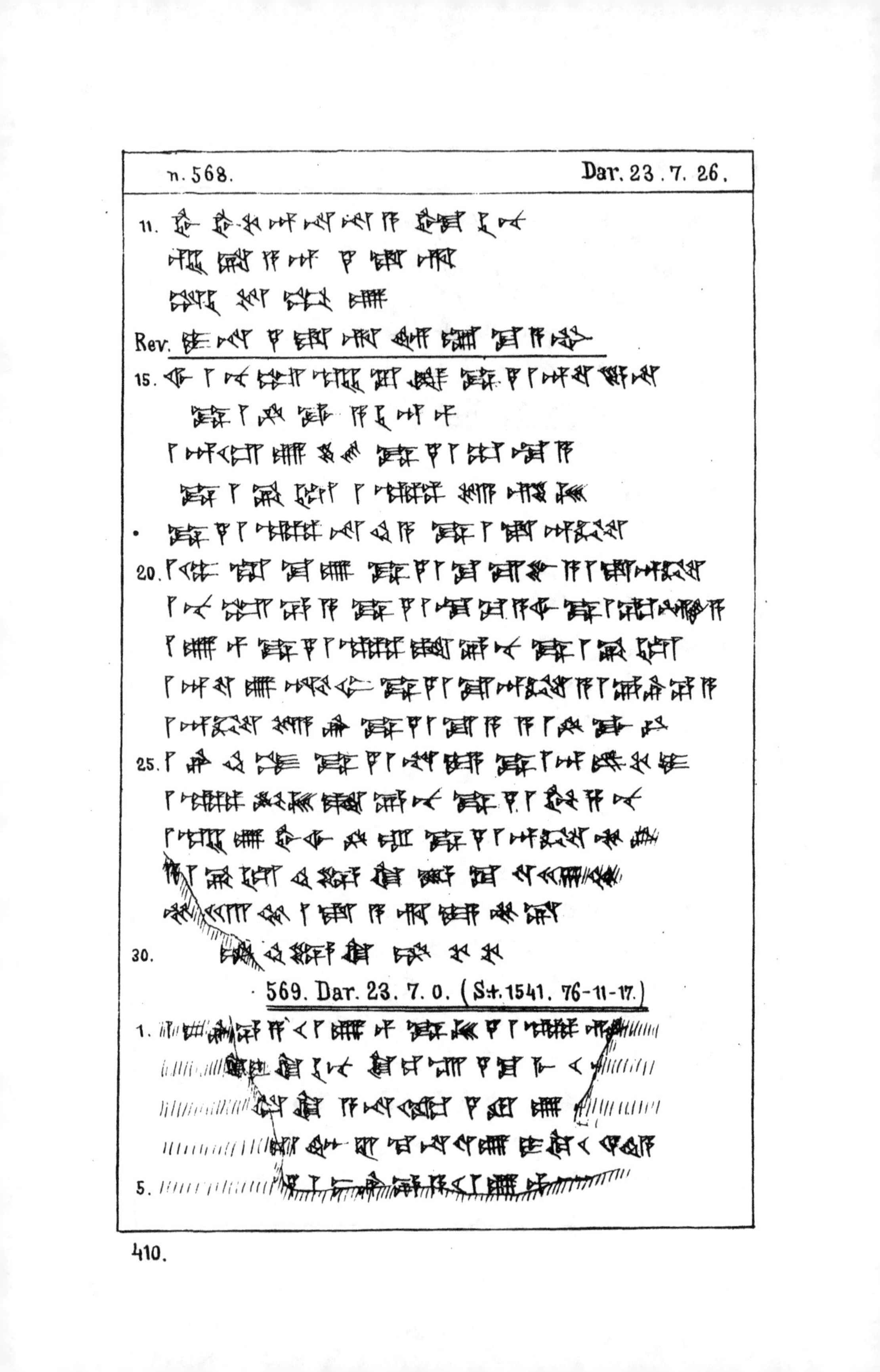

n. 568. Dar. 23. 7. 26.

Rev.

569. Dar. 23. 7. 0. (S+. 1541. 76-11-17.)

Rev.

570. Dar. 23. 8. 10. (AH. 723. 82-9-18.)

Rev.

571. Dar. 23. 9. 2. (S+. 27. 76-11-17.)

Rev.

572. Dar. 23. 9. 30. (S.+ 1136. 76-11-17.)

Rev.

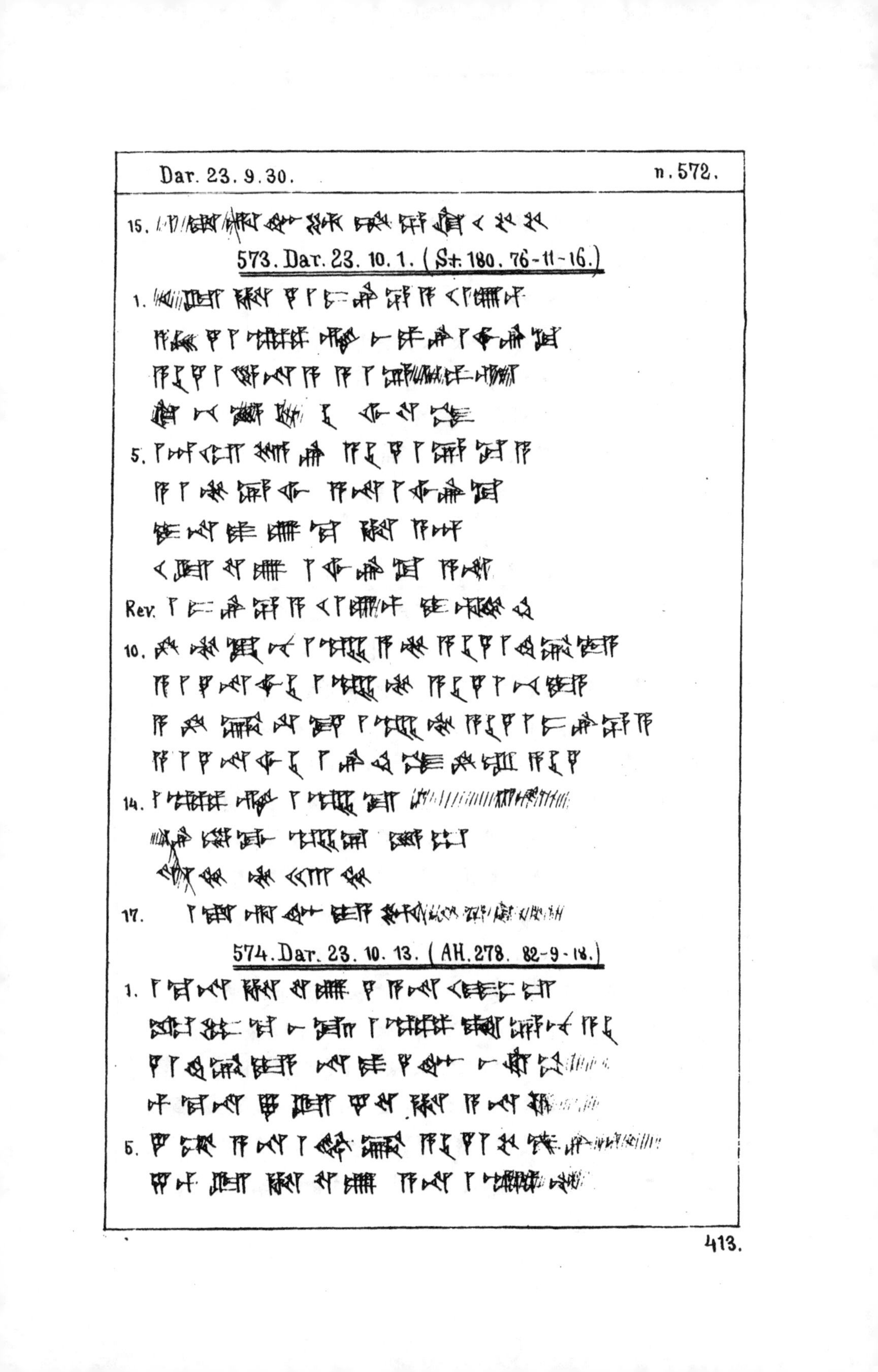

573. Dar. 23. 10. 1. (St. 180. 76-11-16.)

574. Dar. 23. 10. 13. (AH. 278. 82-9-18.)

7.

Rev.

11.

15.

575. Dar. 23. 10. 15. (n. 3. 77-11-14.)

1.

5.

Rand

11.

Rev.

15.

17.

20.

Rand

576. Dar. 23. 10. 22. (Sp. 1154. 76-11-17.)

1.

Rev.

7.

577. Dar. 23. 10. 0. (Sp. 447. 76-11-17.)

1.

5.

Rand

Rev.

11.

578. Dar. 23.11.3. (AH. 630. 82-9-18.)

Rev.

579. Dar. 23.11.6. (n. 140. 84-2-11.)

www.ingramcontent.com/pod-product-compliance
Lightning Source LLC
Chambersburg PA
CBHW050609300426
44112CB00013B/2142

* 9 7 8 1 6 2 0 3 2 8 0 2 6 *